先秦儒家
哲學中的
情感

劉妮——著

政大出版社
Chengchi University Press

本書經國立政治大學出版委員會
人文學門編輯委員會審查通過

國家圖書館出版品預行編目(CIP)資料

先秦儒家哲學中的情感 / 劉妮著. -- 初版. -- 臺北市：政
大出版社出版：政大發行, 2021.07
　　面；　公分
　　ISBN　978-986-06740-1-9（平裝）

　1.儒家　2.情感

　121.2　　　　　　　　　　　　　　　　　110010556

先秦儒家哲學中的情感

作　　者｜劉妮

發 行 人　郭明政
發 行 所　國立政治大學
出 版 者　政大出版社
執行編輯　林淑禎
地　　址　11605臺北市文山區指南路二段64號
電　　話　886-2-82375669
傳　　真　886-2-82375663
網　　址　http://nccupress.nccu.edu.tw

經　　銷　元照出版公司
地　　址　10047臺北市中正區館前路28號7樓
網　　址　http://www.angle.com.tw
電　　話　886-2-23756688
傳　　真　886-2-23318496
郵撥帳號　19246890
戶　　名　元照出版有限公司

法律顧問　黃旭田律師
電　　話　886-2-23913808

初版一刷　2021年7月
定　　價　450元
I S B N　9789860674019
G P N　1011000993

政府出版品展售處
• 國家書店松江門市：104臺北市松江路209號1樓
　電話：886-2-25180207
• 五南文化廣場臺中總店：400臺中市中山路6號
　電話：886-4-22260330

目　次

序

　　已故著名漢學家葛瑞漢（A. C. Graham）曾提出一個極富爭議性的論斷，即認為漢以前的典籍中的「情」字都只作情實而非情感解。姑勿論先秦文獻中的「情」是否指謂情感，古人已運用了豐富的詞語來描述吾人於不同生活情景所流露出的各式各樣的情感，如好惡、喜怒、哀樂等，則是個不爭的事實。即使是同一類情感，其中仍可作細緻的分別，如喜、悅、樂，又如哀、悲、傷、慟等。這些情感的描述自是與先賢的生活體驗、反省及由之形成的哲學思想密不可分。所以，從情感的角度入手，梳理和衡定各種情感的涵義，闡析它們在各家哲學思想中的理論地位，乃是個深具潛力的研究課題，值得學界關注。本書可以說是個很好的嘗試。

　　由比較的觀點看，情感亦是西方哲學自古至今的主要課題。從柏拉圖（Plato）《理想國》（*The Republic*）將人心結構三分為知（reasoning）、情（emotive）、意（desiring），到近世倫理學有理性主義（rationalism）與情感主義（sentimentalism）的對峙、20 世紀後半後設倫理學（meta-ethics）對於道德動力（moral motivation）應歸屬理性律則抑或情感欲求的辯難，再到情感論的流行及其與道德心理學和腦神經科學等研究的結合，可謂蔚為大觀。不過值得注意的是，西方哲學的探索進路始終是以認知為主導，也就是說，想更好的掌握情感的本性（the ontology of emotions）。由此，遂有質疑情感是否只是生理學上的感覺（feelings），抑或是指涉不同意向對象（intentional objects）的意向性活動；亦有揭示情感具認知（cognitive）與評價（evaluative）功

能；更有重新檢視情感與理性、情感與道德的關係。相比之下，傳統中國哲學對情感的了解固然不可能有現代科學的基礎，而是依賴於對現象的深刻觀照，並且在描述之外，尤其重視如何管理、規約以至轉化情感作恰當表現來達至美好人生。《論語‧雍也》孔子稱讚顏回「不遷怒」；《孟子‧萬章上》說「仁人之於弟也，不藏怒焉，不宿怨焉，親愛之而已矣」；《荀子‧禮論》釋三年之喪為「稱情而立文，所以為至痛極也」；《二程遺書》卷一錄二先生語曰「忿懥，怒也。治怒為難，治懼亦難。克己可以治怒，明理可以治懼」，俱是明證。

　　本書是劉妮依其博士論文修訂而成，旨在分析先秦儒學的情感論述。全書有幾點特色，頗可供學界參考。首先是選題具原創性。過往較少注意先秦儒學對情感的處理，這是個有待開發的園地。其次是努力繪畫出一幅全面的圖象。全書各章涵蓋情感與詩歌禮樂、家庭、生死、道與德的關係，雖然有些地方的討論似乎還可以更加深入，但亦有不少出彩之處，如析論顏回之死與孔子的情感經驗一節。凡此俱可見劉妮於文獻掌握及哲學思辨兩方面都已有相當不俗的工夫。最後是能兼顧使用哲學與經學的文獻。此即除了《論語》、《孟子》與《荀子》外，更結合《詩經》、《左傳》與出土儒簡，這對探究緊扣生活的各樣情感而非哲學概念來說，顯然是必要且值得提倡的做法。

　　博士在讀時，劉妮用功勤奮，發掘問題的觸角尤突出於同儕。現在她將博士論文整理出版，令人欣慰，我自樂為之序。當今的學術體制整個地向自然科學或經驗科學傾斜，考核取量化標準，這對年青的人文學者而言特別不利。甚盼劉妮在有了好的開始後，能毋忘以哲學研究為職志的熱情與初心，黽勉攻堅，肩負起承先啟後的責任。

鄭宗義

2020 年 7 月 15 日

寫於香港中文大學辦公室

前言

　　天下萬事都有定時，本書在此時得以出版，是屬於它的時間。回首過往十年，筆者最想說的是，「Soli Deo Gloria.（唯獨榮耀歸於上帝）」。作為一個領受奇異恩典的蒙恩者，以情感為進路切入先秦儒家哲學的研究，這於我而言確是最好的安排。都是恩典，正如《聖經》所說，「我的恩典夠你用的，因為我的能力是在人的軟弱上顯得完全。（哥林多後書12：9）」一路走來，我深知自己的軟弱，若沒有恩典的扶持，本書恐難最終面世。一切都是全然的領受。我所能做的，只是盡我所能將自己的看見和領受分享給讀者。

　　本書處理的問題是「先秦儒家哲學中的情感」，具體的內容涉及「先秦儒學中的情感現象」、「情感與詩、歌、禮、樂」、「情感與家庭」、「情感與生死」、「情感與道」、「情感與德」和「情感與道德」七個主題。其中，重要的主題是「情感與生死」，最核心的主題是「情感與道」。在對先秦儒家經典中的情感語詞及其所關聯的情感現象進行細緻分析的基礎上，筆者重點考察相關的情感現象如何關聯於先秦儒家對「情感」與「道」、「德」及「道德」的理解和經驗，進而深入考察其中可能的關聯是什麼。基於本書研究的結論，筆者提出：「先秦儒家重『情』，認為『哀、樂』或『喜、怒、哀、悲』是人生而具有的基本情感，是人性本有的內涵，其終極來源是天」這一基本看法。就具體的情感現象來看，孔子在面對「顏回之死」這一事件發生的當時，其直接的情感反應是「哭之慟」。筆者的問題是：「顏回死時，孔子已知天命，既已知天命，為何還會因『顏回之死』而『哭之慟』？」基於圍繞此問題

展開的分析和研究筆者發現：孔子是以「情感」的方式理解和經驗「我
與天」、「我與道」、「我與己」、「己與人」這兩個維度、四個面向的關係
和「他人之死」的情感現象，他對天實有的情感是「敬畏」、「畏懼」，
對縱向維度的未聞之道實有的情感是「期盼」。

　　筆者認為，自孔子開始的以「情感」的方式理解、經驗「生命」、
「生死」、「道」與「德」影響其後學、孟子、荀子和《禮記》的作者，
筆者在各主題中結合文本分析孔子為何會有這樣的理解和經驗，及其如
何影響後世的思想家。筆者提出，應當結合以《詩經》為代表的文學
傳統和以《論語》為代表的哲學傳統來考察先秦儒家對情感的理解和經
驗；孔子的「哭之慟」之情感現象反映出孔子的心靈在當時真實感受到
的悲傷之情。在本書各章研究所得結論的基礎上，筆者發現：先秦儒家
承認「情感與人」、「情感與生死」之間存在著固有的關聯。簡單總結：
在先秦儒家的理解和信念中，「人是有情的活物」。孔子生命中所有的對
「天命」的畏懼及其對能「聞道」的期盼之情正是人之「有情」的真實
體現。

　　本書能順利完成，首先要感謝我的導師鄭宗義先生，從最初的〈從
「顏回之死」看孔子的情感經驗〉到制定選題方案，再到寫作過程中的
討論，直至本書最後的修改完成，無處不滲透著鄭師的心血。猶記在
2014 年即將從香港中文大學畢業之際，當我安靜下來，深夜坐在燈下
回想在香港求學的那些日子，心中不禁感念師恩如海。其次要感謝的是
我的家人，感謝我的父母和弟弟在我讀博士及修改本書的這些年日中，
始終不渝的關愛和默默無言的支持。「人是有情的活物」，就本書寫作的
心路歷程和我的親身體驗來說，確實如此。

　　自 2009 年至 2013 年在香港生活的近四年時間中，我得益於很多
師友的幫助和關愛，在此要特別感謝時任香港中文大學講座教授的信廣
來先生在論文口試中給我提出的問題，及在其後的寫作中給我的建議和
鼓勵。感謝 2011 年來港擔任訪問教授的楊儒賓老師，楊老師所講的莊
子和屈原給筆者印象極深。我曾就本書第二章和第四章初稿向楊老師請

教，在此感謝楊老師給我的建議。劉笑敢先生當初對我研究先秦儒家情感的支持，我感念於心。關子尹先生的《教我心醉，教我心碎》一書，是我想要認真去瞭解先秦儒家哲學中的情感之重要動機。回溯生命成長的歷程，我還要感謝北京大學的靳希平先生的胡塞爾現象學研討課給我在知識上的儲備和思想上的啟發，感謝在北大讀碩士期間的恩師王錦民教授和朱良志教授。在此我謹向以上諸位老師表示深深的謝意！

在本書的寫作過程中，我還要感謝幾位好友的幫助。現任教於蘭州大學的仲輝學長、幫助閱讀了本書第五章至第七章內容，給予我及時的回應、鼓勵和肯定。現任教於中國人民大學的林光華學姐幫助閱讀了本書全部內容，提出有價值的參考意見。現任教於香港中文大學通識教育部的劉保禧先生幫助閱讀了本書第一、第三、第六和第七章內容，其時就讀於香港中文大學的博士生張語庭學姐、現任教於香港中文大學的鄭澤綿學長，香港大學中文系的鄧小虎教授，新加坡南洋理工大學的好友宋曉竹和清華大學的袁艾學妹，還有陳孝龍先生，過往與你們一起讀書和討論的時光是生命中美好的祝福，對此我常心懷感恩。生命中最重要的東西是用眼睛看不見的，要用心去感受，比如仁愛與真情。是為記。

Chapter 1

第一章
導論

第一節　研究主題

　　本書所談論的主題是「先秦儒家哲學中的情感」，就此主題而言，首先，筆者需要解釋的是「情感」一詞。筆者面對的第一個難題是如何理解這一語詞。與之相關的問題是：「先秦儒家是否有『情感』」？[1] 面對此問題，讀者難免會心生困惑：為何有此問？先秦儒家怎會沒有「情感」？筆者初次聽聞此問時心中有過同樣的困惑，經事後詢問和仔細思想始知，此「情感」非彼情感。考察《論語》，孔子沒有使用「情感」一詞來言說人的情感。自《論語》至〈性自命出〉篇，以至《孟子》、《荀子》和《禮記》，皆未出現「情感」一詞，更遑論以「情感」來言說人的情感。就文本而言，即使追溯至《詩經》、《左傳》、《國語》和《戰國策》，惟有「情」這個語詞，並無「情感」此語詞。基於文本所顯明的這一事實，筆者對人的情感的考察落實到語詞層面，入手處是先秦儒家文本中出現的「情」這個語詞。

　　事實上，早在《詩經》中，已有詩論及人之情，即我（詩人）與情所繫之人所共有之情。考察《詩經》，僅有一首詩中的兩句言及情，其

1　此問題背後涉及語詞的古今中西之辨，需要有意識地去區分特定語詞出現的語境對其表達方式構成的限定。筆者發現，語詞的表達方式與其內涵相關聯，而語詞的內涵隨著歷史和文本的變化而發生相應的改變。因此，筆者本書的研究首先關注的是特定語詞的內涵，及基於其出現於文本中的語境對其表達方式的限定和澄清。

內容是：

> 子之湯兮、宛丘之上兮。洵有情兮、而無望兮。(《國風‧陳風‧宛秋》) [2]

然而，《詩經》中「洵有情兮、而無望兮。」所言及的是物之情和人之情，而非呈現於觀念、事理中之「情」，能夠進入我與他者的理解之中，成為可被理解的對象。

隨之而來的問題是：什麼是「情」？作為語詞的「情」究竟為何意？

就記載孔子言與行的《論語》來看，有兩則資料論及「情」，其基本意涵是「誠」、「實」(13.4；19.19)，並無具體的喜、怒、哀、樂等情感意涵。然而，在《論語》中，實有喜、怒、哀、樂等表達情感意涵的語詞出現。在與觀念、理解相關聯的語詞層面，筆者的研究對象是喜、怒、哀、樂等具有情感意涵的核心語詞。正是基於此，筆者在本書中所使用的「情感」一詞，多用於直接言說此類核心語詞。例如，《論語》有一則資料直接論及喜、哀矜與「情」(實)的關聯：

> 孟氏使陽膚為士師，問於曾子。曾子曰：「上失其道，民散久矣。如得其情，則哀矜而勿喜。」[3]

在這則資料中，「情」的本意是真，實。法官在審判案情時，如果能發現案情的真相，其直接的情感態度是喜(喜悅)，此種情感態度因案情的解決而出現，屬於情感的實然層面(作為法官的陽膚內心實有什麼樣的情感)。但是，曾子提醒身為法官的陽膚，百姓犯罪的行為根源

2　〔清〕方玉潤：《詩經原始》(北京：中華書局，2015年)，頁281。在本書中，後文所引《詩經》內容不再單獨出注，只隨文標明篇名。

3　楊伯峻：《論語譯注》(香港：中華書局，2010年)，頁203。在本書中，後文所引孔子相關言語不再單獨出注，只隨文標明篇名。

於執政者不能行道，迫不得已觸犯國家的法律，作為個體的人，陽膚應當哀矜（憐憫）百姓。哀矜的情感因人而生，屬於情感的應然層面（作為個人的陽膚應當有什麼樣的情感）。在孔子及其後學，開始思想「人（群體、個人）的情感如何關聯於事情的真相」這個問題。對這個問題的關注，類似於現象學的「回到實事本身」的精神。

其次，筆者要回應的問題是：為什麼要討論先秦儒家哲學中的情感？簡單地說，在先秦儒家哲學中的情感這個題目中，「哲學」一詞是以人的觀念、思想和經驗為中心，「情感」則是這個題目中的關鍵語詞。筆者想要通過先秦儒家的思想家對情感的理解和經驗入手來探尋他們作為曾生活於世間的活生生的人，如何理解、經驗和反思人的生命本身所具有的獨特價值和意義。學界以往的研究多以「知」（理性）來理解整個先秦儒學，或從「意」（意識）的角度切入考察先秦儒學所涉及的主要問題，罕有直接以「情」（喜、怒、哀、樂等）即情感的視角為路徑考察整個先秦儒家哲學。筆者所謂的先秦儒家哲學，主要指自孔子始開始顯題化處理「他人之死」的問題，並將此一問題落實於對能「聞道」的期盼之情：在「知」的層面，孔子明確提出「未知生，焉知死」之說；在「意」的層面，孔子有因思及、念及父母可能出現的死而有的「父母之年，不可不知；一則以喜，一則以懼」之說；在「情」的層面，孔子有因「顏回之死」而「哭之慟」的非言語性的情感表達，及連說「天喪予！天喪予！」的言語性的情感表達；有「朝聞道，夕死可矣」之心靈的期盼之情。

最後，這個題目所包含的內容有：首先，從情感現象而非情感語詞的層面來考察作為個體的先秦儒家之代表人物，如孔子、孟子等如何理解和經驗情感；其次，主要通過「情感與詩、歌、禮、樂」、「情感與家庭」、「情感與生死」、「情感與道」、「情感與德」及「情感與道德」這六個子題展開對「先秦儒家哲學中的情感」的考察；最後，在這六個子題之中，最重要的兩個問題是「情感與生死」和「情感與道」。在先秦儒家哲學傳統中，「情感與生死」的問題可以簡單概括為孔子的「天生德

於予」與「朝聞道，夕死可矣」這兩句話。恰恰是這兩句話，直接揭示出「情感與生死」及「情感與道」這兩個子題之間的內在關聯。

「先秦儒家哲學中的情感」這本書探討的是「先秦儒家如何理解和經驗情感」這個核心問題。例如，在本書第五章「情感與生死」這一子題中，筆者會考察孔子在面對「顏回之死」這一實事時，在情感上如何理解和經驗「顏回之死」這一事件。在具體的文本分析中，會涉孔子本人悲傷的情感經驗，及與此情感經驗相關的特定情感語詞，及所涉及的情感語詞指向何種普遍（中西文學、哲學傳統皆有）的情感現象。讀者不難發現，本書的考察重點是情感現象，而非情感語詞。但是，筆者對「先秦儒家哲學中的情感」的考察不離相關的表達某種情感的語詞。語詞本身可以成為「知」的內容，即觀念，或成為「意」所思及的對象，即事件。同時，出現於特定的倫理情境和生活處境中的特定語詞，可直接用以言說心所感之「情」的本質特性。本書所涉及的情感語詞即是此類語詞，其特性是：第一，所涉及的情感語詞以所考察的文本為依據；第二，所涉及的情感語詞關聯於所考察的情感現象。

若從書中各章考察的具體內容層面來看本書的主題，筆者在本書第二章「先秦儒學中的情感現象」開篇所要處理的問題是：何謂「情感」？先秦儒家所理解的情感與當代西方哲學傳統中的「情感」一詞在內涵上有何關聯與差異？如何理解「孔子責宰予不仁」與《孟子》中記載的「舜往於田，號泣於旻天」這樣的情感現象？

先秦儒家極重視「音樂與政治」、「音樂與倫理」之間的關聯，此一傳統源遠流長，最早可以追溯至《詩經》。《詩經》中的「詩」與「歌」原本就具有一體化關聯，而「禮」與「樂」正是政治生活、倫理生活得以存續的精神所繫。孔子承襲了《詩經》的傳統，關注「詩、歌、禮、樂」在個體通過自我修養成為君子之過程中的效用，是以有「興於詩，立於禮，成於樂」之說。考察孔子如何理解「情感與詩、歌、禮、樂」之間的關聯，他的理解如何影響其後學、繼而影響孟子、荀子和《禮記》的作者是本書第三章「情感與詩、歌、禮、樂」考察的主要問題。

　　從「情感與詩、歌、禮、樂」這一子題來看，其時之人大體相信，音樂是君子實現自我修養的方式。筆者之所以這樣說，主要的根據有三方面：第一，自《詩經》始，已有以「德音」比喻君子人格修養所達至的理想境界。《詩經》中的君子既可以指有位者，也可以指有德者。若是有位者同時有德，即出現「德音」的言說。「音樂與倫理」之間的關聯在《詩經》傳統見於「德音」一詞，以「德音」來表達詩人見到君子時內心喜樂的感情。所謂「德音」，簡單地說，即是以音樂中的「音」來詮釋表達倫理生活中的君子其美好人格之「德」；第二，自《左傳》始，開始出現對「聲與政二者之間如何關聯」這一問題的關注，其時之人將理想的政治關係建立於「五聲之和」，相信「五聲之和」能影響人心，透過對人心的影響來實現個體的人格轉化為君子人格，是以有「心平德和」之說。「德和」的觀念出自《左傳》，後來，莊子在〈德充符〉篇講「遊心於德之和」可能受到《左傳》中的「德和」觀念之影響；第三，在《論語》中，孔子明確提出，對個體修養成就自身為君子而言，在其自我的人格修養過程中，必須要通過「樂」來最終實現君子人格的完成，即「成於樂」。

　　事實上，考察先秦儒家對「聲、音、樂」的言說可以發現：其時的思想家很可能發現，同情共感的發生奠基於「聲」與「人心」之間的交互影響。「聲」對「人心」的影響表現在三方面：第一，「聲」有影響人心的能力：「聲」在影響人心的深度上優越於「言」；第二，「聲」在本源上連結著三個向度：「天與人」、「人與人」和「人與物」（物有死物，有活物，這裡主要指活物，如牛、馬等能發出聲的動物），而「絕地天通」事件發生後，「天與人」這個向度再也無法以「聲」相通，孔子是以有「朝聞道，夕死可矣」之期盼。孔子對能「聞道」的期盼之情出自生活於「絕地天通」事件 4 發生之後的人其真實的生存困境：「天與人」

4　這一事件最早記載於《尚書・呂刑》，《山海經・大荒西經》、《呂氏春秋》、《國語・楚語下》中亦有相關記載。後世之人漸多以神話傳說來詮釋「絕地天通」這

之間以「聲」、「聞」的方式溝通的可能性斷裂後，因為天不再對人說話，人失去了直接聆聽天之言的可能；第三，「聲」可用以表達我的心靈與現實之我的溝通，人與有生命之活物之溝通。例如，《戰國策‧楚四》就記載有「伯樂之哭聲」能與「馬之哀鳴聲」相呼應，且「馬之哀鳴聲」能達於天這一聲之現象。

以孟子為例，他明確提出：「仁言不如仁聲入人心深也」。孟子此說並非無據，此說根源於一個古老的傳統，即「絕地天通」事件存留於歷史和人心之中的記憶，這一歷史記憶代代相傳，至孟子通過對「仁聲入人心深」這一心靈現象的第一身經驗得以顯現其存在的真實。據《尚書‧呂刑》記載，在「絕地天通」事件發生之前，天與人之間是以「聲」相通的。其時，人能向天祈禱，天亦向人說話。但在「絕地天通」事件發生之後，天與人之間的溝通成為不可能。可能正是基於這樣的記憶，孔子有「獲罪於天，無所禱也」之說。與此同時，孔子的生命中有恢復人與天之間溝通的期待，具體表現為他相信自己只要能「聞道」，就能徹底克服死亡：「朝聞道，夕死可矣。」

讀者或許會心生疑問：為何「聲」與「人心」之間能夠交互影響？因為，源於人之心靈之聲關聯著人的精神向度，具體表現為人的心靈能夠發出哭泣聲、歎息聲和哀聲。

倘若結合西方的哲學和宗教經典作一對照，筆者發現：只有在《聖經》的《新約‧福音書》中記載有從天上而來的聲音，其時之人真實聽見此聲音，這樣來源於天之「聲」的「親聞」成為當時的信仰者後來所見證的主要內容：「又有聲音從天上來，說：『你是我的愛子，我喜悅

一事件，此事件的內容是：「黃帝時，民神雜糅，神可以自由來到地上，人可以通過天梯昆侖山上天，蚩尤作亂殃及萬民，造成強欺弱、眾凌寡、濫用刑、屠戮不止的局面。至帝嚳顓頊，為了重整秩序申明法度，讓其孫『重』雙手奮力托天，其孫『黎』按地，天地自此相隔，昆侖天梯不再見用，天地之通道受阻，神人不經『重』『黎』許可，不得上天下地。『重』『黎』並受命『掌天地四時，使人神不擾，各得其序，是謂絕地天通。』言天神無有降地，地祇不至於天，明不相干。」

你！」（路 3：22）[5] 筆者以為，此一事件可與《尚書・呂刑》所記載的「絕地天通」事件作一對照，作為考察聲之現象如何通過「我與道」、「我與天」關係體現的例證。然而，對聲之現象的考察並非本書的研究主題，筆者的研究僅限於聲之現象與本書第三章「詩、歌、禮、樂」直接相關的文本內容。

本書第四章「情感與家庭」主要考察的問題是：先秦儒家如何於人倫關係中（以家庭關係為核心關注）認知、經驗和思考情感。此章主要涉及的情感語詞是「敬、愛、喜、懼、樂、哀」等，這些語詞所關聯的「情感現象」主要涉及作為個體的孔子、孟子和荀子如何認知、經驗和思考自我的情感於家庭關係中的具體發生。此章主要考察的情感語詞是家庭關係中的「仁與敬」、「喜與懼」、「君子之樂」，以及喪禮中的「哀──戀戀之哀──至痛極」所指向的情感現象。

本書兩個重要主題之一是「情感與生死」這一子題，因為自人生存於世以來，無論哪個時代、何種文化語境中生存的人，必須面對、而且必然關注的人生問題即是「生死」大問，是以屈原有〈天問〉，孔子有「哭之慟」，孟子有「君子三樂之至樂」，莊子有「德友」。本書第五章「情感與生死」即是從情感的角度切入考察「生死」這一超越古今、跨越中西的課題。

作為「德」之內涵的「仁義」與「好、惡、喜、怒、哀、悲」等情感與「道」、「德」、「道德」之間的關聯是筆者在本書第五章考察的主要問題。就孔子而言，他這樣看「生死」與「道」、「德」的關聯：一方面，自己能否「聞道」比「知死」更重要；另一方面，自己生命中本有之「德」來源於天。

第六章「情感與道」和第七章「情感與德」與第五章「情感與生死」之間具有內在關聯，具體表現於兩方面：第一，在孔子看來，「義」

---

5 《聖經（精讀本）》（香港：牧聲出版社，2012 年），頁 105。在本書中，後文所引《聖經》內容不再單獨出注，只隨文標明章節名。

與「利」的分別是君子與小人的差別所在，君子重視「義」的價值，小人追求「利」的獲得。在具體的人生處境中，面對「不義而富貴」與「義而貧」的處境性抉擇，孔子能「貧而樂」的原因就在於：無論處境發生怎樣的改變，他始終持守「義」的價值（7.16）。事實上，在孔子看來，當以行「義」的方式來「達其道」（16.11）。

第二，至孟子，孟子發現：人所「欲」、「惡」的內容有位階高低之別。「生」與「義」都是人所「欲」的內容，但人對「義」的欲求強於其對「生」的欲求。「死」與「受到無禮義的對待」都是人所「惡」的內容，但人對「受到無禮義的對待」的「惡」勝於對「死」的「惡」（11.10）。孟子以「欲」、「惡」的情感語詞來表達人在「生」與「義」之間的權衡取捨，孟子承認，「生」與「義」都是人情所喜好的對象，然而，若要在二者之間進行取捨，權衡取捨所在的關鍵是人情所厭惡的對象而非人情所喜好的對象。在這裡，「欲」、「惡」都是用以表達人的情感具有評價的功能。孟子發現：人有厭惡的感情，人情最厭惡的對象並非死，而是受到不合於「禮義」的對待，即無禮的對待。

簡單總結：以「先秦儒家哲學中的情感」為主題的研究，將以細緻的文本分析方式，通過「情感現象」、「情感與詩、歌、禮、樂」、「情感與家庭」、「情感與生死」、「情感與道」、「情感與德」和「情感與道德」等子題漸次展開。

第二節　研究方法

本書不同於過去以道德主義或主智主義來講儒家，而是從情感的角度切入。本書的研究文本是先秦儒家經典《論語》、〈性自命出〉篇、《孟子》、《荀子》和《禮記》，以上述文本中出現的「情感語詞」為考察基點，以與這些情感語詞相關聯的「情感現象」為考察重點。在對「情感現象」的分析過程中，將始終關注在面對「自我之死」和「他人之死」時，作為個體的人實有的「情感經驗」及與之相關聯的「言語性的

情感表達」和「非言語性的情感表達」。

一、以《論語》和孔子為研究中心

在上述五個文本中，本書最核心考察的文本是《論語》。筆者對先秦儒家哲學的情感之考察以《論語》中所記載的孔子的言與行為基點，在此基點上，以「詩、歌、禮、樂」、「家庭」、「生死」、「道」、「德」和「道德」為子題，橫向察其各方面的關聯，縱向觀其源起和流變。「情感」是本書所有子題「情感現象」、「情感與詩、歌、禮、樂」、「情感與家庭」、「情感與生死」、「情感與道」、「情感與德」及「情感與道德」所共有的關鍵詞。

讀者或許會心生疑問：為何是《論語》？如何確定《論語》中的內容全是出自孔子？為何只關注《論語》中的孔子之言與行，而非《孟子》、《荀子》或《禮記》中的孔子之言與行？

在詳細梳理文本和探究「情感與生死」問題之古今流變的過程中，筆者發現：孔子恰是絕口不提自我面對死亡時心中實有的「恐、懼」之情，他只將關注的目光投向「他人之死」，特別是「父母將有的死亡」這樣的實事上。正是因此，他有「父母之年，不可不知也。一則以喜，一則以懼。」之說（4.21）。基於這樣的實事，孔子成為自中國的文學傳統（以《詩經》為代表）對「自我之死」的關注過渡為哲學傳統（以《論語》為代表）對「他人之死」的關注的一關鍵人物。

在本書的寫作過程中，《論語》中涉及孔子言與行的文本始終是筆者探討相關論題的第一手資料。以「情感與生死」這一問題為例，筆者先處理《論語》中孔子本人論及生死的文本資料，考察所有資料之間的內在關聯，從中總結和發現孔子本人可能會如何理解「生死」這一重要的問題，這是考察的重點。在此基礎上，考察孔子如何經驗「他人之死」（以「顏回之死」為例），及他在經驗「他人之死」的當時，內心正在感知著何種的情感，接著考察此種情感的內涵及其可能的來源，繼而

考察其內涵和來源如何關聯於孔子的個體生命、如何影響其已有的價值認知和信念。最後，考察孔子為何會有這樣的情感經驗。這是以孔子的情感經驗為核心，圍繞著情感、情感的內涵、情感的來源及其三者之間如何關聯和發展所展開的橫向察其關聯、縱向觀其源起和流變的考察。

最後，筆者會考察在先秦儒家對情感的理解和經驗中，文本所記載的特定的「情感現象」及其所指向的「實事」（真相、真實、真理）之間的關聯。

在上述五個文本所記載的個體情感經驗和言、行中，最重點考察的個體是孔子。為何是孔子？首先，孔子的情感經驗，特別是他因弟子「顏回之死」而「哭之慟」這一情感現象所表達的獨特的悲傷經驗，在先秦儒家經典所記載的個體中，具有典範和個案的特徵；第二，在「顏回之死」這一事件發生的當時，孔子已經「知天命」，既已「知天命」，為何還會有「哭之慟」這樣特別的情感現象？非但如此，他還兩次說「天喪予！天喪予！」？第三，作為個體的孔子與顏回的生命關聯實表現出孔子對「我與天」、「我與道」、「我與己」、[6]「己與人」兩個向

6　筆者以為，「我」與「己」的分別在三方面：第一，「己」關聯於主觀的「自己」，「我」關聯於客觀的人之「身——心」；第二，「我」的欲求是內在欲求，直接指向「仁」（「身——心」），「己」的欲求與人的欲求相對待而言，「我」與「己」之間聯結的仲介是「身——體」：「身」是心通達「體」的仲介，「我」有「體」，我之「體」與「我」之「欲」、「愛」方成「己」，人有「體」方為可見之他者，這正是為何孔子講「克己」而不講「克我」、「克身」的關鍵所在；第三，「我」與「己」的主要分別在於「身」所指向（指引）的方向不同：即是「身——心——靈」或「身——心」與「身——體」的分別。學者對此二者之間的分別已有初步的研究，如：郭靜雲結合「身」字的字源分析說：「客觀上，『身』的具體概念具體來自其字源；從本義而言，『身』離不開上下關聯的客觀人身義，相對於主觀『自己』的『己』字。」郭靜雲提出：「『身』、『體』、『形』、『己』等概念單就其本意而言，可知上述概念的指涉範疇本來即不相近，其中，『體』與『禮』的概念相關，而『身』與『仁』的概念有密切關聯。」見郭靜雲：《親仁與天命——從《緇衣》看先秦儒學轉化成「經」》（臺北：萬卷樓，2010 年）頁 150，159。楊儒賓提出「浩然之氣」與「體氣」、「性——心——氣——形」與「形——氣——神」的分別，他提出：「氣之為物，就其全幅展現來看，它貫通『心』、『物』，不容偏廢。」見

度（縱向和橫向）、四個維度關係的重視。

本書的考察圍繞「我與道」、「我與天」、「我與己」、「己與人」兩個向度、四個維度之間的關係展開，考察《論語》，不難發現，在孔子的思想和情感經驗（特別是悲傷經驗）中，實有切身關注這兩個向度、四個維度的關係。孔子這樣的關注影響至其後學及後世的思想家，〈性自命出〉篇的作者對此四個維度的關係有自己的理解和詮釋，孟子在閱讀和思想《論語》中孔子其人及其生命核心關注問題的基礎上，回應自己對此兩個向度、四個維度之間關係的理解。筆者將在本書第二章「先秦儒學中的情感現象」的「仁與道」部分展開對這兩個向度、四個維度關係的詳細分析，並在其後的各章分析孔子之後的思想家，如〈性自命出〉篇作者、孟子、荀子、《禮記》的作者如何理解和回應孔子所重視的兩個向度、四個維度的關係，這是就自孔子始出現的個體生命所關注的關係向度的梳理，及其如何影響後世思想家的思想關聯的歷史性考察。

在上述兩個向度、四個維度的關係中，本書最關注的是「我與道」、「我與天」這一縱向向度、兩個維度之間的關係。這樣的關注基於筆者在詳細閱讀《論語》的過程中一直反復思想的三個問題：第一，孔子既已「知天命」（2.4），為何還因「顏回之死」情不自已？他非但「哭之慟」（11.10），更是連說「天喪予！天喪予！」（11.9），言詞中似有責天之意？第二，孔子既以「志於道，據於德，依於仁，遊於藝」教弟子（7.6），為何還有「朝聞道，夕死可矣」之嚮往（4.8）？若孔子真有此嚮往，作為個體的他是否已「聞道」？第三，孔子既言「丘之禱久矣」（7.35），為何又說「獲罪於天，無所禱也」（3.13）？

正是在思想上述三個問題的過程中，筆者發現：對作為個體的孔子而言，生命中始終不能忘懷的是「我與道」、「我與天」的關係。他深

楊儒賓：《儒家的身體觀》（臺北：中央研究院中國文哲研究所籌備處，2003 年），頁 160。

知,「我與己」、「己與人」的關係受「我與道」、「我與天」關係的限制和影響。而且,孔子的情感經驗,特別是孔子的悲傷經驗關聯於、立足於其自身對「道」與「天」的嚮往、理解和信念,這是以細緻的文本分析為基礎、以作為個體的孔子實有的情感經驗為中心而展開的縱向維度的關係性考察。

二、以《詩經》所代表的文學傳統為文本始源

理解《論語》中的孔子,必須溯源至《詩經》所代表的文學傳統,在縱向維度上觀其源起。本書的文本研究關注《詩經》的原因在於:第一,孔子的「德」、「天」、「道」觀念及其「我與道」、「我與天」的關係關注之來源多本於《詩經》;第二,孔子的「朝聞道,夕死可矣」之嚮往中涉及的「聞道」之說,類似於《詩經》中的詩人所言「聲聞於天」之傳統,此傳統可能影響孔子對「我與道」、「我與天」的關係之理解與思想;第三,《詩經》所代表的文學傳統直接論及作為個體的情感經驗與「道」之間的關聯,此種關聯成為孔子及其後的思想家理解「我與道」關係的文本和思想來源。

本書所考察的「情感現象」,所涉及的內涵有情感認知與情感經驗。以《論語》中的孔子為例,對他來說,生命的意義在於能與「道」建立關係。在「朝聞道,夕死可矣」和「子畏於匡。天之將喪斯文也,後死者不得與予斯文也;天之未喪斯文也,匡人其如予何?」這兩則資料中,孔子並不使用任何關涉情感的語詞來思考自我的死亡問題。[7]事實上,面對「一己之死」,與之直接相關的是個體的信念,個體內心實有的信念直接影響其面對生死的情感態度。在本書第五章「情感與生死」這一子題的研究中,筆者將詳細探討個體實有的信念與其生死觀之

---

7 劉妮:〈從「顏回之死」看孔子的情感經驗〉,《東海哲學研究集刊》,第 18 輯(2013 年 1 月),頁 77。

間的關聯。

　　將《詩經》所代表的文學傳統作為始源，與本書第六章「情感與道」這一子題直接相關。其關聯性表現在：第一，「我與道」的關係最適合的表達形式是「詩」，孔子重「詩」可能源自《詩經》中之人直接以詩的形式言說「道」；第二，在《詩經》中，以「德音」來表達理想的君子人格，詩與音樂、倫理的關係直接關涉先秦儒家最重視的源於天之「德」；第三，在《詩經》中，詩人所使用的「傷悲」、「憂傷」、「憂」等表達詩人內心悲傷經驗的情感語詞實指向個體的心靈。所謂個體的心靈，孔子和孟子皆有關注，如孔子贊顏回之賢實基於其能以不行不義為樂這一實事。在孔子看來，顏回之賢在於顏回此人的心靈之樂。再如，《孟子》所記述的舜「號泣於旻天」這一情感現象，「號泣」之哭聲出自舜內心悲傷的情感經驗，作為個體的舜內心實有如此深的悲傷，竟以「號泣」的形式來向天傾訴，這一情感經驗所指向的是舜感知其自身悲傷的心靈。

　　無論是孔子的「哭之慟」，還是《孟子》所記述的舜「號泣於旻天」，已經超越了普遍的心理層面，深入到個體的心靈層面。就文本而言，與心靈層面相關的文本出自《尚書‧泰誓》的「惟天地萬物父母，惟人萬物之靈」之說，恰恰是此說，直接影響孟子的「義」的觀念及其對人的本質的理解，筆者在本書第六章對此有詳細的文本關聯之梳理和思想來源之考察。

三、以「天生德於予」與「朝聞道」為問題來源

　　以《論語》所呈現的孔子言語來看，孔子相信，「我與天」關係的聯結在「德」，是以他有「天生德於予，桓魋其如予何」（7.23）之強烈信念，相信決定自己或生或死的最終權威在於天，不在於任何的個體。不難發現：孔子重「德」，他相信「德」的來源是天，重「德」之人必重「我與天」之關係，而就文本的前後關聯來看，重「德」的觀念始源

於《詩經》所代表的文學傳統。

　　本書各章的子題考察以先秦儒學所重視之「德」與「道」為中心展開。就第二章「先秦儒學的情感現象」而言,「德」是孔子心目中的理想的倫理人格君子的主要品格:在《論語》中,孔子有三說論及君子,皆與「德」相關:「君子懷德,小人懷土;君子懷刑,小人懷惠」(4.11)、「君子學道則愛人」(17.4)及「志於道,據於德,依於仁,遊於藝」(7.6)。可以說,在孔子看來,「德」與「學道」的結合點恰是在君子這樣的理想人格身上得以體現。就第三章「情感與詩、歌、禮、樂」而言,「德音」之說即是用以言說理想的倫理人格君子最恰切的表達是音樂,可能正是基於《詩經》中的「德音」之說所呈現的音樂與倫理的關係,孔子有「興於詩,立於禮,成於樂」之說(8.8)。至第四章「情感與家庭」,以「愛」、「敬」為情感態度的子女之孝是其內心之「德」的表現。在第五章「情感與生死」這個子題中,孔子以「天生德於予」的信念來回應面對可能發生於自己身上的死亡,可見,孔子以源於天之「德」來消解其內心對死亡之恐懼的情感(異於《左傳》中的「餘恐死」之說)。若就第七章「情感與德」這個子題來看,在孔子看來,「天與人」的關聯在於人之「德」,個體當「修德」以成就其自身為君子。孔子有「修德」和「至德」的觀念,孔子心目中的「德」的本質特徵是忍耐和永不停息的生命品格,「至德」之人具有謙讓的品格和禮讓的情感態度,而個體是否「尚德」的關鍵在於,其內心是否有「愛人」之「仁」。由此可見,孔子既重「德」,亦重「仁」。孟子繼承了孔子對「仁」、「義」的重視,甚至直接以「仁義」來詮釋「德」的內涵,詮釋「德」的內涵及「德」與「仁」之間如何關聯始於《左傳》。基於文本之間實有的關聯,筆者在第七章的「情感與德」的文本研究和問題分析過程中,會涉及《左傳》中的「德」與「仁」觀念,及其如何影響孔子的「德」與「仁」觀念。

　　孔子的「朝聞道,夕死可矣」之說如何影響後世對「生死」問題的認識和情感經驗及其對「我與道」關係的理解是本書考察的重點問

題之一。就本書的寫作方法而言，在對所涉及的「先秦儒學中的情感現象」、「情感與詩、歌、禮、樂」、「情感與家庭」、「情感與生死」、「情感與道」、「情感與德」和「情感與道德」等子題進行文本梳理和問題分析的過程中，筆者將先考察孔子如何理解「道」，他所理解的「道」有哪些層面，涉及何種向度。在此基礎上，接著考察〈性自命出〉篇的作者如何理解「道」，其所理解的「道」與孔子理解的「道」有何同異，繼而考察孟子、荀子、《禮記》的作者如何理解「道」，其各自理解的「道」在何種程度上受孔子的影響，在何種程度上或是出於其他的文本、個體、及自己的理解和詮釋，這是在思想的傳承和流變上考察自孔子始的「我與道」關係在後世儒家學者之中如何產生影響、如何轉變及在個體面對「一己之死」和「他人之死」這樣的問題時如何產生影響和發生作用。

最後，筆者將結合本書各章的結論回應孔子所理解的「天生德於予」和「朝聞道，夕死可矣」，並在此基礎上回到本書的主題「先秦儒家哲學中的情感」，給出筆者的結論：對先秦儒家的理解若回到其自身的問題意識和生命關注，更適合的進路是對個體和個體的心靈的關注，以情感（涉及個體的心靈層面、群體的心理層面）的進路通達先秦儒家本有的思想方式和言說方式。

第二章
先秦儒學中的情感現象

　　西方學者討論中國的情感問題自已故漢學家 A.C.Graham 始，其討論「情」主要是為了討論「性」的問題，即其關注的實際上是人性的問題。A. C. Graham 認為，漢以前的典籍中常見的「情」字，非指情感或欲望，[1]而是近似亞裡士多德所說的「本質」；至宋明儒學，作情感解的

---

[1]　筆者認為，A. C. Graham 主要是從心理、生理的角度來界定「情感」、「欲望」這兩個語詞。在先秦儒學傳統中，自孔門後學至荀子、《禮記》，「情」字的基本內涵是好、惡、喜、怒、哀、樂、悲、欲等。因此，不能簡單說漢以前典籍中的「情」字非指情感和欲望。這一判斷適用於《論語》，並不普遍適用於先秦的所有典籍，特別是楚簡之後的文獻。筆者要強調的是，先秦思想家對「性」、「情」、「欲」的意涵有其特別的理解，與西方哲學、當代心理學對情感和欲望的理解實有不同。就孔子本人而言，「欲」一詞同時具有欲求和喜好的意涵，孔子以「所欲」表達欲求、欲求對象、與欲求的方向三者之間的內在關聯。

就詞源學來看，現代漢語中「情感」一詞的英文 emotion 源於法語 émouvoir，而 émouvoir 源自拉丁語詞 emovere，emovere 的意思是「不動」。「動機」的英文 motivation 和 emotion 在拉丁文中都以 movere 為詞根，意思是「動」。英文的 emotion 一詞譯為中文即是「情感」這個語詞，emotion 的內涵由生理、心理和表達性行為三個部分構成。Emotion 與情緒、氣質、個性、習慣和動機相關，「情感」（emotion）影響「動機」（motivation），「動機」（motivation）確定行為的方向，並為行為提供動力。事實上，由特定的「情感」產生「動機」，因「動機」引發「行為」，這即是「情感」（emotion）、「動機」（motivation）、「行為」（action）三者之間的內在關聯。Cf. Myers, David G, "Theories of Emotion," *Psychology* (Seventh Edition), New York, NY: Worth Publishers, 2004, p. 500; Gaulin, Steven J. C. and Donald H. McBurney, Chapter 6, *Evolutionary Psychology*, Upper Saddle River, New Jersey: Prentice Hall, 2003, pp. 121-142.

「欲望」的英文 desire 本意是內心渴望擁有某人或某物，或期待獲得某種結果。「欲望」關聯著個體的內在欲求，個體的內在欲求是其行為的內在動源，個體有天

「情」才與作本性解的「性」形成一尖銳對立。[2] 唐君毅提出，《禮記》之尚情中有禮樂即情、性情俱尊。[3] 自郭店楚簡出土後，因其中儒家楚簡部分〈性自命出〉篇多講「情」，學術界有學者據此質疑 A.C.Graham 的觀點，如李澤厚就提出楚簡儒書提倡「情本論」，認為孔子的學問應以情作為人性和人生的基礎，並進而批評孟子及後來的宋明理學高談心性忽視情與禮樂。[4] 張祥龍認為，李澤厚多年前就很看重「情」在儒家思想中的「基礎、實體和來源」的地位，的確很有見地。但他不能認同的是，李澤厚在對〈性自命出〉篇的解讀過程中，將「情」只看作一種心理狀態。他認為，從心理維度界定「情」可能會遮蔽住「情」的非身心二元論的哲理含義。[5] 在筆者看來，張祥龍對李澤厚的批評主要在於反對他僅從心理維度界定「情」，未能揭示出「情」的哲理含義。但無可否認，「情」實際上關涉個體的心理層面，「情」的存在和表現不同。無可否認，人皆有感情，儘管在不同的文化傳統中，表達人之感情的語詞有別，卻並不影響人生而有「情」這一事實。「情」的實有即「情」的存在，實有的「情」的表現方式涉及個人自身的經歷、社會的建構、文化傳統的影響等方面。亦即，「情」的存在具有內在性，內在於個體，個體能夠於處境中體驗到其存在的真實。「情」的表現是說實有的「情」於人的生命之中的存在形式和作用方式，「情」的存在關

　　生的自然欲求。在西方哲學傳統中，哲學家柏拉圖、亞里士多德、霍布斯、斯賓諾莎、休謨和康德都討論過人的欲望，並重點關注理性和欲望的關係。Cf. Martha C. Nussbaum, "Morality and emotions," Edward Craig (ed). "Ethics Chapter," *Routledge Encyclopedia of Philosophy*, London: Routledge, 1998, p. 558.

2　Angus C. Graham, *Studies in Chinese Philosophy and Philosophical Literature*, Albany, N.Y.: State University of New York Press, 1990, pp. 59-65.

3　唐君毅：〈中國哲學原論：原性篇〉（臺北：台灣學生書局，2004 年），頁 84-89。

4　李澤厚：〈初讀郭店楚簡印象紀要〉，《道家文化研究》，第 17 期（1999 年 8 月），頁 415-420。

5　張祥龍：《先秦儒家哲學九講：從《春秋》到荀子》（桂林：廣西師範大學出版社，2010 年），頁 142-143。

涉如何理解人的問題。「情」的表現關聯著個體的內心和他者或外物，受個體的認知、他者的回應、社會教化、文化傳統和具體處境的影響。此外，「情」的來源與其存在和表現不同，若問實有之「情」的來源，即是「情」的先在性問題。先秦儒家對「情」的存在、「情」的表現和「情」的來源問題曾展開連續的思考，並給出了自己的答案。先秦儒家對「情」的關注具體表現為其對自我、他者、天、道、性、命等的理解，因此，先秦儒家關注最多的是「情」與禮樂、「情」與個人的自我修養和道德實踐之間的關係，以及「情偽」的問題。筆者認為，先秦儒家對「情」的特別關注與其「如何理解人的生命和生存價值」相關，這與當代西方從身心二元論來理解人絕不相同。事實上，如何理解「情」一字不但涉及語詞的意含層面的問題，同時，亦涉及古今語詞使用的變化和語詞與具體的語境之間的關係層面的問題。在筆者看來，學者之間的爭論核心在於，其個人對「情」的意含有不同的理解，將各自不同的理解應用到對具體文本的解讀上便難免會出現分歧。

　　本書的題旨是研究先秦儒學中的情感，及其對個體生命和社會生活的形塑及影響。「如何理解情感」這個問題，無論是在西方古典哲學的傳統中，還是在中國古典哲學的視域中，都是極為重要的哲學定向問題。一個完整的人，必然具有理性、情感、意志三個層面，這幾乎是重要的西方哲學家的共識。由此可見，一個人要認識自己和瞭解他人，自然無法不重視情感在個體生命之中的作用。先秦儒學重生命，既重生命，自然會關注情感問題。先秦儒學對人的理解結合人的德性（「德」）、欲望（「欲」）和情感（「喜、怒、好、惡、愛、哀、樂、悲、懼等」）三方面展開。到目前為止，研究者較多關注前兩方面，較少關注人的情感這一方面。事實上，要理解他人和認識自己必然要論及情感，因為，一個完整的人在本質上必然同時德性、欲望和情感三者兼具。孔子在論德性時，兼論欲望，同時關注「喜、懼、哀、樂、好、惡、愛」等情感。如果我們能同意無論是古代的孔子，還是現代社會中的我們在本質上都有情感，並具有認知自身的情感的能力，那麼，研究

先秦儒家如何通過情感來理解人就是我們需要做的工作。正是基於這樣的初衷，筆者選擇以先秦儒家哲學中的情感作為本書的研究課題。

筆者認為，研究先秦儒家哲學中的情感，重點在於探討先秦儒學中的情感現象問題。因為，與概念分析相比，對先秦文本中論及的情感現象的研究更能揭示「情」的本質。在進入細部的探討之前，需要就本書的寫作方法進行三點澄清。首先要澄清的是對「情感」一詞的理解。筆者要說明的是：首先，《論語》、《孟子》中的「情」一字並不具有現代漢語中的情感的意含。在《論語》中，「情」字兩見，一用作「誠」，指內心之實；一用作「情實」，指事物之實。[6] 在《孟子》中，「情」一字四見，用作「情實」。而在〈性自命出〉篇出現的「情」字，具有情感的意含，但〈性自命出〉篇對「情」字的這一使用未能影響孟子，其中原因尚需解釋；其次，本書中出現的「情感」並不直接指涉《論語》、《孟子》中的「情」一詞，而是指近似於現代漢語中的情感一詞的相關語詞：好、惡、喜、怒、懼、悲、哀、樂等；最後，本書關注的主要是一些表示情感的語詞所關聯的情感現象，通過結合具體的文本對特定的情感現象進行分析，具體的現象分析涉及「我與己」、「己與人」、「我與天」、「我與道」四個面向。筆者提出這四個面向是基於孔子本人的言說，在《論語》中，「我與己」的面向體現在「我欲仁」（7.30）和「己所不欲，勿施於人」（15.24）的言說中，從中不難發現，我有內在欲求，己的欲求對象指向外在的人或物。「己與人」的面向體現於「己所不欲，勿施於人」，可以看出，「己與人」的面向於人倫關係中展開。「我與天」的面向表現為「獲罪於天，無所禱也」（3.13），在這則資料中，向天祈禱的是我，不是己，祈禱當是由心發出，由此可見，我關聯著個體的內心，己指向倫理關係中的他者，我無法向天祈禱的原因是個體的罪，而在祈禱中的個體知道，如果自己有罪，天不會聽自己的祈

6　李天虹：《郭店竹簡《性自命出》研究》（武漢：湖北教育出版社，2003 年），頁 37。

禱。「我與道」的面向表現為「朝聞道，夕死可矣」（4.8），可以發現：我對「聞道」的盼望源於我在思想死亡時，心靈感知到惟有通過聽見道對自己發出的言說才能使自己對生命的價值及終極意義的求索得到最終解答。此四個面向自孔子後，孔門後學、孟子、荀子、《禮記》作者各有回應，其回應關注的面向各自不同。

其次，要澄清的是筆者的考察涉及概念、經驗和個人的體驗三個層面的探討，概念層面的探討所使用的概念主要是同特定經驗相關的一些概念，例如：在分析悲傷經驗時，會涉及「哀、悲」等概念。經驗層面的探討主要涉及具體的處境性和個體之間的生命和情感關聯問題，個人的體驗層面主要涉及個體的第一身經驗，即我的親身體驗。

最後，筆者要澄清的是，探討情感問題涉及經驗某種情感的個人的主體性和情感的規範性兩方面的考察。例如，我感受到莫名的悲傷。悲傷的出現在我預料之外，我無法決定我的悲傷如何發生，持續多久，轉化為喜樂或是更強的悲傷。主體性層面是第一人稱的我對悲傷的自身感受，悲傷的發生涉及悲傷的來源，其持續和轉化涉及情感的本質及其作用方式、情感的來源、本質和作用方式涉及規範性層面的問題。

就主體性層面而言，有心之知和理之知的分別。[7] 在字形結構上可以看出，愛以心為內涵，不能離心言愛。心能知己之愛，亦能感知他人之愛。心的感知不同於眼見和耳聽，因為，眼見有形之物，耳聽聲音，心靈感知愛。論愛必關聯於人，這是孔子的洞見。孔子講「仁者愛人」，也講「君子學道則愛人」。理之知涉及思考，包括思想的過程和主

7　筆者提出「心之知」和「理之知」是受帕斯卡的啟發，以「心之知」來言說心的活動有其自身的理，與人的心靈相關，以「理之知」表達通過思考和反思活動獲知的理，與人的理性相關，人的心靈能知道理性所無法知道的真理。As Pascal said in his Pensees："The heart has its own reason which reason knows nothing of ... we know the truth not only by reason, but by the heart."（正如帕斯卡在他的《思想錄》中所說：「心有心之理，是理性所無法知道的⋯⋯我們不只通過理性知道真理，也通過心獲知真理。」）Cf. Blaise Pascal, *Pensées; The Provincial Letters*, New York: The Modern Library, 1941, p. 95.

動的反思。所謂知理、明理，關注的是對事、物本質的認知，可以通過思想和反思的方式實現，並不直接關涉心和愛。

　　進行了上述澄清後，接著進入本章主要處理的哲學問題，即「仁」與「愛」的關係問題。[8] 讀者或許會心生疑問：為何這個問題重要？「仁」與「愛」的關係與本章的主題有何關涉？筆者的回答是：第一，孔子最關注的情感現象是「愛」[9] 的現象；第二，孔子重家庭中的親子之「愛」，在父母與子女的關係中，孔子特別關注子女對父母的「愛」，以其為子女「仁」或「不仁」的判斷根據；第三，孔子心目中的君子、仁者的生命特質都在於：「愛人」。自孔子死後，在孔門後學中，〈性自命出〉篇的作者提出「情——性——命——天」的縱向關聯，將「情」歸於「性」，「情」因此源於以「好惡和喜怒哀悲之氣」為內涵的「性」。非但如此，〈性自命出〉篇的作者還提出，「仁」可能生於「性」，源於「好惡和喜怒哀悲之氣」的「愛」近於「仁」。由此可見，「愛」與「仁」二者之間能產生關聯的關鍵在於「性」（「好惡和喜怒哀悲之氣」）。筆者發現：孔門後學繼承了孔子的問題意識，將「仁」與「愛」的關係進一步推進，試圖尋找二者之間的本質關聯，從而展開了對「『愛』以何種方式關聯於『仁』這個問題的思考。從孔門後學至孟子、荀子和《禮記》，無不關注「仁」與「愛」的關係問題。不過，孟子、荀子和《禮記》的作者對此問題的思考方式不同，因此，其對「仁」與「愛」之關

8　自此處起始，至筆者於本章中所寫的第一節至第六節內容曾以〈《論語》中的『仁』與『愛』——兼論牟宗三對『道德情感』之詮釋〉為題發表於「當代新儒家與西方哲學：第九屆當代新儒學國際會議」，香港中文大學哲學系、臺灣中央大學、鵝湖月刊社等合辦，2011 年 12 月 5-7 日。後經筆者修改後，刊於《中國哲學與文化》，第 12 輯（2015 年 5 月），頁 177-194。

9　「『愛』是否是一種『情感』？」是一個受到學界爭議的問題，亦是先秦儒家所關注的重要問題，有可以討論的空間，值得展開細緻、深入的探討。筆者將在其後的各章中結合相應的主題分析在先秦儒學思想傳統中，不同的思想家如何理解「愛」與「情感」。基於先秦的思想家對「愛」與「情感」之來源、意涵和關聯的不同理解，來回應應當如何理解和回答此問題。

係的理解各自不同。若結合孟子、荀子和《禮記》作者的回答，此問題亦可轉化為：如何理解「四端之心」中的「惻隱之心」與「七情」中的「愛」之間的關係？因為，在先秦儒學傳統中，「情」的內容為好惡和喜怒哀悲之氣（〈性自命出〉）、好惡喜怒哀樂（《荀子・天論》）和喜怒哀懼愛惡欲（《禮記・禮運》），只有在《禮記・禮運》中出現以「愛」為內容之「情」：「何謂人情？喜、怒、哀、懼、愛、惡、欲，七者弗學而能。」[10]孟子提出「惻隱之心」作為「仁」、「仁之端」：「惻隱之心，仁之端也；羞惡之心，義之端也；辭讓之心，禮之端也；是非之心，智之端也。人之有是四端也，猶其有四體也。」[11]

　　在《論語》中，當樊遲問「仁」時，孔子的回答是「愛人」（〈顏淵〉）；在論及「三年之喪」時，孔子這樣批評宰予：「予之不仁也！予生三年，而後免於父母之懷。……予也有三年之愛於其父母乎？」（17.21）孔子無論是詮釋何為「仁」，或是責人以不仁，皆與「愛」有關。那麼，與「仁」相關之「愛」與七情中的「愛」有何差異？當孟子以「惻隱之心」詮釋「仁之端」時，惻隱之心與愛人之間有何關聯？惻隱之心與七情中的「愛」有何差異？要回答以上問題，需要做的工作是，結合《論語》、《孟子》和《禮記》的相關資料進行文本釐清的工作。在此基礎上，展開具體的現象分析。最後，筆者將結合學界已有的詮釋進行詮釋進路考察，並嘗試對以上問題作出初步回應。

　　在先秦儒家傳統中，孔子、孔門後學、孟子、荀子和《禮記》的作者如何理解人的情感以其對人的理解為基礎，而其對人的理解涉及個人與自我、個人與家庭、個人與他者及個人與天道之間關係的不同面向。筆者將結合上述四種關係面向考察孔子如何理解個人的情感（愛）與欲

10　孫希旦：《禮記集解》（北京：中華書局，2010年），頁606。在本書中，後文所引《禮記》相關言語不再單獨出注，只隨文標明篇名。
11　楊伯峻：《孟子譯注》（北京：中華書局，2010年），頁80。在本書中，後文所引孟子相關言語不再單獨出注，只隨文標明篇名。

望（欲），[12] 孟子如何理解作為惻隱之心的「仁」與人所具有的「愛」的具體情感，孔子和孟子對人的具體的「愛」的情感的理解有何異同，此種異同的存在與〈性自命出〉篇對「情」的理解是否有關聯？如果有，其中可能的關聯是什麼？並嘗試在此基礎上回答：既然〈性自命出〉篇已經使用「情」一詞表達情感的意含，為何孟子使用「悅、怨慕和愛」等具有情感意含的語詞來言說人的情感，不直接使用「情」一詞來表達呢？

第一節　欲求、志向與終極價值的追求：欲仁與志於仁

在《論語》中，與欲望、欲求直接相關的語詞是「欲」，[13] 孔子有「從心所欲」、「人之所欲」、「我欲」、「己欲」、「己所不欲」和「愛之欲其生、惡之欲其死」等說法。孔子說：「我欲仁，斯仁至矣。」又說：「己欲立而立人，己欲達而達人。」不難看出，「欲仁」之我不同於「欲立、欲達」之己：前者關涉個人與自我的關係，後者出現於個人與他者的關係中；前者言說的是，就個人的道德修養看，仁的實現直接取決於自我的自主意願，後者則不同，指向在個人與他者的人倫關係中展現出來的個人的欲求。清儒郭善鄰在〈己說〉中說：「謂己，則克就吾人性分而言；我，則形骸也。」「己與人，對待之名也。」[14] 筆者認同他所說的「己」與「人」的分別，但他以「形骸」言我，以「人之性分」言己恐不合於孔子對「我與己」關係的理解。在筆者看來，以「形骸」言我

12　見註 1 之說明。

13　以下所引文獻，「欲」均作動詞，即欲求之意，至於「欲」是否指欲望，則端視乎所謂「欲望」所指：欲求可以是自然的欲求、心理的欲求。筆者認為，結合《論語》中論及「欲」的資料，孔子所理解的「欲」的意涵包括自然的欲求和心理的欲求兩方面。

14　轉引自熊十力：〈韓非子評論〉，《熊十力全集（第 5 卷）》（武漢：湖北教育出版社，2001 年），頁 308-309。

當源自莊子（《莊子・齊物論》有「吾喪我」之說），以「人之性分」言當源自孟子（《孟子・離婁上》有「反求諸己」之說）。鑒於筆者的文本研究立足於《論語》中孔子本人的言說，以此為基礎分析後世之人如何理解和詮釋孔子提出的問題，此中的差異就不可不辨。下面來看相關資料：

2.4　子曰：「吾十有五而志於學，三十而立，四十而不惑，五十而知天命，六十而耳順，**七十而從心所欲，不逾矩**。」[15]

4.5　子曰：「**富與貴，是人之所欲也；不以其道得之，不處也**；貧與賤，是人之所惡也；不以其道得之，不去也。君子去仁，惡乎成名？君子無終食之間違仁，造次必於是，顛沛必於是。」

6.30　子貢曰：「如有博施於民而能濟眾，何如？可謂仁乎？」子曰：「何事於仁！必也聖乎！堯舜其猶病諸！**夫仁者，己欲立而立人，己欲達而達人**。能近取譬，可謂仁之方也已。」

7.30　子曰：「仁遠乎哉？我欲仁，斯仁至矣。」

12.10　子張問崇德辨惑。子曰：「主忠信，徙義，崇德也。**愛之欲其生，惡之欲其死。既欲其生，又欲其死**，是惑也。『誠不以富，亦祗以異。』」

15.24　子貢問曰：「有一言而終身行之者乎？」子曰：「其恕乎！**己所不欲，勿施於人**。」

就孔子對「欲」的言說看，「從心所欲」是說個人的慾望來源於個人的心（2.4），「人之所欲」是說人的欲望所指向的內容具有普遍性和

15　黑體字加底線部分為筆者所加，表示強調之意，全書同。

共同性：「富與貴，是人之所欲也。」（4.5）可以發現，孔子已經清楚知道，所有人都具有與生俱來的自然欲求，以追求獲得財富和得到尊貴身分為其欲求的目標，無論是小人，還是君子概莫能外。「我欲」是說自我具有是否選擇以某種價值（仁）為其欲求內容的自由：「我欲仁，斯仁至矣。」（7.30）[16] 筆者的問題是：如果在孔子看來，自我的欲求自然傾向於以財富、尊貴的身分為目標，這種自然傾向又來源於個人的心，具有自然人性的基礎，那麼，自我對財富、尊貴的身分的欲求如何可能轉化為對「仁」的主動欲求？孔子承認，人的欲求自然傾向於以財富、尊貴的身分為內容，個人是否欲求「仁」完全決定於其自主意願。我們知道，「仁」的本質是對他者的「愛」，是否「愛」他者以是否願意去「愛」他者為前提，仍然與個人的自主意願有關。孔子看到了個人的自主意願的重要性，他相信個人的內在生命中具有節制自然欲求的力量，即「仁」。在個人的選擇、行動以先，有個人是否意願的問題。個人的意願有不同層次，孔子似乎以「我欲」和「心所欲」對言，他認為「我欲」具有調節和轉化「心所欲」的能力。在孔子看來，「我欲」之欲有意願和欲求的意含，「心所欲」之欲有欲求、喜好的意含，不涉及主動意願的問題。孔子發現的問題是：人對愛的生命欲求與對財富和尊貴身分的自然欲求之間具有內在張力。[17] 簡單總結：孔子相信，自我的自主

16　Fingarette 將「我欲仁，斯仁至矣」的「欲」解釋為「決定」之意，筆者不能認同他的解釋。筆者認為，此處的「欲」當是「意願、欲求」之意，孔子在這則資料中想要強調的是，每個人都有內在的意願自由，而非與行動相關的選擇自由。Cf. Herbert Fingarette, *Confucius—the Secular as Sacred*, New York: Harper & Row, 1972, p. 51.

17　「仁」字的字形結構本內涵「生命」之意，以生命詮釋「仁」出自郭靜雲的研究：「『上身下心』的字形應是最接近『仁』概念本意的表達方式。」「『身』字源自殷商甲骨文的象形字，其字形乃在整體人形上強調肚腹的位置……在周代金文中，『身』字已經轉而表達『生命』之意……不過，『身』字在西周早期以來的『生命』用法，明顯是從『肚腹』的字義衍生出來。……從『腹』到表達全身，從『腹』到生命，這種觀念不僅發生在漢語的發展過程中，也出現在其他語言裡。腹、身、生的關係，應是全人類的基礎性概念之一。」見郭靜雲：《親仁與天命——從

意願是實現其生命欲求的關鍵。自我的生命欲求能否實現關鍵在於其意願，當自我的意願確定以對愛的生命欲求為其關注時，個體就能得到對抗以財富和尊貴身分為其目標的自然欲求。亦即，當我願意去愛人時，我的關注自然是人生命中愛的需要而非自我的財富和尊貴的身分之自然欲求的滿足。

回到《論語》，孔子亦有「苟志於仁矣，無惡也」（4.4）、「唯仁者能好人，能惡人」（4.3）之說。當孔子講到「苟志於仁矣，無惡也」時，「仁」是個人所當立志追求的目標。「苟」一詞是假設語詞，是「如果」的意思。在孔子看來，個人應該立定心志以「仁」作為值得自己一生追求的目標。如果一個人能有這樣的心志，不會出現惡。結合前面 7.10 的資料看，不難發現，在孔子看來，「仁」對個體生命的成長和人格的修養來說，既是值得追求的價值，又是應當追求的目標。結合孔子所說的「仁者愛人」（12.22）來看，真正的仁者其生命自然會表現出對他者真誠無偽的、完全的愛，只有這樣的人，其對他者的好惡之情自然會合乎中道。孔子期待的是從「君子」到「仁者」的個人品格和內在生命的轉化。當孔子說「愛之欲其生，惡之欲其死」時，他看到，人具有正面的內在情感傾向性（「愛」）和負面的內在情感傾向性（「惡」）。這兩種不同的情感傾向性與個體的欲求結合，可以產生符合或違背價值的倫理後果。「欲其生」、「欲其死」之愛、惡在孔子看來是「惑」，從這則資料可以看到，孔子發現，人會有「惑」，而且身在「惑」中的人並不一定能自知其「惑」。孔子看到「惑」的出現與欲求的方向有關，他同時看到「惑」與人內心所具有的愛、惡的內在情感傾向性之間的本質關聯。

————

《緇衣》看先秦儒學轉化成經》（臺北：萬卷樓，2010 年），頁 153，153-156；近年來，學界已經注意到「身」這個概念對儒家思想的重要性，出現頗多相關討論。見楊儒賓：《儒家身體觀》（臺北：中央研究院中國文哲研究所籌備處，1996 年）；郭梨華：〈曾子與郭店儒簡的身體哲學研究〉，《政大中文學報》，第 3 期（2005 年 6 月）。因此，筆者將我對「仁」的欲求稱為生命欲求，將人心對「富與貴」的欲求稱之為自然欲求。

　　如何理解孔子所說的「惑」？考察《論語》中孔子對「惑」的言說還有三處：一是樊遲問辨「惑」，孔子回答他：「一朝之忿，忘其身以及其親，非惑與？」（12.10）；二是孔子自述「四十而不惑」（2.4）；三是孔子明確說「知者不惑」（9.29）。結合上述三處資料可以看出，孔子一方面講他所見到的「惑」的現象，另一方面講他對「不惑」的理解。據唐君毅的理解，「惑」不只是一般的疑惑，「不惑」是不溺於好惡，不逞忿。他說：「不惑是不溺於好惡，不逞忿，這便是一種智慧。人情最難處理的是好惡，所以『惟仁者能好人能惡人』，他的忿不是逞忿，是正當的忿。好惡只有在仁者才能得其正。好惡皆得其正，才是不惑。不惑是一種切實的功夫，不是泛說『不疑惑』便了。」[18] 筆者贊同他對孔子所言說之「惑」的解釋，事實上，在孔子看來，能否做到「不惑」的確與個體的道德認知和道德實踐有關。由此看來，「不惑」不是無好惡，而是限制自我過分的好惡。筆者的問題是，12.10 中的「愛惡」是否即是「好惡」之意？自孔門後學始，對此二者之間的關係有三種理解：第一種理解以《孟子》為基礎，孟子講「好仁惡不仁」，是繼承孔子對「好惡」的理解，將「好惡」看作道德情感。孟子並未將「愛惡」看作普遍的人情，他只是承認在家庭關係中，會存在父母惡（恨）而不愛子女的現象，如舜的父母對舜；第二種理解以《荀子》為基礎，一方面，將「愛惡」看作普遍的人情，但就個體層面而言，個體對他者具體的愛惡程度之深淺具有個體性差別，另一方面，將「好惡」看作所有人普遍具有的天情。荀子既講「好惡」：「天職既立，天功既成，形具而神生，好惡喜怒哀樂臧焉，夫是之謂天情。」，[19] 又講「愛惡」：「說、故、喜、怒、哀、樂、愛、惡、欲以心異。」（〈正名〉）；第三種理解以《禮記》

18　唐君毅：《中國人文與當今世界補編》（桂林：廣西師範大學出版社，2005 年），頁 220。

19　李滌生：《荀子集釋》（臺北：台灣學生書局，2000 年），頁 366。在本書中，後文所引荀子相關言語不再單獨出注，只隨文標明篇名。

為基礎，以「愛惡」為不學而能的人情，其本質是善不是惡：「何謂人情？喜怒哀懼愛惡欲七者，弗學而能。」（〈禮運〉）。以「好惡」為外物觸動人心，人心感物而動而生的情感，並且提出「節好惡」之說（〈樂記〉）。就孔子本人來說，他並未明確解釋「『愛惡』之情的本質」及「『愛惡』與『好惡』之情有何分別」這兩個問題。孔子重點思考的是人的「好惡」之情，因為這兩種情感與「仁」有關。

就君子與仁者的分別而言，在筆者看來，孔子知道，君子對人的好、惡之情並非自然合乎中道，君子與仁者之間的差別在於：首先，仁者生命中能自然流露出對他者的愛，君子則要通過學道才能愛人；其次，君子仍有如何限制自然欲望、立定志向去追求「仁」的問題，「仁者」則其所欲、所思、所志自然是「仁」的價值的直接體現。由上述的分析不難發現，「仁者」是孔子對理想的倫理人格的表達。在整部《論語》中，即使是孔子最推崇的弟子顏回，孔子也只是稱讚他「其心三月不違仁」，其餘弟子孔子則說他們是「其餘則日月至焉而已矣」（6.7）。

可見，「欲」和「志」兩詞的含義有差別：「欲」主要是說自我具有主動欲求的能力，其主動欲求的能力內在於個體自身，與個體內在價值的實現相關，個體內在價值的實現有一過程，此過程開始於個體的自主意願。「志」主要是自我在具有自主意願的基礎上進一步確定其欲求的對象所具有的價值。「志」確定個體欲求的方向，「欲」則指個體當下、直接所欲的內容。個體可以在自己的生命中將「欲仁」轉化為「志於仁」，能夠實現這種形式的轉化的關鍵在於，自我在其內心產生持續性的確認，確認其所欲求的對象自身具有的價值。

第二節　愛人與追求真理：仁與道

在《論語》中，孔子不但提到「志於仁」，他也提到「志於道，據於德，依於仁，遊於藝」（7.6）。結合第一節對「欲仁」與「志於仁」的關聯和差別的分析可知，孔子講「志於道」時，他是肯定了道自身的價

值，道是值得個人去立志追求的目標。就 7.6 這則資料看，孔子同時將
「道」、「德」、「仁」、「藝」並舉，人的「德」來源於天，藝來源於他人
的教導。問題是：孔子所志之「道」是何「道」？其內涵是什麼？孔子
所依之「仁」其內涵是「愛」，其來源是什麼？筆者將在進行相關的文
本分析後，再回答這兩個問題。

　　就整部《論語》中孔子對道的言說看，他實際上論及了不同層面的
「道」：父之道（1.11）、古之道（3.16）、得富貴之道（4.5）、君子之道
（5.16）和「朝聞道，夕死可矣」（4.8）中所涉及的「道」。可見，在孔
子的問題意識中，我與道的關係有橫向、縱向兩個維度，橫向維度涉及
人倫之道、歷史之道、行事為人之道，縱向維度涉及賦予個體生命以存
在意義並能消解生──死之間張力的「朝聞道，夕死可矣」之道。這句
話按字面理解就是，孔子想要通過「聽」這種方式與他尚未知之道建立
關係。論及「聽」，則必有言說者和傾聽者，想要傾聽的人是孔子，言
說者是誰？是「道」嗎？如何回應這個問題呢？我們先來看後代的註家
對此句的詮釋，再回到這個問題。

　　朱熹對此句的解釋是：「道者，事物當然之理。苟得聞之，則生順
死安，無復遺恨矣。」[20] 楊伯峻將孔子欲聞之道解釋為：「真理」。[21] 若按
朱熹的解釋，此處的「道」為事物當然之理，如果是事物當然之理，為
什麼一旦聽到，就能化解生──死之間的張力呢？事物當然之理是一理
還是眾理？若是理，人應該是通過求知、思想的方式獲得對其內容的瞭
解，又如何能通過聽的方式瞭解其內容？基於上述思考，結合《論語》
中孔子對「道」的言說孔子論及父之道（1.11）、先王之道（1.12）、有
道（1.14）、古之道（3.16）、以其道（4.5）、志於道（4.9；7.6）、吾道
（4.15）、有道，無道（5.2；6.24）、道不行（4.15；5.7；6.12）、君子之
道（5.16）、至於道（6.24）、善道（8.13）、君子學道則愛人（17.4）。

20　朱熹：《四書章句集註》（北京：中華書局，2010 年），頁 71。
21　楊伯峻：《論語譯注》（香港：中華書局，2010 年），頁 37。

筆者的結論是，子貢所說的「天道」即是孔子的「朝聞道，夕死可矣」之道，孔子所說的「志於道」之道亦是此道，因為，一個所立定志向追求的目標必是自己尚未聽到的道本身，只能是真理，而不能是自己已掌握的道，即道在歷史、家庭、政治和個體生活中的表現，即歷史之道、古之道、三代之道、王道、吾道。子貢所說的「天道」當來自孔子，由「天道」一詞的名稱可知，極可能在孔子的理解中，縱向維度的「朝聞道」之道與天有直接關係，來自天，故亦稱之為「天道」。

筆者以為，朱熹對此處的「道」的解釋相當於孔子所說的縱向維度上的道。楊伯峻將此處的「道」譯為「真理」，不過，無論是以「理」或是「真理」來詮釋此處的「道」，仍需要考慮為何孔子想要「聞」此「道」？「聞」即聽，非看，非思，傾聽只能存在於言說者和傾聽者之間。[22] 有意思的是，孔子想要與縱向維度上的「道」通過聆聽（「聞」）的方式建立關聯！在這點上，朱熹以「理」詮釋「道」恐亦未必能道盡孔子所論及的縱向之「道」的本來面目。

清代學者戴東原注意到了「聞道」的重要，他說：「君子於書，懼其不博也；既博矣，懼其不審也；既博且審矣，懼其不聞道也。」[23] 戴東原晚年時仍強調「聞道」的重要性，這源於他本人生命中時時有「超越的衝動」（transcendent impluse）[24]：「治經先考字義，次通文理，志存

---

22 據關子尹的研究，西方的「主體」概念離不開認知和觀察（看），而自我對他人的「人格」的感知必須透過聆聽來進行。他說：「西方自古以來，就人之為人的問題，一直潛伏著另一個重要概念，堪足與『主體』的理想相抗衡：就是把人瞭解為人格的理念。作為一概念而言，『人格』除了可指心理學上的 personality 外，在哲學傳統里實另有 person 這一個更深刻的意思。拉丁文里 persona 一詞就字源看，是「聲音」（sonare）藉以「穿透」（per）的意思，其所指的其實是古代戲劇中使用的「面具」。面具代表了一個角色，我們認識一個角色，必須**聆聽**，以便瞭解其喜怒哀樂，乃至代入其感受與期待。」見關子尹：《語默無常——尋找定向中的哲學反思》（香港：牛津大學出版社，2008 年），頁 327-330。
23 戴震：《戴震文集》（北京：中華書局，1974 年），卷 9，頁 141。
24 余英時：《論戴震與章學誠：清代中期學術思想史研究》（臺北：東大圖書公司，1996 年），頁 122。

聞道，必空所依傍。……我輩讀書，原非與後儒競立說，宜平心體會經
文，有一字非的解，則於所言之意必差，而道從此失。」[25] 據余英時所
言，「東原仍接受程、朱以來儒家的一項基本假定，即以道或理已備見
於六經、孔、孟。」[26] 東原理解的道其本質是義理：「東原治學則貴精不
務博，以聞道為歸宿。……第一義的學問，在東原的系統中只能是義
理。」[27] 如此看來，則戴震生命中時有之「超越的衝動」即是孔子關注
的橫向維度的「我與道」之間的關係，東原的關注實為歷史之道，或者
說是道於歷史中的顯現。因為，問題的關鍵在於，如何理解孔子所說
的「朝聞道，夕死可矣」中的「道」？此一層面的「道」與孔子所聞的
歷史之道之間是什麼關係？這一問題實際上追問的是，道的超越性與道
的歷史性之間有何關聯？我們知道，作為個體的人生存於特定的時空之
中，其個體生命的成長不能脫離自身的文化傳統，因此，對個人來說，
自然會有如何理解道的超越性與道的歷史性之間的關係這樣的問題，孔
子對古之道、三代之道的言說就涉及道的歷史性面向（15.25）。同時，
個體在現世中生活，處身於人倫關係的各個面向中，如何在人倫關係中
實現、成就自身的價值涉及人倫之道的面向。最後，個體的生命具有限
性，個體的心靈又有超越此有限性的衝動，因此難免有對生死問題和人
生意義的追問，此一終極性的追問直接涉及道的超越性的面向。事實
上，對個體的生命而言，「我與道」的關係涉及兩個維度、三個面向，
彼此之間互相關聯，不可取代，其中的差別在於，在不同的個體身上，
其自身是否對「我與道」的關係所存在的三個面向有所意識和覺知。

　　孔子所論及的不同層面的道，實際上關涉「我與道」關係的不同
面向。在縱向維度上的「我與道」關係，似乎在孔子是未知的，所以他
說「朝聞道，夕死可矣」。「聞」一詞在《論語》中多為聽見、聽到之

25　戴震著，何文光整理：《孟子字義疏證》（北京：中華書局，1961 年），頁 173。
26　余英時：《論戴震與章學誠：清代中期學術思想史研究》，頁 102。
27　余英時：《論戴震與章學誠：清代中期學術思想史研究》，頁 124。

意，如：「子在齊聞韶，三月不知肉味。曰：『不圖為樂之至於斯也。』」
（7.14）「子曰：蓋有不知而作之者，我無是也。多聞，擇其善者而從
之；多見而識之；知之次也。」（7.28）「曾子曰：吾聞諸夫子：人未有
自致者，必也親喪乎！」（19.17）由以上幾例中對「聞」一詞的使用不
難發現，「聞」有聽見、通過聽見而知道、理解之意。由此看來，孔子
所欲聞之道，即可能是他尚未知之道，即終極真理。章力生這樣評價孔
子和孔子所傳的道：「平心論之，孔子一生渴慕真道，而且對於生命的
意義，確乎有深切的體認；所以他說：『朝聞道，夕死可矣。』其一生
棲棲皇皇，席不暇暖，『率性』、『修道』、崇道、弘道的精神，尤值敬
仰。但孔子一生所傳的道，究竟是甚麼呢？照他自己門徒的詮釋，祇是
『忠恕而已矣』。他一生周遊列國，傳道所得的結果是甚麼呢？祇是『吾
道不行』，廢然而返。（力生按：主耶穌說：『離開了我，你們不能作甚
麼。』（約翰福音十五章五節）人類如悖離真神，其一切的努力，終必
『吾道不行』，廢然而返，史實昭彰，不僅孔子而已也。）……所以，
孔子的道理——所謂『孔教』，祇是一種人文主義（Humanism），僅是
一種以人為本位的（Anthropocentric）而非以神為中心的倫理系統；祇
是『人道』，不是『天道』。他一生追求渴慕，率性修道的結果，僅僅
止於『屬人的』、『屬地的』境界；所謂『性與天道』，卻是完全茫然，
『不可得而聞。』這固是孔子終生的遺憾，也是我們中華民族莫大的不
幸。」[28]

　　章力生在批評「有學者將孔子與施洗約翰互相比美」時說：「其實
孔子未聞天道之奧祕，他和施洗約翰，究未可相提並論。施洗約翰在猶
太曠野傳道，高呼：『天國近了，應當悔改。』（馬太三章 2-3 節）他的
使命，乃是應驗先知以賽亞的預言：『在曠野有人聲喊著說，預備主的
道，修直他的路。』孔子高呼『天命之謂性，率性之謂道，「修道」之

28　章力生：《原道》（美國：國際學生會與中國海外學生世界佈道會聯合出版，1960
　　年），頁 12-13。

謂教』，和施洗約翰『修直主道』的精神，卻是完全異趣，未可相提並論。因為孔子僅可比之為『訓蒙的師傅』（加拉太書三章廿四節），孔教只是『世上的小學』（歌羅西書二章八節），而施洗約翰乃是『為光作見證』（約翰福音一章七節），所以，施洗約翰在傳道的時候說：『有一位在我以後來的，能力比我大，我就是彎著腰給他解鞋帶，也是不配的。我是用水施洗，他卻要用聖靈給你們施洗。』（馬可福音一章七─八節）又說：『若不是從天上賜的，人就不能得著甚麼。……他必興旺，我必衰微。從天上來的，是在萬有之上；從地上來的，是屬乎地，他所說的，也是屬乎地。……上帝所差來的，就是說上帝的話，因為上帝賜聖靈給他是沒有限量的。父愛子，已將萬有交在他手裡，信子的人有永生，不信子的人，得不著永生，上帝的震怒常在他身上。』（約翰福音三章廿七─卅六節）但孔子則因為沒有認識基督，絕不能瞭解此中的奧祕。」[29]

　　然而，為什麼孔子不能聽見「性與天道」？章力生說：「因為『性與天道』，『這不是世上的智慧，也不是這世上有權有位、將要敗亡之人的智慧，……乃是從前所隱藏、上帝的奧祕的智慧。……這智慧世上有權有位的人沒有一個知道的。……乃是上帝為愛他的人所預備的，是眼睛未曾看見，耳朵未曾聽見，人心也未曾想到的。……除了上帝的靈，沒有人知道上帝的事。』（哥林多前書第二章）主耶穌曾對一位以色列有才有學、有德有望的尼哥底母說：（按：這正就是主對我國乃至普天下一切自鳴有才有學、有德有望的千千萬萬的『尼哥底母』說）『我對你們說地上的事，你們尚且不信；若說天上的事，如何能信呢？除了從天降下仍舊在天的人子，沒有人升過天。』（約翰福音三章十一─十三節）施洗約翰說：『從地上來的，是屬乎地，他所說的，也是屬乎地。從天上來的，是在萬有之上，他將所見所聞的見證出來，只是沒有人領受他

29　章力生：《原道》，頁 10-12。

的見證。』（約翰福音三章卅一─卅二節）」[30] 章力生在對比老子與孔子對
道的見解後，提出老子對道的理解比孔子勝一籌，因為老子有自知之
明，老實承認：「道可道，非常道。」章力生說：「所以，孔子一生，雖
有『朝聞道，夕死可矣』的謀道的決心，雖有『率性』、『修道』、弘道
的大願；但是他生的時代，畢竟與施洗約翰不同，他卻未遇見耶穌基督
─即那位『在萬有之先，萬有也靠他而立』（歌羅西書一章 17 節），『太
初與上帝同在。……生命在他裡頭』（約翰一章 1-4 節），『承受萬有……
創造諸世界，托住萬有』（希伯來書一章 2，3 節），『從天降下仍舊在
天的人子』（約翰三章十三節），自不能聽到生命之主『從天上所見所聞
的』『生命之道』：即一切『從前許多君王先知和義人想見而未見、想聞
而未聞的』（馬太福音十三章十七節；路加福音十四章廿四節）救世真
道。因此，不僅孔子因未聞真道，而不得『永生』，我們中華民族也沒
有得著生命和復興的力量。而儒家所追慕的所謂『天人合一』的境界─
如主耶穌舉目望天，為屬他的子民向天父禱告時所說的『我在他們裡
面，你在我裡面，使他們完完全全的合而為一』（約翰福音十七章廿三
節）的境界，卻始終落得一個『水底撈月』似的，『可望而不可即』的
幻想。」[31]

　　孔子不僅論及縱向維度上的「道」，同時論及「天」，但並未論及
「天」與「道」的關聯。在論及「天」時，孔子提到「五十而知天命」
（2.4）與「畏天命」（16.8）。不難發現，孔子未直接言說天道，對天道
的言說出自子貢。因此，如何解釋「天、命與天命」、「天、道與天道」
的關係成為孔門後學必須面對的問題。孔子認為，天與人之間的關聯在
於「德」，所以，他明確說：「天生德於予。」（7.23）和「修德」（7.3）。
〈性自命出〉篇的作者可能正是看到孔子並未明確解釋天、命、性、道
之間的關係，因此，提出「性自命出，命自天降。道始於情，情生於

30　章力生：《原道》，頁 13-15。
31　章力生：《原道》，頁 13-14。

性。」[32] 孔門後學開始嘗試回答孔子未曾言說的道的來源問題，並嘗試就天、命、性、道的關係進行解釋。在對天與道的關係進行解釋時，〈性自命出〉篇的作者以「性」和「情」為仲介來建立二者之間的關聯。

就上述文字中對性與情關係的表述來看，「性」的內容有兩方面：一方面，「喜怒哀悲之氣」；另一方面，「好惡」。事實上，在《左傳》中已經出現「好惡喜怒哀樂之氣」和「好惡喜怒哀樂」之說，同時，有「好惡喜怒哀樂」生於「好惡喜怒哀樂之氣」的言說。

〈性自命出〉篇所言說的「情」是生於「性」，而「性」的內容是「喜怒哀悲之氣」和「好惡」，「情」一詞因為與以「好惡和喜怒哀悲之氣」為內容的「性」之關聯而有了現代漢語中情感一詞的意含。「性」的最終來源是天，「情」因此亦來源於天，是人生而具有的內在情感傾向。不難發現，《左傳》中的「好惡喜怒哀樂之氣」轉變為〈性自命出〉篇的「喜怒哀悲之氣」和「好惡」。事實上，〈性自命出〉篇的作者對此轉變給出了文本上的解釋：「至樂必悲，哭亦悲，皆至其情也。哀、樂其性相近，是故其心不遠。哭之動心也……樂之動心也……其央則流如也以悲，悠然以思。」[33]「好惡，性也。所好所惡，物也。」「凡動性者，物也。」「凡見者之謂物。」[34] 第一，既然「至樂必悲，哭亦悲」，則無論是「至樂」還是「哭」，都是通過觸動人的心而觸發人生而具有的「悲」，此種「悲」是主動發生在個體身上，個體在面對此種「悲」發生於自己身上的當時，實際處境是被動地感受著其發生的過程。舉例來說，「我感受到不知從何而來的莫名的悲傷」即是對此種內心感受的一種表達方式；第二，「物」作為人的好惡對象時，實際上是作為以情感對象的方式與人發生關係，作為情感對象的內在之物通過觸動人的心影響人生而具有的好惡和喜怒哀悲之氣；第三，「物」一詞的內容既可以

32 李零：《郭店楚簡校讀記》（北京：中國人民大學出版社，2007 年），頁 136。
33 李零：《郭店楚簡校讀記》，頁 137。
34 李零：《郭店楚簡校讀記》，頁 136。

指作為情感對象的內在之物（「所好所惡，物也。」），同時，也可以指通過人的感官所見到的外在實存之物（「凡動性者，物也。」）。

在對「心」、「性」、「情」、「物」的關係進行簡單的梳理後，筆者嘗試解釋「道始於情」，此處的「情」的內容並不確定，確定的是「情」的來源是「好惡和喜怒哀悲之氣」。[35] 此處的「道」相當於孔子所論及橫向維度的人倫之道，而非縱向維度的超越之道。具體的文本根據是：「凡道，心術為主。道四術，唯人道為可道也。」[36] 也就是說，由「情」通向「道」的關鍵在於人的心，由此引出對性、情與「心」、「心」與物、心的本質和作用方式的探討。〈性自命出〉篇的作者說：「凡人雖有性，心無定志，待物而後作，待悅而後行，待習而後定。」[37] 此段文字主要回答「心之志如何具有定向」這個問題，其具體的發生過程是：人生而具有的「好惡和喜怒哀悲之氣」與外在的物接觸，人的「心」感物而動，感物而動的心與悅的情感結合，若產生悅的情感則能進一步推動心轉向所悅之物（類似於短暫的關注，並無持續性），已動之心受悅的情感之持續推動，產生行為的動力，行為的動力給予心之動以確定的方向（產生持續的關注），由此心之動轉化為心之行，心之行經由不斷重複和確認而給予本無明確傾向的心之志以特定的傾向，這整個過程描述即是回應「心如何由無定志轉化為有定志」的問題。

由〈性自命出〉篇的作者發展至孟子，孟子承認天的超越性和絕對性，就人倫關係而言，孟子關注「我與天」、「我與己」和「己與人」這三個面向。就天人關係而言，孟子關注「我與道」的面向。他繼承孔子

---

35 丁四新的研究與筆者的分析相合，他說：「『情』是什麼，是『喜怒哀悲之氣』嗎？《性自命出》並沒有直接的文本回答。但是有的學者根據宋儒的理解，除了將『性』理解為『喜怒哀悲之氣』，即《中庸》所說的『未發之中』的狀態外，還徑直將其『已發』的狀態，如喜、怒、哀、悲，斷定為所謂的『情』。在此，我認為這一論斷是需要受到嚴格的反思和懷疑的。」見丁四新：〈論郭店楚簡「情」的內涵〉，《玄圃畜艾──丁四新學術論文選集》（北京：中華書局，2009年），頁39。
36 李零：《郭店楚簡校讀記》，頁136。
37 李零：《郭店楚簡校讀記》，頁136。

對「我與道」之間關係的思考，並在此基礎上給出自己如何理解二者之間關係的詮釋。

在孔子本人，仍保有縱向維度的未聞之道，孟子則未提及此道。孟子以譜系學的方式理解人，以道貫通天人。[38] 他以譜系學的方式理解人具體表現在，他分別了聖人與天道（14.24）、君子志於道（13.24）、士達不離道（13.9）、民之為道（5.3）等層面。孟子以道貫通天人表現在，他分別了聖人之道（6.14）、君子之道（6.13）、人之道（7.12）、天之道（7.12）。可見，在孟子的思想中，天、人、聖人、君子的存在有其各自之道，人與天能夠溝通的可能在於「天之道」是誠，人當「思誠」以契合天。

在《孟子》中有堯舜之道，類似於孔子的三代之道；有君子之道，類似於孔子的人倫之道；孟子的聖人之道，孔子並未言及；有天下之道，這是孟子關注的治道。此外，孟子有「人當如何行道」的問題，他有「盡其道而死者，正命也」（13.2）「尊德樂義，則可以囂囂矣。故士窮不失義，達不離道。」（13.9）之說。因為，就個人而言，孟子主要立足天人關係、人倫關係和自我對自身生命的理解來思考個人存在的價值和意義。就普遍的人而言，孟子主要立足「我與道」的關係來思考自我修養的漸進性問題。事實上，筆者認為，孟子對「四端之心」尤其是對「惻隱之心」（「惻隱之心，仁也」）的強調，他對「親親、仁民、愛物」的言說都應立足他主要關注己、人、天、道的關係維度去理解。筆者在本章第四節的具體倫理個案分析中，會詳細探討孟子如何以「我與己」、「己與人」、「人與天」、「人與道」的關係面向展開對情感與人倫關係的思考。

荀子有「天職既立，天功既成，形具而神生，好惡喜怒哀樂藏焉，夫是之謂天情」之說（〈天論〉）。同時，荀子提出，「性之好、惡、喜、

---

38 「譜系學」一詞指孟子對不同的人進行層次和類型的分別：聖人、君子、士人、民，此種分別具有譜系的特質，故以「譜系學」一詞來言說。

怒、哀、樂謂之情。」（〈正名〉）就荀子對「情」的理解來看，情的來源是天，來源於天的情稱為天情，其內涵是「好惡喜怒哀樂」。可以說，同〈性自命出〉篇的作者相比，荀子繼承了其對「情」之來源的看法，並對「情」的內涵給予確定。《禮記》有「七情」之說：「何謂人情？喜怒哀懼愛惡欲七者，弗學而能。何謂人義？父慈、子孝、兄良、弟弟、夫義、婦聽、長惠、幼順、君仁、臣忠，十者謂之人義。講信修睦，謂之人利；爭奪相殺，謂之人患。故聖人所以治人七情，修十義，講信修睦，尚辭讓，去爭奪，舍禮何以治之？」（〈禮運〉）這段文字中提到的「七情」的內容是「喜怒哀懼愛惡欲」，將其中內容與〈性自命出〉篇和《荀子》對「情」的言說作對比後不難發現，「七情」的內容有「懼」、「愛」、「欲」，後兩者沒有。筆者在這裡要說的是，在〈性自命出〉篇中，「情」的內容是「喜怒哀悲之氣」，以氣言情，〈性自命出〉篇的作者沒有將「懼」、「愛」、「欲」視為「情」的內容。〈性自命出〉篇的作者討論「仁」與「愛」的關聯和「偽」的問題。荀子以性之「好、惡、喜、怒、哀、樂」為情，他沒有將「懼」、「愛」、「欲」三者歸為人性之情。荀子亦討論「懼」、「愛」、「欲」，但並不將此三者歸為人本性中已有之情。

　　我們再回到《論語》，其中記載了孔子論及「仁」與「愛」的關係的兩則資料，分別是「樊遲問仁。子曰：『愛人』。」（12.22）和「君子學道則愛人」（17.4）。從中可以看出，孔子是以「愛人」來打通「仁」與「道」之間的界限。在孔子看來，君子學道的直接目的就是「愛人」。如果離開「愛」，則無法理解孔子的「仁」與「道」。孟子可能正視「仁」與「愛」之間這種隱祕的關聯，因此，他著重思考的是如何理解「仁」與「愛」的關係問題。可以說，孟子直接繼承了孔子的問題意識，試圖深入思考孔子所言之「仁」的本質和意含問題。

第三節　生命中最重要情感的探求：愛與仁

在《詩經》中，有「心乎愛矣，遐不謂矣！中心藏之，何日忘之！」的言說（〈小雅・都人士之什・隰桑〉）。於此，「愛」與心的關聯顯而易見：愛藏於心之中，以「中心」一詞表達愛的深度。在《論語》中，孔子並未直接提及「愛」與心的關聯，從 2.4 一則資料可知，「欲」與心的關聯是孔子的關注。在講到「愛」時，愛的對象由《詩經》中具體的君子轉變為「眾人、羊、禮、父母」。當愛的對象由個人擴充至群體、羊甚至禮時，愛不再受限於人對人的情感（愛人），也可以是個人對具有特定價值之所有物的情感（愛其禮）和個人對特定動物的情感（愛其羊）。先來看相關資料：

1.6　子曰：「弟子，入則孝，出則悌，謹而信，汎**愛眾**，而親仁。行有餘力，則以學文。」

3.17　子貢欲去告朔之餼羊。子曰：「賜也！爾**愛其羊**，我**愛其禮**。」

12.22　樊遲問仁。子曰：「**愛人**。」問知。子曰：「知人。」

17.4　子之武城，聞弦歌之聲。夫子莞爾而笑，曰：「割雞焉用牛刀？」
　　　子遊對曰：「昔者偃也聞諸夫子曰：『**君子學道則愛人**，小人學道則易使也。』」
　　　子曰：「二三子！偃之言是也。前言戲之耳。」

17.21　宰我問：「三年之喪，期已久矣。君子三年不為禮，禮必壞；三年不為樂，樂必崩。舊穀既沒，新穀既升，鑽燧改火，期可已矣。」
　　　子曰：「食夫稻，衣夫錦，於汝安乎？」
　　　曰：「安。」
　　　「女安，則為之！夫君子之居喪，食旨不甘，聞樂不

樂，居處不安，故不為也。今女安，則為之！」

宰我出。子曰：「予之不仁也！子生三年，然後免於父
母之懷。夫三年之喪，天下之通喪也，**予也有三年之
愛於其父母乎**！」

　　《論語》中有 8 處涉及「愛」一詞的使用，其中有 6 處涉及孔子對
「愛」一詞的使用（結合資料 12.10）。其中，3.17 一處比較特別，子貢
愛羊，孔子愛禮。顯然，在孔子的價值層級的認知中，禮的價值高於羊
的生命價值。對孔子而言，為何禮的價值高於羊的生命價值呢？因為孔
子同子貢的對話所討論的事件不只涉及羊的生死問題，更涉及祭禮的意
義和價值問題。在祭禮中，作為祭物的特定之羊是人向天贖罪或祈福的
替代物，「愛其禮」的意思是肯定祭禮的意義和價值不可因為人的情感
好惡而受到影響，其最終肯定的是「人與天」關係的維度不可缺失。此
處涉及個體的情感與規範性之間的關係問題，個體的情感對象的存在與
規範性的要求發生衝突時，是不顧個體的情感完全強調規範性的不可改
變，還是改變規範性以回應個體的情感，涉及到對規範性的不同層級的
理解、個體對其自身情感與規範性之間張力的內在感受，及是否選擇回
應規範性的要求等問題。對子貢而言，羊的生命的價值高於禮的價值。
此處的禮當是其時已成為形式主義的禮，蓋子貢與孔子面對的是同一問
題：已經成為形式主義的禮是否仍有存在價值？子貢傾向於形式主義的
禮不值得犧牲羊的生命，孔子則堅持即使是形式主義的禮，其存在價值
仍重於羊的生命。

　　在 17.21 這則資料中，涉及的主題是子女對父母之愛，關涉個人與
家庭關係中的情感。只有在這則資料中，孔子提出了倫理生活中的愛與
時間的關係問題，孔子強調外在時間長度的關鍵在於，對他來說，愛的
時間之長短關聯著自我對愛的對象之認知方式和價值判斷。

　　愛的情感有兩種不同的發生方式：一種方式是，個人因與外在的物
或人接觸而觸發某種情感。此時，當愛的情感當下發生時，外在的物或

人出現於個人的情感經驗中，成為其情感對象，情感對象關聯著個人的價值判斷。例如，在 3.17 這則資料中，子貢因為愛羊，羊成為他的情感對象。他在權衡羊的生命與形式主義的禮之間的價值時，選擇羊的生命而捨棄形式主義的禮；另一種方式是，基於自我與他者之間的原初生命關聯而自然生發的愛，此時，與自我切身相關的他者出現於其當下的情感經驗中，成為情感對象。例如，父母看到自己的子女，其內心自然生出對子女的愛，這種「愛」的情感來源於父母與子女之間原初的生命關聯。

在 12.22 這則資料中，孔子以「愛人」詮釋仁的含義。據 7.21 來看，既然孔子斥責宰予「不仁」，因為宰予對父母沒有「三年之愛」。「仁者愛人」是說仁者內心自然會有對他人的愛的情感經驗，但一個人內心是否對他人有愛的情感經驗，是不容易為他人所知的。孔子看到，存在「色取仁而行違」的人，即「情偽」的問題。如何分辨一個人的內心是否真實「欲仁、志於仁」呢？孔子從其行為與其言語是否相合（即知、行是否合一）來處理「情偽」的問題。下面就從宰予反對三年之喪的理據，及孔子為何指責宰予「不仁」兩方面展開對 12.22 這則資料的具體分析。

假如我們以宰予的立場出發分析他反對三年之喪的理由，不難發現，在宰予看來，如果三年之喪的存在損害禮樂的價值，則需要改變為一年之喪。這裡涉及喪禮的外在形式問題，似乎宰予的判斷是基於第三人稱視角而產生的價值判斷。假如轉化為第一人稱視角來看，問題的關鍵不是「三年之喪」而是「誰之喪」。孔子對宰予的發問這樣回應：「食夫稻，衣夫錦，於汝安乎？」宰予說：「安。」孔子聽到宰予的回答後，直接回應他：「汝安則為之。」「安或不安」是心的當下感知，屬於個體的第一身體驗。事實上，孔子與宰予之間的對話內容也顯示了兩人之間的分歧在於，宰予反對三年之喪的理由是：「舊穀既沒，新穀既升，鑽燧改火，期可已矣。」他以「舊穀」和「新穀」來類比父母與子女之間的關係，實際是從純物的角度出發來理解父母與子女之間的人

倫關係，這種對父母與子女之間關係的理解方式是孔子所反對的。他反
駁宰予這種理解方式的理由是：第一，喪禮的意義和價值透過參與喪禮
的人來實現，必然涉及個體的第一身體驗，故孔子問宰予：「食夫稻，
衣夫錦，於汝安乎？」；第二，在孔子看來，父母與子女之間有原初的
生命關聯：「子生三年，然後免於父母之懷。」在子女的生命開始存在
之後，其生存於世的時間之延續完全依靠父母所給予的無條件的愛和
照顧；第三，孔子認為宰予不仁的原因是：「予也有三年之愛於其父母
乎！」從父母對子女的愛的情感之本質來看，父母對子女的愛是主動
的、無私的、超越時間限制的愛。因此，要理解父母與子女的關係之本
質應追本溯源，念及子女生命的存在不但源於、而且在成長過程中更依
賴於父母主動給予的那份愛，而不能僅從客觀時間序列之中有形的自然
生命出現之先後去看存在於個體生命之中的那份無形之愛。

　　在《論語》中，「仁」一般用作名詞，至《孟子》則有動詞之用。
在《孟子》中，有這樣三則資料：

3.6 「惻隱之心，仁之端也；羞惡之心，義之端也；辭讓之
　　　心，禮之端也；是非之心，智之端也。人之有是四端
　　　也，猶其有四體也。」

11.6 「惻隱之心，仁也；羞惡之心，義也；恭敬之心，禮
　　　也；是非之心，智也。仁義禮智，非由外鑠我也，我固
　　　有之也，弗思耳矣。」

13.45 「君子之於物也，愛之而弗仁；於民也，仁之而弗親。
　　　　親親而仁民，仁民而愛物。」

　　「仁者愛人」與「仁民而愛物」的差別在於，前者所關注的是人倫
與人情，後者關注的是人處身於政治關係中和自然世界中的情感表達。
當愛的對象超越人倫關係的限定時，愛的情感的表達和感知方式也隨之
發生改變。在人倫關係中，愛的情感的表達可以藉助語言得到實現，擴
充至人對動物的愛的情感則無法藉助語言來得到表達，只能訴諸自我的

內心感受。當孟子講到「惻隱之心」時，他使用的兩個例子是「以羊易牛」（1.7）和「乍見孺子將入於井，皆有怵惕惻隱之心」（3.6），這兩個例子具有一些共同點，具體表現在：第一，二者都涉及自我對自身情感的當下體驗；第二，二者所面對的都是生死之間的倫理處境；第三，二者都關聯著第一人稱的自我的親身體驗：親見可能即將發生於孩童（自我與他者）或者動物（自我與動物）身上的生命的失喪。不難發現，在孔子對「仁」的言說中，「仁」是自我當立志追求的目標，同時，「仁」的實現與自我的自主意願有關。孟子藉助具體的倫理處境指示「惻隱之心」的存在，無論是在「以羊易牛」還是在「乍見孺子將入於井」的具體倫理處境中，孟子訴諸覺知自我本有的惻隱之心的方式是反身內求，即自我當下體認在直接見到即將失喪生命的孩童或牛時，感知到自己內心正在經驗著的情感變化。這種情感變化的發生是「仁」的發端，內在於個體的生命。而這種內在情感經驗外化為個人具體的倫理行為，則有「以羊易牛」的倫理行為。可見，孔子言說「仁」更多關注日常生活中的倫理處境，孟子則多以生死之間的倫理處境為例來指示自我發現其內在固有之「仁」（表現為惻隱之心）。

　　生死之間的倫理處境有別於日常生活中的倫理處境，其分別的關鍵在於，當一個人面對他人或者動物處身生死之間時，他內心直接感受到的「不忍」、「不安」與道德情感、道德判斷之間是什麼關係？即，如何理解自我內心感知到的情感？

　　孟子以「怵惕惻隱」來言說此心當下感知的內容，「怵惕」是說心所感知的恐懼之情，「惻隱」則是說心所感知到的憐憫之情。當恐懼之情與憐憫之情同時發生時，孟子強調此種複雜感情的本質是「惻隱」。因此，可以說能「怵惕」本於心的「惻隱」之情。就「以羊易牛」和「乍見孺子將入於井」這兩個例子來看，在前者的處境中，齊宣王親見牛的恐懼（孟子以「觳觫」一詞言說牛的恐懼），他的不忍是源於對牛的恐懼的親身感知。由此可見：首先，齊宣王能以羊易牛的關鍵在於，他的心能夠**感知**牛的恐懼；其次，他的「不忍」之情的出現源於他能**主**

動回應心所感知的牛之恐懼;第三,齊宣王的心雖能感知到牛的恐懼,也能因「不忍」之情做出「以羊易牛」的行動。但是,他在行動過後,並不**自知**自己為何會如此行。孟子在和齊宣王談話之前,當已對人心能夠感知外物有親身體驗,如若不然,他不能洞察齊宣王「以羊易牛」的行動之本質。

日常生活中的義利之辨關涉道德判斷和道德思慮,生死之間的處境則超越具體的道德判斷,屬於個體當下瞬間未經反思和判斷的當下回應,因為,生死之間的倫理處境超越日常生活中的道德判斷和道德思慮。因此,孟子以惻隱之心言說「仁」時,可以不涉及日常生活中的義利之辨。此中關涉如何理解四端之心中所關聯的「仁」與「義」的關係問題,若孟子認為「仁」的價值高於「義」的價值,則惻隱之心的存在即是人的本心的體現,可以不必再言及義利之辨。但在日常生活中,論及具體的行事為人,必然涉及「義利之辨」、「自我是否主動意願仁」及「色取仁而行違」的問題。筆者認為,孟子一方面意識到惻隱之心的存在是事實,但另一方面,他亦知人受到自然欲求的束縛,有追求物欲的滿足而失喪本心的可能。個人在日常生活中,若習慣於追求自然欲望的滿足,則無法自知惻隱之心的真實存在。只有在生死之間的處境中,個人的關注完全集中於他者當下的安危,無暇關注和計較自身的利害得失,惻隱之心就有可能超越自然欲求的束縛,體現其存在的真實。

第四節 生命中的情感迷惑:愛與惡

孔子肯定人所共有的「好、惡」的情感的評價作用(appraisal)。他看到,不同的個體具有不同的情感喜好,其情感喜好的內容可以符合價值的要求,也可以違背價值的要求:好仁惡不仁(2.1);好作亂(2.2)。如果說,關聯著道德判斷的情感是道德情感,《論語》中表達道德情感的語詞就是「好、惡」。

除「好、惡」外,在《論語》中孔子以「愛、惡」來表達個體的

內在情感傾向性。在個體的情感經驗中，「愛、惡」的內心情感屬於人內在的情感傾向性，此內在情感傾向關聯著自我的意向性，其所涉及的他者是自我的意向對象，也可以說是自我的情感對象，並非眼見的外在世界中實存的他者。在《論語》12.10 中，有「愛之欲其生，惡之欲其死。既欲其生，又欲其死，是惑也。」之說。在這則資料中，「之」指於內在情感經驗中出現的他者，「愛、惡」的內在情感傾向性與自我的欲求結合，引發自我的內心期待：他者的生或死。筆者以為，此處的「愛、惡」類似於現代漢語中的「愛、恨」，恨不得一個人馬上死去之「厭惡」實為「恨」。楊伯峻對這句話的解釋是：「愛一個人，希望他長壽；厭惡起來，恨不得他馬上死去。」D. C. Lau 對這句話的解釋是：「When you love a man, you want him to live and when you hate him you want him to die.」[39] 這兩位學者都將「愛、惡」解釋為「愛、恨」，而且都將「之」解釋為具體的個人。我們不難發現，「惡」一個人到期待對方死去的程度其情感的強烈程度已經超過道德情感的界限（好仁惡不仁），經驗這種「惡」之情的自我所期待的是內在情感經驗中的他者由存在變為不存在（欲其死），與之對應的內心感受當是強烈的恨。孔子看到，具體的人情（惡）表現於個體的內在經驗、人倫關係和具體的倫理處境中，存在程度上的深淺之別。

　　孟子亦知此分別，他看到，在家庭關係中，真實存在著父母對子女的愛、惡之情感。與此相關的具體的倫理個案記載在《孟子・萬章上》：

9.1　萬章問曰：「舜往於田，號泣於旻天，何為其號泣也？」
　　　孟子曰：「怨慕也。」
　　　萬章曰：「『父母愛之，喜而不忘；父母惡之，勞而不

---

39 Confucius, *The Analects*, translated by D. C. Lau, Hong Kong: The Chinese University Press, 2010, p. 113.

怨。』然則舜怨乎？」

曰：「長息問於公明高曰：『舜往於田，則吾既得聞命矣；號泣於旻天，於父母，則吾不知也。』公明高曰：『是非爾所知也。』夫公明高以孝子之心，為不若是恝，我竭力耕田，共為子職而已矣，父母之不我愛，於我何哉？帝使其子九男二女，百官牛羊倉廩備，以事舜於畎畝之中，天下之士多就之者，帝將胥天下而遷之焉。為不順於父母，如窮人無所歸。天下之士悅之，人之所欲也，而不足以解憂；好色，人之所欲，妻帝之二女，而不足以解憂；富，人之所欲，富有天下，而不足以解憂；貴，人之所欲，貴為天子，而不足以解憂；人悅之、好色、富貴，無足以解憂者，惟順於父母可以解憂。人少，則慕父母；知好色，則慕少艾；有妻子，則慕妻子；仕則慕君，不得於君則熱中。大孝終身慕父母。五十而慕者，予於大舜見之矣。」

我們來簡單分析舜「號泣於旻天」這一倫理個案，不難發現，其中涉及「我與己」、「己與人」、「我與天」三個層面的關係維度。「我與己」的關係維度的表現是：自我內心產生的怨慕之情；「己與人」的關係維度的表現是：父母愛之，喜而不忘，父母惡之，勞而不怨；「我與天」的關係維度的表現是：舜號泣於旻天。他不僅是哭泣，更是號泣，其號泣的對象是「旻天」。筆者的問題是：為何舜的內心對父母有「怨慕」之情？為何他會「號泣於旻天」？

舜之所以「怨慕」父母的原因在於，在個人的情感方面，他「慕」父母。「慕」含有因愛而產生的情感上的依戀之意。孟子看到，赤子在情感上自然依戀父母，舜則是五十仍不改「慕父母」之情。但是，舜在情感上依戀父母，父母卻「惡」他。情感的自我認知可以不關涉他人，但在人倫關係中，自我的情感表達期待著他人的情感回應，而他人未必

會給予自我所期待的情感回應。當他人的情感回應與自我的期待完全背離時，自我內心會出現負面的情感回應。可見，情感的表達事實上涉及處境性和主體間性的問題。舜內心的怨在於，他愛父母，期待父母能回應他以愛而非惡的情感。因為，對子女來說，「不順於父母，如窮人無所歸。」可是，事實卻是，舜的父母沒有按照舜的期待給予他愛的情感，反而惡他到想殺死他的程度，這裡的「惡」亦有恨之意。因為父母的情感反應，舜的內心情感經驗是「怨慕」：即自我於其內心同時經驗到對父母的愛和怨的情感。

至於為何他會「號泣於旻天」，結合上述分析不難理解，當自我處身「怨慕」的情感經驗之中，使其產生「怨慕」之情的又是自己所戀慕的父母，自我的情感在困頓之極只能是「號泣」，即是痛哭，而且是向天痛哭：「號泣於旻天」。在舜與父母之間的情感糾葛中，舜的內心所經驗到的「怨慕」之情，以及舜的父母對舜的「愛、惡」之情，這實際上已經超越了道德情感的界限，直接指向與自我生存意義上的人倫悲情，即悲劇的層面。

在這個倫理個案中，實際上涉及到情感的應然和實然的關係問題。在儒家倫理中，在涉及父母與子女之間的關係時，有一種主張認為，即使是父母內心厭惡子女，子女也應盡自己作為子女的本分而不應該怨恨父母。這是從情感的應然層面給出的理據，合於子女待父母應有之理分。問題在於，孟子同時意識到，論及父母與子女之間的情感，不只關涉情感的應然層面，同時關涉情感的實然層面。情感的實然層面關涉每個具體的個體如何回應他人情感的問題，個體對他人情感的回應具有主觀性：個體可以回應他人以正面的情感、也可以回應他人以負面的情感或是對他人的情感完全不回應。「怨」即是作為兒子的舜對父母的惡之情的負面情感回應，但舜的「怨」本於他的「慕」，因此，舜實有的內在情感是「怨慕」而非「怨恨」，仍可視為情感的應然與實然相合的表現。不過，若細緻考察舜實有的內心情感，不難發現，其本質是「怨」而非「勞而不怨」，並非僅是單純的「怨」，而是複雜的內心情感：「怨

慕」。

　　孔子講子女待父母當「勞而不怨」即是說子女不應當因父母厭惡自己而對其有負面的情感回應。事實上，個體如何回應他人對自己的負面情感關涉具體的倫理處境。當處境改變時，個體的情感很可能也隨之而發生改變。孟子正是看到情感的實然與具體的倫理處境有關，在情感的實然層面，個體無法避免會有「怨慕」的情感。筆者發現，孟子對人內心的複雜情感有深入思考，筆者推測，他的思考和理解可能立足於自己的第一身經驗。

　　就這則資料看，孟子對情感的應然與實然之間的關係的看法是：情感的實然表現實際上預設了個體生命成長過程中具有連續性和一致性的自我的存在。公明高的提問關注的是舜的內心對父母的「怨」的情感是否應該的問題，孟子並未直接回答他的問題，孟子追溯個體的生命成長過程來解釋舜的內心為何會對父母有不變的「慕」的情感。孟子看到，孩童自然會「慕」父母，等到年紀漸長，則其「慕」的對象發生變化，其「慕」的情感轉移到其他人身上，其對父母的「慕」的情感隨之會改變。而大孝之人不喪失孩童的本心，依然保留著孩童對父母起初的愛，其表現就是「終身慕父母」。在孟子看來，舜正是此類人，所以舜在五十歲時仍對父母有「慕」的情感。舜的「怨」源自他對父母的「慕」之情，所以，在孟子看來，舜的「怨」根源於他對父母的「慕」，因為他「慕」父母卻得不到父母正面的情感回應，才會有「怨」。對「怨」與「慕」這兩種具體的情感之間的轉化與共存關係，孟子看出其中的關鍵之處在於：「為不順於父母，若窮人無所歸。」「人悅之、好色、富貴、無足以解憂者；唯順於父母，可以解憂。」可見，孟子使用「怨慕」來表達舜對父母自孩童時就有的愛的感情，這種愛的感情的深度以其超越時間的限制而顯現，正是因為舜深愛父母，他才期待能「順於」父母，當他的情感期待不能實現時，面對這樣的倫理處境，舜內心實際的情感經驗是「怨慕」，其外在的情感表達是「號泣」。在孟子看來，得不到父母以愛的情感回應的舜的處境，就像鰥寡孤獨的人找不著依靠

一般。孟子以這個倫理個案解釋了他所理解的親親之情的本質和具體表現，對比筆者在本章第三節論及「惻隱之心」的兩個倫理個案，可以看出親親之情與惻隱之心之間的不同之處。當然，親親之情與惻隱之心的不同不止於此，筆者將在本書其他各章繼續探討二者之間存在的其他分別。

第五節　社群與家庭中的情感：惻隱之心與親親

　　筆者在第三節已經提及，《論語》中表達道德情感的語詞是「好、惡」，孔子有「好仁惡不仁」和「好人惡人」之說（2.1）。在孔子看來，好惡的道德情感所指向的對象關聯著自我的價值判斷：仁與不仁。同時，好惡也可以是自我內心對他人產生的情感回應。至孟子，則有「國君好仁，天下無敵」（14.4）和「仁則榮，不仁則辱。今惡辱而居不仁，是猶惡濕而居下也。」（3.4）之說。孔子說：「唯仁者能好人，能惡人。」但孔子生時，並未稱任何人為仁者。筆者在本章第一節已經提及，仁者是孔子對理想的倫理人格的表達。

　　問題是：孔子理解的「仁」與孟子理解的「仁」之間有何關聯？這個問題實質上也就是本節所要探討的四端之心中的「惻隱之心」與親親之「愛」之間的關係問題。孔子重喪禮所體現的三年之愛，在他看來，無三年之愛是不仁，他實是「以愛言仁」。孟子以惻隱之心詮釋「仁」時，是關聯著具體的生死之間的倫理處境。事實上，孟子有意識區分了以親親言和以惻隱之心言「仁」，他同時思考親親之「愛」和「惻隱之心」的本質。文本根據是，他直接以親親為仁（12.23），以惻隱之心為仁之端（3.6）、仁（11.6）。孟子實是「以仁言愛」，所以，他會說「愛人不親反其仁」（7.4）。

　　孟子以「赤子之心」言說孩童對父母的天生之愛，孟子相信，成人亦能有天然的「赤子之心」。當孟子講「大人者不失其赤子之心」時，他是追溯生命的源起探求人的本性。他發現，孩童對父母自發的愛其本

質是「親親」,「親親」即是孩童的赤子之心,落實到成人身上,就是其生而已有的本心。孩童對父母的愛是無思慮、無計較的情感,在孩童的生命成長歷程中屬於其原初情感,並非社會教化後產生的情感,亦非與道德思慮和道德判斷相關的道德情感。不難發現,就孟子本人而言,他直接以「親親」為孩童之仁的體現。因為,在每個人生命成長的初期,並不直接參與社會生活,其最初的愛直接指向父母,不涉及社會中的他者。

我們看到,在《孟子》中,「愛」一詞有吝惜、喜好之意,就其用於表達強烈的喜好之情而言,其所「愛」之對象有親人(13.15)、自己的身體(13.13)、妻子(2.12)、他者(7.4)和萬物(13.45)。當其所愛對象是親人時,「愛」一詞即用以言說親親之仁。

事實上,孔門後學對「愛」一詞的使用已不同於孔子,在〈性自命出〉的作者看來,具體的愛有七種,即「愛類七」,在這七種愛之中,只有源於「喜怒哀悲之氣」的愛才近於仁。[40]孟子繼承了子貢(愛其羊)和〈性自命出〉的作者對愛的解釋,並不直接以愛言仁,而是以親親和惻隱之心詮釋仁。孟子認識到,就個體縱向的生命歷程來看,其情感在不同階段可以指向不同對象。但在個體的一生之中,最根源的情感是其對父母的「慕」之情。因此,孟子說:「人少,則慕父母;知好色,則慕少艾;有妻子,則慕妻子;仕則慕君,不得於君則熱中。大孝終身慕父母。五十而慕者,予於大舜見之矣。」(9.1)在孟子看來,一個人一生中最可能不會改變的情感就是其對父母的「慕」之情,因為其在個人的生命存在結構中居於最基底的地位。

當孔子講到「好仁惡不仁」時,他肯定仁具有正面的價值,不仁具有負面的價值。當孔子講到好人惡人時,對人的好惡之情事實上關聯著對他人的道德判斷。事實上,當孟子講「仁則榮,不仁則辱」時,他同

---

40 李零:《郭店楚簡校讀記》,頁138。

孔子一樣，承認仁是人應當承認的正面價值，不仁是人應當拒絕的負面價值，作為個人的自我對仁、不仁的情感回應當是好仁、惡不仁。就孔子本人而言，他一方面講子女對父母的三年之愛，一方面講仁者愛人和君子學道則愛人。問題是：「愛人」與「愛父母」之間有何關聯？孟子對此問題展開繼續思考，並以親親和惻隱之心來對此問題作出回答。

　　前已論及孟子對親親的理解，現在來看他如何理解「惻隱之心」。當孟子以「惻隱之心」詮釋仁時，因為其直接涉及自我親身體驗孺子將入於井時於心所感知到的「怵惕惻隱」的當下真實發生，正是這種心所感知到的「怵惕惻隱」的當下真實發生指示了惻隱之心的存在。自我對他人具有的「惻隱之心」本質上根源於對他人的愛，原因在於，自我對其內心感受的體驗是未經思量的直接的內心經驗。因此，自我所感受到的內心的「惻隱」和「不忍」之情在本質上關涉自我的內心感知和第一身經驗，不關涉對他人的道德判斷。若經驗其存在的個體主動回應「惻隱之心」指向的對象之需要，則在其以「感知——主動回應——行動」來回應他者的不幸或痛苦的過程中，存在感而應、應而行這兩個環節。筆者認為，對「惻隱之心」的理解必須區分「惻隱之心」的發生和個體對「惻隱之心」的感知這兩個層面，在「惻隱之心」發生的當時，個體是被動地感受其發生過程。個體對「惻隱之心」的感知是第一身經驗，屬於個體的自身感知。簡單地說，「惻隱之心」的發生不能離開他者不幸的存在和我對其不幸的親身感知這兩方面。

　　通過上述分析筆者發現，「惻隱之心」所根源的愛不只是一種情感，因為具有情感意含的愛可以轉化為其他情感，類似於某種心理感受，這種心理感受的出現不需要親見他人的不幸或者痛苦，但「惻隱之心」不能是以心理感受方式存在的具體情感，否則，就不能說「惻隱之心，人皆有之」。「惻隱之心」所根源的愛只能是以「仁」為本的愛，即仁愛。

　　孟子所理解的「惻隱之心」的來源和本質問題，並不能簡單等同於情感的來源和本質問題。事實上，無論是孔子、孔門後學還是孟子，都

有意識地區分「仁」和「好惡喜怒哀樂」等具體的情感，這種區分背後的考慮正是出於對「仁」（惻隱之心）與「愛」（親親）之間的差異的考量。因為，「仁」可以表現為「愛」的情感，但「愛」的情感並不就是「仁」。這是孔子、孔門後學、孟子、荀子都認同的基本前提。

　　就學術界對道德情感的詮釋來看，牟宗三以孟子的心學來說明心即理即情，提出一種主動感受的「道德的覺情」。所謂「道德的覺情」，實指自我內心的道德感，關聯著自我對自身行為和他人行為的道德判斷。自我內心的這種道德感並不來源於自我，事實上自我是內在地經驗此道德感。[41] 牟宗三在解釋《論語》中的「仁」時說：「內在地說『仁』的作用：孔子提出『仁』作為道德人格發展的最高境界。『仁』的主要表現是愛，但當然不是所溺愛。外在地說明『仁』的作用：遙契外在方面的性與天道。」[42] 牟宗三對《論語》中的「仁」的理解，仁的主要表現是愛，他所言的表現「仁」之愛即是筆者前面所言的以仁為本之愛。以仁為本之愛落實到人倫關係中即是孔子所說的子女對父母的三年之愛、仁者愛人，孟子的親親、愛人。落實到天地萬物就是孔子的「天不言，百物生」和孟子的愛物。

　　據前面的分析，孔子提及「欲仁」、「志於仁」和「其心三月不違仁」，涉及「仁」與個體生命的關係，此外，孔子也說：「為仁由己，而由人乎哉？」（〈顏淵〉）指出是否能踐行「仁」的關鍵在於自己。牟宗三對「仁」的詮釋側重心與「仁」的關聯，而心與「仁」的關聯在孔子和孟子的言說中有所不同：孔子所說的心是個體的心，是否「欲仁」出自個體的自主意願，能否「志於仁」在於個體的自主選擇，個體的心是否不違仁事實上是指心是否能主動回應仁的要求。在上述三方面，孔子強調的都是個體可以主動地回應仁的要求。孟子所說的心更多側重心之

41　李明輝：《四端與七情：關於道德情感的比較哲學探討》（臺北：臺灣大學出版中心，2012年），頁22。
42　牟宗三：《中國哲學的特質》（臺北：台灣學生書局，1998年），頁41。

所同然，關注人所共有的情感經驗，如對「惻隱之心」的解釋就是其中一例。而且，「惻隱之心」所指涉的情感經驗實已超越家庭關係和政治關係的面向，直接指向天人關係中，百物之間可能有的情感關聯。正是基於這樣的轉變，孟子提及「親親、仁民、愛物」。孔子則有「仁者愛人」，並不強調「愛物」，而且，孔子發現，自我內心具有的「愛、惡」並存的情感實際上也是與人相關，不涉及人之外的物。因此，當牟宗三說「『仁』的主要表現是愛，孔子所謂『踐仁』的工夫，依賴內心道德感的層層向外感通」時，他是以內心的道德感為基礎來解釋「仁」如何能在道德實踐中表現為愛人的行動。孟子在以「孺子將入於井」一例解釋「惻隱之心」時，突出的是「乍見」和「怵惕」，結合筆者前面的分析，在此特殊的生死之間的倫理情境中，自我在親見孺子將入於井時，當下瞬間直接經驗到的內心感受是「怵惕」，「怵惕」有恐懼之意含。在整個事件發生的過程中，「怵惕」直接指向將入於井的孺子。在此特殊處境中，自我的內心經驗、感受到其存在，但自我的經驗並不產生「怵惕」的情感。這種「怵惕」之情類似於「父母之年，不可不知，一則以喜，一則以懼。」中的「懼」的情感，不過，前者涉及的是自我與家庭之外的他者之間的情感關聯，後者涉及的是自我與家庭之中的父母之間的情感關聯。我們發現，孔子的「懼」源於子女對父母之愛，孟子的「惻隱之心」關聯著「怵惕」，以「怵惕」為內涵的恐懼感源於人所有的本於「仁」之愛。

　　自孔子、孔門後學至孟子和荀子，不但是言「仁」必及「愛」，而且是言「愛」必及「哀」。愛與哀兩種情感的內在關聯表現於他人之死這一事件中，父母與子女之間的愛的深度於其中一方的死亡之際充分表現。在《論語》中，有這樣一資料：「曾子曰：『吾聞諸夫子，人未有自致者也，必也親喪乎！』」（19.17）在日常的倫理生活中，個人很難充分地表達自己的感情，只有在至親離世的倫理處境中，人會自然而然流露悲哀的真情。

　　當代女哲學家 Martha C. Nussbaum 以自己對母親去世的第一身情

感經驗為例，對子女與父母之間的愛的情感現象進行詮釋。筆者以為，她的詮釋是理解孔子所言之「仁」的另一條進路，可以與儒家對親情的理解相互發明。

Nussbaum 自敘當她見到自己的媽媽躺在醫院的病床上，就好像她經常看到媽媽躺在家裡的床上睡著了一樣。那一刻，她失聲痛哭。在媽媽去世之後的數周時間，她感受到自己不受保護、完全孤單無助，她同時感受到對搶救母親的護士們的憤怒，伴隨著這些內在情感經驗，她經常會忍不住哭泣。[43] 從自己喪母的切身經驗出發，Nussbaum 發現，自我所感知到的自身對他人的情感具有意向性特徵且與價值之間存在直接關聯。

摯愛之親人離世的經驗古今中外莫不有之，仍生存於世的人面對突然失去至親的倫理事實，直接的情感回應是拒絕接受此一事實，外在的情感表達是痛哭。事實上，在日常倫理生活中，個人的情感經驗與摯愛之人相關時，也會有類似的情感回應。比如，舜的父母不愛舜反倒恨惡他，舜不得父母的愛，他的情感回應是「往於田，號泣於旻天」，個人的情感困於極限，只能向天哭泣。子女期待獲得父母愛的回應而不得時，會痛哭，在面對父母的離世時，子女內心當經驗更深的悲痛，外在的情感表達則是長時間的痛哭。筆者於此發現愛與死之間的一種可能的關聯：自我對親人的愛的本質要求合一，親人的死帶來分離，其本質破壞合一。自我對親人的愛使得其不願接受與親人分離的事實，同時，自我對其終會與親人分離其實有所覺知，當孔子說「父母之年，不可不知；一則以喜，一則以懼」時，他其實看到，子女內心之所以在父母生時出現「懼」的情感，正是以其內心對終會與至親分離這一事實有所覺知才成為可能。愛存有盼望，盼望與所愛之人共存共生，所愛之人的死使這種盼望成為不可能。

43　Martha C. Nussbaum, *Upheavals of Thought: The Intelligence of Emotions*, Cambridge: Cambridge University Press, 2001, pp. 20-21.

　　孔子之所以指責宰予「不仁」主要原因在於，子女與父母之間的生而具有的愛，以其愛之深，則其哀之痛。孔子質疑的是宰予對其父母的愛，孔子相信，若子女對父母有真實的愛，是不會以禮樂的價值來質疑三年之喪是否合理，因為，禮樂的本質就是其背後的真情實感，即「喪思哀」。儒家對自我的理解實際建立在其對人倫和人情的理解上，正如鄧小虎所說：「儒家思想不但注重人倫關係，並且認為人倫關係最重要的面向是人和人之間的情感表達。儒家思想認為缺乏人倫，人就近於禽獸；現在我們可以進一步說，缺乏人際間的情感關係，人就近於禽獸。這顯然是對於人的一種價值理解：人的本質在於人倫關係，在於人際間的情感表達；人最核心的追求就是圓滿的情感關係。」[44]「譬如喪禮，不過就是為了表達人類喪失親人的哀痛──若然驟失至親，人們自然會感到不安和痛苦。可是這樣不安和痛苦實際上是怎樣一種情感呢？又應該以什麼形式表達呢？比如這是恐懼和憤怒嗎？還是失落和哀傷？應該通過殺戮和破壞來發洩嗎？或者通過跳舞和歌唱？喪禮形式的選擇，表達的是人類對於生命和死亡，親情和分離等的理解；喪禮同時是抒發情感的形式和過程，也是生者釐清、體會親情和生命感受的機會。通過學習人倫和仁義禮樂，個體學習的是對於自身情感和欲望的理解，也是學習表達、安放情感和欲望的方式。這實際上也是一種自我認識和自我成長的過程。」[45]

　　筆者以為，喪禮的意義和價值在於生者通過對其自身內在情感經驗的感知，體認在自我的情感感知和情感表達方式中，自我如何經驗和理解對自身生命具有意義和價值的意向對象的價值，如已經逝去的至親。

44　鄧小虎：〈人倫和基本益品〉，《哲學與文化》，第 37 卷第 5 期（2010 年 5 月），頁 8。

45　鄧小虎：〈人倫和基本益品〉，頁 13-14。

第六節　小結

筆者在前文指出，自我對「仁」具有自主意願的能力，「仁」是否實現也完全受個人自己的意願、選擇和行動的影響。孔子區分「欲仁」和「為仁」，前者關涉自我的欲求問題，後者關涉自我主動於人倫生活中實踐「仁」於人己關係中的問題。事實上，仁者是孔子心目中的理想的倫理人格的表達。因為，在倫理事實中，完全愛人的人他實在沒有見過，只見過「其心三月不違仁」的顏回。君子與仁者之間的不同實際上反映出倫理現實與倫理理想之間的差異，此外，孔子還看到倫理生活中存在的「色取仁而行違」的問題。孔子對人的欲求和欲望與「仁」之間關係的理解，實際上以他對現實生活中的個人的倫理生活的觀察和反思為基礎。

孔子對自我的情感的理解關涉家庭關係、政治關係和天人關係三個面向。在孔子、孟子對情感的言說中，「好惡」的情感與「愛惡」的情感實有不同。前者是用以表達道德情感的語詞，後者則關涉人倫生活中無從避免、無從改變的悲情，涉及自我的情感與主體間性的問題。而情感表現於天人關係的面向，在孔子類似於美感經驗，在孟子則是自我內心之「誠」的問題。

牟宗三以道德的覺情詮釋孔子的「仁」和孟子的惻隱之心實際涉及人倫生活中，情感與道德之間的關係，就《論語》和《孟子》來看，需要結合自我在家庭生活中所經驗到的情感及儒家對親情和喪禮的理解來看孔子為何會斥責宰予不仁。因此，筆者以當代女哲學家 Nussbaum 親身經驗母親去世的悲哀和痛哭及其內心的情感經驗來考察「愛」、悲哀的情感與至親之死的關聯。筆者發現，通過對特殊倫理處境中自我內心的情感變化過程的描述，可以發現在儒家思想中自我如何可能透過親情與「愛、惡」的情感之間的關聯理解和認知自我及其自身的生存處境。

通過本章的分析不難發現：在整個先秦儒學傳統中，其對具體的情感現象的思考自孔子始關注人內心的意願、欲求與內在情感之間的關

聯，孟子則將孔子對人的內在情感的關注進一步推進，解釋人心實有的複雜情感的本質，並深入思考惻隱之心、親親與「仁」、「愛」之間的關係。荀子、《禮記》的作者則就基本的人情展開思考，關注禮、樂如何影響人心、人心之大欲、大惡的問題。簡單總結：在孔子之後，經孔門後學的發展，孟子將人心的本質理解為四端之心，將「欲」理解為耳目之欲，他提出養心最好通過寡欲的方式來實現。荀子和《禮記》的作者將欲、惡關聯於人心，似乎更直接繼承了孔子的「從心所欲」之說中對心、「欲」之間關係的看法。不過，孔子並未明確提出心所欲的內容，荀子以「欲」為人生而具有的自然屬性，因此，他提出養欲、節欲之說，並提出人最強烈的「欲、惡」是生和死，心具有限制人所有的過度的欲望的能力（《荀子·正名》）。《禮記》的作者則明確提出，人心最強烈的欲求是飲食男女，最強烈的厭惡之情是死亡貧苦（《禮記·禮運》）。

最後，回應本章的主題，在先秦儒家傳統中，其所論及的情感現象關涉情感的來源、情感的本質、情感的自我認知、情感與生死（喪禮）等方面。在整個先秦儒學傳統中，具有情感意含的「情」一詞的內容是「好惡喜怒哀樂」、「好惡喜怒哀悲」或是「喜怒哀懼愛惡欲」，並不涉及「仁」、「愛」。「仁」與「愛」的關係以先秦儒家對人的生命及其存在價值的理解為基礎，關聯著情感的自我認知、情感與生死（喪禮）、情感與道德三方面內容，筆者將在後面各章陸續展開對這三方面內容的詳細探討，並以此為基礎總結先秦儒家如何通過情感的體驗和認知來思考個體生命的意義和價值。

第三章
情感與「詩」、「歌」、「禮」、「樂」

　　本章要處理的問題是先秦儒家對情感與「詩」、「歌」、「禮」、「樂」關係的認識和思考，主要以《論語》記載的孔子論及「詩」、「歌」、「禮」、「樂」的資料為基礎，考察孔子如何理解和經驗「詩」、「歌」、「禮」、「樂」與個體的情感之間的關係。在本章中，筆者將首先處理生活於孔子之前的人如何理解和經驗情感與「詩」、「歌」、「禮」、「樂」之間的內在關聯；其次，筆者會考察孔子本人如何理解和經驗情感與「詩」、「歌」、「禮」、「樂」之間的內在關聯；最後，立足於前兩部分的文本考察所得的結論，結合〈性自命出〉篇對此一主題的論述，對比孔子之後的孟子、荀子和《禮記》對情感與「詩」、「歌」、「禮」、「樂」之間關係的言說來分析其中的思想沿襲和發展的脈絡。

　　「詩」與「歌」的關聯是：在《詩經》中，歌是動詞，最早出現的「詩」是「歌」的內容。歌「詩」發展為賦「詩」、觀「詩」和誦「詩」後，「詩」與「歌」分離，「詩」進入詩、書、禮、樂的詩教傳統，「歌」進入聲、音、樂的樂教傳統，這兩種並行的傳統有其各自的發展脈絡，筆者將結合具體的文本展開對此兩種傳統的考察。

　　「歌」與「樂」的共同點在於：二者都是第一人稱的個體內心感受到的情感的外在表達。不同點在於：第一，「歌」是人聲，是人內心情感的直接表達，「樂」則與仁、禮有密不可分的關係：「人而不仁，如禮何？人而不仁，如樂何？」（3.3）；第二，「歌」側重個體的情感表達，「樂」則涉及他人的參與和具體的倫理處境。可以說，「樂」的存在預設他者的存在，「歌」則可以純粹是個體內心感情的直接表達。「樂」

的存在根源於自己內心對他者具有愛的感情,「樂」實際上是對個體所感知的內心情感的調節和轉化。只有在「樂」的層面,會涉及情感的表達是否應該的問題,在「歌」、哭的層面則不會涉及此問題;第三,在孔子看來,「樂」的存在和價值根源於「仁」,即對他者的愛。「禮」、「樂」的存在正是因為以「仁」作為其精神實質而具有價值和意義:「禮」、「樂」的存在具有與共性和社會性,其價值和意義的構成需要他者的參與。以「樂」為例,「樂」實際上是對個體所感知的內心情感的調節和轉化,「樂」的意義和價值植根於「仁」,「仁」是「樂」的精神和靈魂。

第一節　情感與「詩」

一、《詩經》中的「詩」

若就以《詩經》為代表的文學傳統來看,詩歌最早的源起其實是歌「詩」。在《詩經》中,明確提出了「詩」與「歌」之間的關聯:作詩之人所作之詩即歌「詩」之人所歌之詩,作詩之人的情感直接的表達是歌唱。來看《大雅・生民之什・卷阿》的內容,「矢詩不多,維以遂歌」之說出自此詩:

> 君子之車,既庶且多。君子之馬,既閑且馳 。**矢詩不多,維以遂歌**。

據王先謙疏,「矢詩不多,維以遂歌」意重「遂歌」,這兩句詩的意思是「我陳作此詩,不復多也,欲今遂為樂歌。」[1]「詩」不離「歌」,有「詩」必有「歌」,「詩」之韻律與「歌」之節奏的結合即是詩意、歌唱與傾聽三者之間內在情感關聯的形式化表達。

1　王先謙:《詩三家義集疏》,頁 719。

　　考察《詩經》不難發現：其時只有歌「詩」、聽「詩」之說，而無後世熟悉的頌「詩」，論「詩」之言。歌「詩」者處身於作「詩」者與聽「詩」者之間，歌「詩」者內心所感知的情感在透過其「聲」的表達來影響和感動聽「詩」者之心，並興發與此感動相關聯的某種情感。當時的時風是：第一，君子聽所歌之「詩」時當存著恭敬的情感態度。[2]第二，詩人作「詩」贈給自己內心所敬重的品格美好之人。來看下面兩首詩：

（1）楊園之道，猗於畝丘。**寺人孟子，作為此詩。凡百君子，敬而聽之**。（《小雅・小旻之什・巷伯》）

（2）申伯之德，柔惠且直。揉此萬邦，聞於四國。**吉甫作誦，其詩孔碩，其風肆好，以贈申伯**。（《大雅・蕩之什・崧高》）

二、《左傳》中的「詩」

　　「詩言志」說的來源有兩個：第一，「詩言志」說可能出自《左傳》。考察《左傳》，「詩言志」中的「志」一詞的意涵是個體的「情之所繫、心之所在」，其時之人有「賦詩以明志」和「聽詩以觀志」的觀念。在《左傳》中，開始出現以《詩經》中的三百詩作為言說之內容的時風，在此一時風的影響下，產生「賦詩言己志」與「引詩釋己意」兩種解詩的方式。《詩經》中的「作詩」變為「賦詩」，賦詩之人借助三百詩的內容來言說其心志，作詩之人在先，「作詩」的傳統關注詩的源起和本質，賦詩之人在後，「賦詩」的傳統關注詩的作用。

2　「情感態度」與個體的行為相關。舉例來說，「義」的情感態度是指關聯著個體行為的內心感受，若個體的行為方式合理，此時，與此具體行為相關聯的內心感受是「義」。若個體的行為方式不合理，此時，與此具體行為相關聯的內心感受是「不義」。

第二，「詩言志」說可能出自《尚書》。《尚書・虞書》明確有「詩言志」說。考察其內容，「詩言志」中的「志」通過樂詩和樂歌的方式來表達，其背後的精神內涵是八音的和諧、人倫的和序及神人的和睦：

> 帝曰：「夔！命汝典樂，教冑子，直而溫，寬而栗，剛而無虐，簡而無傲。**詩言志，歌永言，聲依永，律和聲。八音克諧，無相奪倫，神人以和**。」夔曰：「於！予擊石拊石，百獸率舞。」（〈舜典〉）3

在筆者看來，如何確定後世的「詩言志」說具體意涵的關鍵在於如何回答這樣一個重要問題：「詩言志」說中的「志」究竟是「誰之志」？作詩之人之志？歌詩之人之志？賦詩之人之志？還是誦詩之人之志？

結合具體的文本資料考察，《尚書》中出現的「詩言志」說是在樂教的情境之中展開，其所言之志當是「帝之志」。《左傳》中的「詩言志」說是在「賦詩——聽詩——觀志——知政」的具體情境中展開，其所言之志自然是「賦詩之人之志」。而且，《左傳》中的「詩言志」說立足於對三百詩內容的熟悉、理解和應用之基礎上，是在詩教的情境之中展開。試看下面這則資料：

> 鄭伯享趙孟於垂隴，子展，伯有，子西，子產，子大叔，二子石，從，趙孟曰，七子從君，以寵武也，**請皆賦以卒君貺，武亦以觀七子之志**，子展賦草蟲，趙孟曰，善哉，民之主也，抑武也不足以當之，伯有賦鶉之賁賁，趙孟曰，床第之言不踰閾，況在野乎，非使人之所得聞也，子西賦黍苗之四章，趙孟曰，寡君在，武何能焉，子產賦隰桑，趙孟曰，武請受其卒章，子大叔賦野有蔓草，趙孟曰，吾子之惠也，印段賦蟋

3　〔英〕理雅各譯釋：《尚書》（上海：三聯書店，2014年），頁47-49。

蜪，趙孟曰，善哉保家之主也，吾有望矣，公孫段賦桑扈，趙
孟曰，匪交匪敖，福將焉往，若保是言也，欲辭福祿得乎，
卒享，**文子告叔向曰，伯有將為戮矣，詩以言志，志誣其上，
而公怨之，以為賓榮，其能久乎，幸而後亡，**……（〈襄公
二十七年〉）[4]

在上述資料中，其言說的主題是「觀七子所賦之詩以知其情之所
繫、心之所向」。在七個人中，第一個人子展所賦的詩是〈草蟲〉，〈草
蟲〉出自《詩經‧國風‧召南》，內容是「喓喓草蟲，趯趯阜螽。未見
君子，憂心忡忡。亦既見止，亦既覯止，我心則降。」聽者趙孟對子展
所賦〈草蟲〉的回應是「善哉，民之主也。」這是極高的價值判斷，其
緣由在於，此詩表達子展盼望有德的君子出現，未遇見其人時他的內
心有憂傷的感情。第二個人伯有所賦的詩是〈鶉之賁賁〉，此詩未見於
《詩經》，故無法作出解讀。第三個人子西所賦之詩是〈黍苗〉，〈黍苗〉
出自《詩經‧國風‧小雅》，內容是「芃芃黍苗，陰雨膏之。悠悠南
行，召伯勞之。」趙孟聽完此詩後，說：「寡君在，武何能焉。」此詩
表達了賦詩之人內心有憂愁的情感，因他想到百姓受天災影響日後可能
遭受的生存困苦。第四個人子產所賦之詩是〈隰桑〉，〈隰桑〉出自《詩
經‧國風‧小雅》，其內容是「隰桑有阿，其葉有難。既見君子，其樂
如何。隰桑有阿，其葉有沃。既見君子，雲何不樂。隰桑有阿，其葉有
幽。既見君子，德音孔膠。」聽完子產所賦之詩，趙孟回應道：「武請
受其卒章。」就趙孟的言辭看，他認可的是此詩最後部分的內容，即
「隰桑有阿，其葉有幽。既見君子，德音孔膠。」趙孟欣賞的內容重在
因見君子而有「德音」的出現，他深知理想的倫理、政治關係與音樂之
間的內在關聯：理想的政治關係的出現類似於人聽到「德音」而生的情

4　楊伯峻撰注：《春秋左傳注》（北京：中華書局，1995 年），頁 1134-1135。在本書
　　中，後文所引《左傳》內容不再單獨出注，只隨文標明篇名。

感，使生活於其中的人內心受到感動，感受到安居與和睦生活的美好。

　　第五個人子大叔賦詩〈野有蔓草〉，出自《詩經・國風・鄭風》。其內容是「野有蔓草，零露漙兮。有美一人，清揚婉兮。邂逅相遇，適我願兮。野有蔓草，零露瀼瀼。有美一人，婉如清揚。邂逅相遇，與子偕臧。」趙孟聽聞此詩，說道：「吾子之惠也。」「惠」的本意是仁愛，含有美好之意。第六個人印段賦詩〈蟋蟀〉，出自《詩經・國風・唐風》，其內容是「蟋蟀在堂，役車其休。今我不樂，日月其慆。無已大康，職思其憂。好樂無荒，良士休休。」趙孟聽完印段所賦之詩後，他評價印段是「保家之主」。為何趙孟會有這樣的評價？因為，此詩的內容表達了賦詩之人內心的憂慮之情，其憂慮之情指向「過度喜好音樂而荒廢一己所當擔負的職責」這樣的現象。第七個人公孫段賦詩〈桑扈〉，出自《詩經・小雅・桑扈》，其內容是「交交桑扈，有鶯其羽。君子樂胥，受天之祜。」趙孟對他所賦之詩展露的心志這樣回應：「若保是言，欲辭福祿得乎。」在趙孟看來，天因其心之所志而賜給其祝福和財富。

　　聽完七人所賦之詩後，趙孟對叔向說出自己的判斷和內心的擔憂。正是在這樣的情境中，出現「詩言志」說。在趙孟看來，伯有所賦之詩展露其心志，將給其帶來死亡的結局。因其所賦之詩的內容顯露其輕看、藐視執政者的心，執政者因伯有這樣的心而內心對其產生怨恨的情感。正如孔子所發現的人心本有的內在情感傾向性所言：「愛之欲其生，惡之欲其死」，因伯有的言語招致執政者內心的怨恨，而給自己帶來身死的禍患。

　　簡單總結：第一，詩教、樂教可能皆源自《詩經》中的歌「詩」傳統，歌是人聲，詩是人聲所歌之內容，「音」與個體之「德」有關，故有「德音」之說，此說重「聲」、「音」與個體品格（特別是執政者當有的品格）之間的關聯；

　　第二，詩教、樂教雖可能具有同源自《詩經》中的歌「詩」傳統，但在其後的內涵、文化和歷史的流變中，此一歌「詩」傳統逐漸分離和

轉化，因其各自的關注有別而產生分流：詩教自《詩經》發展至《左傳》中的「詩言志」傳統，關注音樂與政治的關聯，樂教自《詩經》發展至《尚書》中的「詩言志，歌詠言」傳統，關注音樂的諧和與人倫、天人關係的相和之間的關聯。可以說，自《詩經》的「歌」與「詩」分離後，後世人多關注音樂與政治關聯的重詩教傳統，多關注音樂與人倫、天人關係的則重樂教傳統；

　　第三，就「詩言志」說而論，若回歸詩教傳統考察其意涵，需要關注的是，詩教情境中的「詩」已與「歌」分離，關注賦詩之人對詩意（作詩之人所要傳達的心中所存之意）的體認。詩教的情境下的「詩言志」說關聯著「作詩──賦詩──聽詩──觀志──知政」的信念，重詩言、個體的心志與政治三者之間的關聯；若回歸樂教傳統考察其意涵，需要關注的是，樂教情境下的「詩」繼承《詩經》中「詩」不離「歌」的傳統，關聯著「教樂──詩言──歌詠──音諧──人和」的自身感知，以「和」為其精神內涵，重「音樂」與倫理、宗教之間的內在關聯。

三、孔子論「詩」

　　在孔子對「詩」與「言」關係的理解中，「詩」屬於雅言（7.18）。孔子曾與弟子子貢「言詩」（1.15），與弟子子夏「言詩」（3.8），可以說，孔子有與弟子「言詩」的經驗，「言詩」的意思是引「詩」來言說（16.13）。事實上，言詩的經驗即是自我與他者共同情感經驗的對話式表達。在孔子看來，《詩經》中的三百詩的精神實質是「思無邪」（2.2）。問題是，如何理解孔子所說的「思無邪」？「思」是何意？至孔子，《詩經》中「作詩」、「歌詩」的觀念與《左傳》中「賦詩」的觀念變為「言詩」、「誦詩」的觀念（1.15；13.5）。在筆者看來，這一轉變正好體現了「詩」與「歌」的本質關聯轉變為「詩」與「言」的關聯。「詩」與「歌」的本質關聯重個體情感的直接表達，「詩」與「言」的關

聯則重個體當如何言才合乎禮，與普遍性的價值認知和是非標準有關。前者關注詩與樂，後者關注「詩」與禮，詩與禮通過詩的功用來建立聯繫。孔子本人重視詩的功用，他並不多言及詩本身的價值。當重視詩的功用勝過關注詩本身的價值時，《詩經》中呈現的詩與樂的直接關聯就轉變為「詩──禮──樂」的關聯，禮成為詩與樂二者之間的必不可少的媒介。來看下面兩則資料：

> 8.8　子曰：「**興於詩**，立於禮。成於樂。」
>
> 17.9　子曰：「**小子何莫學夫詩？詩，可以興，可以觀，可以群，可以怨。邇之事父，遠之事君；多識於鳥獸草木之名**。」

上述兩則資料都是以詩的功用為其言說的主題。由此亦可發現，孔子確實重視「禮」。第一則資料 8.8 在言說詩的功用時，是說在個體修養成為君子的過程中，「詩」能夠感動、興發個體的感情，個體的生命在經過「詩──禮──樂」的感染、約束和塑成後，才可能成為有德性之人。第二則資料 17.9 在言說詩的功用時，重「詩」對形塑理想的家庭、政治關係的功用。

四、孔子後學論「詩」

至孔門後學，〈性自命出〉篇的作者論及「詩」的來源，對「詩」的來源之關注自此展開：

> **詩書禮樂，其始出皆生於人**。詩，有為為之也。書，有為言之也。禮樂，有為舉之也。聖人比其類而論會之，觀其先後而逆順之，體其義而節文之，然後復以教。教所以生德於中者也。[5]

5　李零：《郭店楚簡校讀記》，頁 136-137。

「詩書禮樂」四者並稱始自孔門後學，〈性自命出〉篇的作者將「詩」的來源歸於人的製作（人），而非生而即有（天）。

至孟子，一方面，他言「詩」時，注重考察詩出現、消亡和轉化的歷程，由此他發現了《詩經》與《左傳》之間的關聯；另一方面，他解「詩」時，關注作「詩」之人意圖表達的真情實感，以作「詩」之人處身的生活世界及其品格為中心展開考察。因而，他有「頌詩」以「知人」之說：

8.21　孟子曰：「**王者之跡熄而詩亡，詩亡然後春秋作**。晉之乘，楚之檮杌，魯之春秋，一也：其事則齊桓、晉文，其文則史。孔子曰：『其義則丘竊取之矣。』」

10.8　孟子謂萬章曰：「一鄉之善士斯友一鄉之善士，一國之善士斯友一國之善士，天下之善士斯友天下之善士。以友天下之善士為未足，又尚論古之人。**頌其詩，讀其書，不知其人，可乎？是以論其世也。是尚友也**。」

孟子解釋「詩」的基本信念是：「詩」所言的是作詩之人其心所向之志。孟子相信，「詩」所表達的真實感情可以不受限於具體的倫理規範。孟子接受孔子的「詩」說，相信「詩」可以而且原本就應該表達作詩之人真實感知到的「怨」之情，因其「怨」之情出自內心無法改變、無法消除的親愛親人的感情，孟子稱之為「仁」的表現。問題是：此種親愛親人的感情在具體倫理處境中當如何維護呢？例如，如果兒子的身分是王，而面對王，親人的身分是百姓，根據禮的要求，百姓對王當以尊敬、甚至是敬畏的情感態度相待。但王同時又是兒子，作為兒子，一方面，兒子對父母當有尊敬的情感態度；另一方面，兒子與父母之間生而具有親親的情感，此種情感的特質是無法改變、無法消除、即使是死亡也無法隔絕此種情感。問題是：一個具有王身分的兒子當如何面對自己的父母呢？此處涉及的是三代之禮與親親之情可能會有的衝突，此種衝突以具體的倫理困境的形式出現。孟子曾面對這樣的倫理困境，他試

圖通過陳明解釋「詩」所當依循的精神和原則來化解此困境。來看下面
的資料：

9.4　咸丘蒙問曰：「語云：『盛德之士，君不得而臣，父不得
　　　而子。』舜南面而立，堯帥諸侯北面而朝之，瞽瞍亦北
　　　面而朝之。舜見瞽瞍，其容有蹙。孔子曰：『於斯時也，
　　　天下殆哉，岌岌乎！』不識此語誠然乎哉？」
　　　孟子曰：「否；此非君子之言，齊東野人之語也。堯老
　　　而舜攝也。《堯典》曰：『二十有八載，放勳乃徂落，百
　　　姓如喪考妣，三年，四海遏密八音。』孔子曰：『天無二
　　　日，民無二王。』舜既為天子矣，又帥天下諸侯以為堯
　　　三年喪，是二天子矣。」
　　　咸丘蒙曰：「舜之不臣堯，則吾既得聞命矣。《詩》云：
　　　『<u>普天之下，莫非王土；率土之濱，莫非王臣</u>。』而舜既
　　　為天子矣，敢問瞽瞍之非臣，如何？」
　　　曰：「<u>是詩也，非是之謂也；勞於王事不得養父母也</u>。
　　　曰，『此莫非王事，我獨賢勞也。』故說《詩》者，不
　　　以文害辭，不以辭害志。以意逆志，是為得之。如以辭
　　　而已矣，《雲漢》之詩曰，『周餘黎民，靡有孑遺。』信
　　　斯言也，是周無遺民也。孝子之至，莫大乎尊親；尊親
　　　之至，莫大乎以天下養。為天子父，尊之至也；以天下
　　　養，養之至也。《詩》曰，『永言孝思，孝思維則。』此
　　　之謂也。《書》曰，『祗載見瞽瞍，夔夔齊栗，瞽瞍亦允
　　　若。』是為父不得而子也。」

　　在咸丘蒙與孟子的對話中，咸丘蒙向孟子請教兩個問題：第一個問
題源自他質疑舜的德，他的問題是：如果舜是極有德性的君子，君子當
孝敬父母，為何舜接受自己的父親為臣，讓自己的父親朝拜、尊敬他？
　　面對這樣的問難，孟子引《尚書・堯典》的內容佐證咸丘蒙所言

並非史書記載的事實，而是眾人的傳言。事實是：舜的身分並非王，而是替堯代理王的事務。真正的王是堯而非舜，舜的父親朝拜的人是堯而非自己的兒子舜。不難發現，就孟子個人而言，一方面，孟子並不輕信人言，他根據《尚書》的記載考證真偽後才對所聽的言語作出判斷；另一方面，他的基本信念是：父子的親親之情不當因君臣的身分而受到傷害。即是說，父子的親親之情在價值層級上優先於君臣之義，面對二者無法共存的倫理處境時，不當因為君臣之義而犧牲親親之情。這正是為何孟子不但論及人皆有的四端之心，而且對「仁」與「義」的內涵作出解釋；在論及家庭關係時，他以事親、從兄作為「仁」與「義」的內涵（7.27）。

咸丘蒙的第二個問題是：在舜作了王之後，為什麼他的父親不是他的臣民呢？咸丘蒙是引用《詩經・小雅・北山》的內容來發問，這就涉及如何理解此詩內容的問題。孟子的回答是：咸丘蒙對這首詩的理解不符合詩人的本意。正是於此，可以看出孟子所言的「不能」與「不為」的分別（1.7）。在孟子看來，詩人的本意是自己想要養活父母卻因勤勞國事不能做到，並非內心不願養活父母。孟子提出：解釋詩當以自己的親身體驗去理解詩人的處境和感情，不應受限於文字、詞句而誤解作者的本意。解讀詩本質上是理解人，能夠理解人的基礎在於：第一，個體具有感知自身情感的能力；第二，己與人之間有心靈同情共感的能力，此種能力伴隨著自我與他者之間情感的感知而呈現其存在的真實。亦即，個體在其第一身經驗中，在感知和經驗自己內在情感的同時，能感知他者內心所發生的真情實感。

自孔子始，已承認「詩」可以表達「怨」的情感，孟子繼承了孔子對詩的功用的這一認知。不同之處在於，在孟子的理解和經驗中，「怨」的情感有深淺，其深淺的差別受人倫關係親疏的影響，而人倫關係的親疏在根本上即是愛之深淺的形式化表達。具體來說，若己心實愛人，己待人之情則深，人若以惡言或惡行待己，傷己愛人之心、待人之情，則己的情感自然是「怨」人深。由此看出，在家庭關係或以愛為根基的

人倫關係中，愛之深則「怨」之情深，愛之淺則「怨」之情淺。在此種倫理處境中，「怨」一詞有怨言、怨責、甚至怨恨的意涵。來看一則資料：

> 12.3　公孫丑問曰：「高子曰：『《小弁》，小人之詩也。』」
>
> 　　　孟子曰：「何以言之？」
>
> 　　　曰：「怨。」
>
> 　　　曰：「固哉，高叟之為《詩》也！有人於此，越人關弓而射之，則己談笑而道之；無他，疏之也。其兄關弓而射之，則己垂涕泣而道之；無他，戚之也。**小弁之怨，親親也。親親，仁也**。固矣夫，高叟之為《詩》也！」
>
> 　　　曰：「《凱風》何以不怨？」
>
> 　　　曰：「《凱風》，親之過小者也；《小弁》，親之過大者也。親之過大而不怨，是愈疏也；親之過小而怨，是不可磯也。愈疏，不孝也；不可磯，亦不孝也。孔子曰：『舜其至孝矣，五十而慕。』」

　　從上述資料不難看出，在孟子的思想中，存在「是否應當有『怨』的情感」以及「在何種倫理處境中應當有『怨』的情感」這兩個問題。孟子深知，解詩之人若要試圖理解作詩之人的本意，當知「怨」的情感確有基於關係的親疏而有的深淺之別。在孟子看來，第一，「怨」的情感是親親之情的表現，子女因愛親之心而有「怨」親之情。由此可見，愛親是深層情感，關聯著心，「怨」親是情感態度，關聯著行為；第二，是否應當對親人有「怨」的情感取決於親人行為過犯的大小：過小不當怨，過大當怨。即使在過大當怨的處境中，其「怨」的情感在本質上當是一種複雜情感：是「戀慕中之哀怨、怨責」之情，而不是純粹的「怨恨」之情。

　　受孔門後學的影響，荀子和《禮記》的作者關注「詩的來源」，試圖落實其確切的來源。荀子可能受到〈性自命出〉篇中相關內容的影

響，在此基礎上將其中的人詮釋為聖人。考察文本之間的關聯，不難發現，「詩書禮樂」並言的觀念影響到《荀子》和《禮記》的作者。差別在於：在〈性自命出〉的作者看來，創作「詩書禮樂」的人有別於以「詩書禮樂」來教化百姓的聖人。在荀子看來，「詩書禮樂」原本就來源於聖人的製作，「詩」的本質是表達聖人的心志。來看荀子的言說：

> 聖人也者，道之管也：天下之道管是矣，百王之道一是矣。故
> 詩書禮樂之道歸是矣。**詩言是其志也**，書言是其事也，禮言是
> 其行也，樂言是其和也，春秋言是其微也，故風之所以為不逐
> 者，取是以節之也，小雅之所以為小雅者，取是而文之也，大
> 雅之所以為大雅者，取是而光之也，頌之所以為至者，取是
> 而通之也。天下之道畢是矣。鄉是者臧，倍是者亡；鄉是如不
> 臧，倍是如不亡者，自古及今，未嘗有也。(〈儒效〉)

在《禮記》的作者看來，「詩書禮樂」源於先王的製作，先王即是創作「詩」之人。來看相關資料：

> **樂正崇四術，立四教，順先王詩書禮樂以造士**。春、秋教以禮
> 樂，冬、夏教以詩書。王大子、王子、群後之大子、卿大夫元
> 士之適子、國之俊選，皆造焉。凡入學以齒。(〈王制〉)

第二節　情感與「歌」

一、《詩經》中的「歌」

《詩經》中的「歌」主要為「歌唱」的意涵，三百詩的內容都可以直接以人聲來歌唱。其時之人所「歌」之詩主要表達兩種感情：其一，表達離家在外的遊子思念親人的感情；第二，君子的「歌」，表達其心中感受到的悲哀、哀傷的感情。

在《詩經》中，所記載的「歌」的形式有以「獨歌」自誓永遠不再犯錯傷害他人；有以「歌且謠」（唱和說）表達自我內心的憂傷之情；有以「晤歌」表達與人同歌時內心的感情；有「以歌訊之」來表達以「歌」告誡聽者的心意。來看相關資料：

（1）考槃在阿，碩人之薖。**獨寐寤歌，永矢弗過**。（《國風・衛風・考槃》）

（2）園有桃，其實之殽。**心之憂矣，我歌且謠。不我知者，謂我士也驕**！彼人是哉，子曰何其？**心之憂矣，其誰知之，其誰知之，蓋亦勿思**。（《國風・魏風・園有桃》）

（3）東門之池，可以漚麻。**彼美淑姬，可與晤歌**。（《國風・陳風・東門之池》）

（4）墓門有梅，有鴞萃止。**夫也不良，歌以訊之**。訊予不顧，顛倒思予。（《國風・陳風・墓門》）

（5）駕彼四駱，載驟駸駸。**豈不懷歸？是用作歌，將母來諗**。（《小雅・鹿鳴之什・四牡》）

（6）山有蕨薇，隰有杞桋。**君子作歌，維以告哀**。（《小雅・小旻之什・四月》

在資料（1）中，有「獨寐寤歌、永矢弗過」這句詩，如何理解此詩之意？王先謙引王肅雲：「歌所以詠志，長以道自誓，不敢過差。」王先謙以為「不敢過差」非此時詩意所屬，「弗過」，謂不與人相過。[6] 在資料（2）中，韓說曰：「有章曲曰歌，無章曲曰謠。」「有章曲則可以合樂也。」「不知我所為歌謠之意」「言不知我心懷憂者，聞我居位而歌謠，反謂我為驕慢。」[7] 在資料（3）中，晤歌的意思是「與人歌」。在資料（4）中，「訊」即「告」之意。「我告予而猶不顧，及顛倒而

6　王先謙：《詩三家義集疏》，頁 276。
7　王先謙：《詩三家義集疏》，頁 403-404。

思予。」[8] 資料（5）的內容是表達詩人想要回家卻不能的無奈處境，詩人作歌的本意就是藉以傾訴心中思念母親的深情。資料（6）的內容是說，對君子而言，其作歌的行為只是要表達內心的悲哀之情。

二、《左傳》中的「歌」

在《左傳》中，繼承《詩經》歌「詩」的傳統，其時之人所歌之「詩」的內容是《詩經》中的三百詩。來看《左傳》中的一則記載：

> 吳公子箚來聘，見叔孫穆子，說之，謂穆子曰，子其不得死乎，好善而不能擇人，吾聞君子務在擇人，吾子為魯宗卿，而任其大政，不慎舉，何以堪之，禍必及子，**請觀於周樂，使工為之歌周南召南**，曰，美哉，始基之矣，猶未也，然勤而不怨矣，**為之歌邶，鄘，衛**，曰，美哉，淵乎，憂而不困者也。吾聞衛康叔武公之德如是，是其衛風乎，**為之歌王**，曰，美哉，思而不懼，其周之東乎，**為之歌鄭**，曰，美哉，其細已甚，民弗堪也，是其先亡乎，**為之歌齊**。曰，美哉，泱泱乎，大風也哉，表東海者，其大公乎，國未可量也，**為之歌豳**，曰，美哉，蕩乎，樂而不淫，其周公之東乎，**為之歌秦**，曰，此之謂夏聲，夫能夏，則大，大之至乎其周之舊也，**為之歌魏**，曰，美哉，渢渢乎，大而婉，險而易，行以德輔，此則明主也，**為之歌唐**。曰，思深哉，其有陶唐氏之遺民乎，不然，何憂之遠也，非令德之後，誰能若是，**為之歌陳**。曰，國無主，其能久乎，自鄶以下，無譏焉。**為之歌小雅曰**，美哉，思而不貳，怨而不言，其周德之衰乎，猶有先王之遺民焉，**為之歌大雅**，曰，廣哉，熙熙乎，曲而有直體，其文王之德乎，**為之歌頌**，

8　王先謙：《詩三家義集疏》，頁 473。

曰，至矣哉，直而不倨，曲而不屈，邇而不偪，遠而不攜，遷
而不淫，復而不厭，哀而不愁，樂而不荒，用而不匱，廣而不
宣，施而不費，取而不貪，處而不底，行而不流，五聲和，
八風平，節有度，守有序，盛德之所同也……（《左傳・襄公
二十九年》）

在上述資料中，不難發現：第一，出現「觀於周樂」之說，從中
可以看出，當時之人的普遍認知是：樂是用以觀的，觀與眼目有關；
第二，歌「詩」之人不再是作詩之人，而是既通樂理又熟悉三白詩的樂
師，聽歌者具有據所聽之歌分辨其內容和來源的能力；第三，聽歌者判
斷所歌之詩的價值標準是個體之德（吾聞衛康叔武公之德如是，是其衛
風乎），即個人生命中特有的美好品格。

簡單總結：至《左傳》時期，歌「詩」成為觀樂的固有內涵，其時
的歌「詩」已與個人的品德和政治的興衰相關聯，不再純粹是作詩之人
內心情感的直接表達。

三、孔子論「歌」

根據《論語》記載，孔子是極懂音樂，亦是內心極其喜愛音樂之
人，他有親身學習音樂和欣賞音樂的生命經驗。為何孔子如此重視音樂
（「歌」與「樂」）？音樂對人內心的感情和自我修養究竟有什麼影響？
「歌」在孔子的生命中佔據何種地位？筆者將通過考察相關文本來逐次
回答上述問題。下面，我們將先來看孔子論及「歌」的相關內容。

在孔子的生命中，哭與「歌」是無法並存的生命經驗，當他感受
到自己內心正在經驗到的悲傷時，他不會掩飾這種悲傷的感情，而會將
其表達出來，所以他哭。當他內心感受著真實發生的快樂和喜悅時，他
會歌唱。這是因為，孔子明確拒絕「偽」，他稱讚弟子顏回「其心三月
不違仁」，他反對「色取仁而行偽」正是因為他看到對個體的認識要符
合實情，必須貫通個體的「心──色──行」這三個環節進行考察才有

可能。在《論語》中，「情」有真、實之意，恰是用以反對「偽」的不真、不實。問題是：自我如何能夠獲得對他者的「心──色──行」的認識？對孔子來說，對他者的「心──色──行」的認識可以藉助傾聽他者的「歌」聲、哭聲和考察他者的言與行這兩條進路展開。第一條進路，即傾聽他者的「歌」聲、哭聲關涉「我與己」、「己與人」這兩方面，涉及對個體的情感與「歌」之間內在關聯的考察。

孔子明確提及「歌」的資料有六處，分別是：

7.10　子於是日哭，則不歌。

7.32　子與人歌而善，必使反之，而後和之。

11.26　子路、曾皙、冉有、公西華侍坐。

子曰：「以吾一日長乎爾，毋吾以也。居則曰：『不吾知也！』如或知爾，則何以哉？」

……

「點！爾何如？」

鼓瑟希，鏗爾，舍瑟而作，對曰：「異乎三子者之撰。」

子曰：「何傷乎？亦各言其志也。」

曰：「莫春者，春服既成，冠者五六人，童子六七人，浴乎沂，風乎舞雩，**詠而歸**。」

夫子喟然嘆曰：「吾與點也！」

……

17.4　子之武城，聞弦歌之聲。夫子莞爾而笑，曰：「割雞焉用牛刀？」

子游對曰：「昔者偃也聞諸夫子曰：『君子學道則愛人，小人學道則易使也。』」

子曰：「二三子！偃之言是也。前言戲之耳。」

17.20　孺悲欲見孔子，孔子辭以疾。將命者出戶，取瑟而

　　歌，使之聞之。

18.5　楚狂接輿歌而過孔子曰：「鳳兮鳳兮！何德之衰？往
　　　者不可諫，來者猶可追。已而，已而！今之從政者殆
　　　而！」
　　　孔子下，欲與之言。趨而辟之，不得與之言。

　　從資料 7.10 可以看出，在孔子的日常生活中，如果他當天哭過之後，就不再歌唱。由此可見：第一，在孔子的內心感受著悲傷的感情時，他不會歌唱，他只會直接表達自己所感受到的悲傷，這種個體的悲傷經驗表達出來就是哭；第二，即使哭過之後，內心若仍然感受到悲傷，孔子不會歌唱。可見，對孔子來說，他只有在內心感受到快樂時才會歌唱，他的歌實際上關聯著自己內心所感受到的喜悅之情。由此可見，對孔子來說，「歌」、哭是自我內心感受到的情感的真實表達，不存在「偽」的問題，且「歌」可以傳情達意（17.20）。結合資料 7.32 的內容，我們知道，孔子的生命中有與他者一同歌唱的經驗，這樣的經驗是以音樂的形式表達的共同情感經驗，在這樣的共同情感經驗中，孔子經驗到的是喜悅與和樂的感情。從這則資料可以看出，孔子確是極其喜愛音樂之人。

　　在資料 11.26 中，需要特別注意兩點：第一，在以音樂境界表達倫理理想時，可以暫時忘卻現實與理想存在差距這樣的事實。以曾點的志向為例，在孔子問其他的弟子各自的志向時，曾點一直在彈琴，直到孔子問他的志向是什麼時，他才停止彈琴。可以看出，曾點恰恰是以琴聲來表達自己內心的志向。而就曾點所言來看，他所說的志向本質上已內涵有志向所意願實現的目標。其他弟子則不同，他們所言說的志向尚未實現，在現在此刻的尚未實現到未來某時的完全實現之間的整個時間進程中，個人需持守現在此刻的志向並付出持久的努力來實現此志向。即使如此，志向最終能否實現並不受個人的影響和控制。這是因為，現實與理想之間原本就存在著無法消弭的距離。在孔子看來，此距離的消弭

的可能性根源於天的意願；第二，「詠而歸」就是唱著歌歸家的意思，在曾點所描繪的以志向為主題的圖畫中，最可能使孔子心生喟嘆的是整個圖畫中的哪一幕呢？筆者認為，極可能是圖畫的最後一幕，曾點用來描述這一幕的語詞是「詠而歸」。「詠」的意思是歌唱，圖畫中的歌唱之人有成年人、孩童，他們行走著，歌唱著，向著家的方向走去。曾點的回答觸發了孔子的一聲長歎。為何孔子會有此嘆？筆者以為，孔子自己有過同他人一起唱歌的內在經驗，他知道歌聲是作為第一人稱的歌者內心情感的外在表達。孔子的長歎是因為他嚮往此種於共同的歌聲中所體會到的和樂之境。資料 17.4 主要是說音樂教育具有影響和改變人心和風俗的功效。從這則資料可以看到，孔子到了弟子子游治理的武城後，他先注意到的是城內之人的歌聲。孔子真實地知道，一個人只有在內心充滿喜悅時，才會歌唱。這是孔子個人對情感與「歌」之間關聯的理解和經驗。基於這樣的理解和經驗，當他聽到武城中的弦歌之聲時，他因為內心充實的喜悅禁不住微笑。考察《論語》可以知道，在孔子的生命經驗中，他不但注重以「歌」的方式來表達第一人稱的自我內心的情感，同時注重以聽的方式感知第三人稱的他者所要表達的感情。孔子有極深的傾聽和實踐音樂教化的經驗，他曾經有過聞韶樂三月不知肉味的經驗。正是基於此，筆者相信，孔子當深知美善的音樂能影響人心向善，而人心只有在被美善的力量感動後心生喜悅時才會自然地微笑，好的音樂正是具有這種感動人心的力量。就這則資料來看，不難發現，他者的歌聲具有成就理想的政治生活和移風易俗的能力，理想的政治生活離不開美善的音樂對人心的感化和影響。

　　資料 18.5 則讓我們看到了楚狂接輿看見孔子時，是以唱歌的形式來表達自己對孔子行事的看法，楚狂接輿所唱的歌涵兩方面的內容：其一，自己內心志向的表達；第二，對孔子言行的評價。當孔子想要同楚狂接輿說話時，他卻逃開了。楚狂接輿是以「歌」而不是以言說的方式與孔子對話，那麼，「歌」與言這兩種方式之間究竟有何差別？筆者以為，以「歌」的方式表達自己的志向可以不涉及他者的回應，他者在

面對歌者時，是作為一傾聽者而非對話者的身分出現。以言的方式表達自己的志向則涉及具體的語詞與言說者的本意之間的關係，此外，若言以對話的形式展開，則必須有他者的參與，而他者在對話發生的整個過程中，不只是作為一傾聽者的角色存在，同時亦具有言說者的身分。

「歌」是人聲，是個體感受到的內心感情的直接、單純、自然的表達。孔子已經發現了「心──（歌、哭）聲」二者之間的一體化關聯，至孔門後學，繼承孔子對「聲」的關注並將其深化，向讀者揭示了哭聲、歎息聲、笑聲、琴瑟之聲與人的內心情感之間的關聯。

四、孔子後學論「歌」

在孔子之後，〈性自命出〉篇的作者以人的歎息作為「思之方」，歎息是人的聲音表達的一種形式。在〈性自命出〉篇的作者看來，歎息聲是「思及，念及」的表達形式。原因在於，人的歎息聲是其內心情感的外在顯現，體現了心與聲二者之間的一體化關聯。

事實上，歎息聲是個體內心悲哀的感情之直接表達，為何個體會有歎息聲？生活於春秋戰國時代的人深知，個體面對人人都必有的生命之終局，其心靈不能不想到自己也將面對同樣的事實，雖想到但不願面對人終有一死此一事實，雖不願面對卻無力改變這一事實，雖無力改變卻又不能接受這樣的事實。正是在此種心靈確知卻又無法接受，尋找出路卻尋不得的痛苦和掙扎之中，個體的心靈禁不住發出深深的歎息。在此種情境中，個體的歎息聲即是其心靈的傾訴和呼求。在《國語》中，記載了趙簡子的歎息聲，他的歎息聲即是對此種歎息聲的最佳詮釋：

> 趙簡子嘆曰：「雀入於海為蛤，雉入於淮為蜃。黿鼉魚鱉，莫不能化，唯人不能。哀夫！」竇犫侍，曰：「臣聞之，君子哀無人，不哀無貨；哀無德，不哀無寵；哀名之不令，不哀年之不登。夫範、中行氏不恤庶難，欲擅晉國，今其子孫將耕於齊，宗廟之犧為畎畝之勤，人之化也，何日之有！」（《國語・

晉語九》） 9

　　從上述資料不難看出，趙簡子的歎息聲中有他心靈中悲哀情感的傾訴，同時，亦內涵他期盼人能像雀鳥那樣，以改變身體存在方式的形式得勝死亡。

　　回到〈性自命出〉篇，來看三則資料：

（1）凡憂思而後悲，凡樂思而後忻，凡思之用心為甚。 10
（2）凡用心之躁者，思為甚。 11
（3）歎，思之方也。其聲變，則〔心從之〕。其心變，則其
　　　聲亦然。 12

　　除歎息聲外，〈性自命出〉篇的作者還提及笑聲、哭聲、歌謠和琴瑟之聲。我們知道，人的聲音表達有其他形式，如歌、言等。〈性自命出〉篇的作者以聲與心之間的同步變化這個現象來指示聲音與內心之間的一體性關聯。在〈性自命出〉篇的作者看來：第一，聲能對聽者之心產生直接影響；第二，聲若出自自我內心好惡和喜怒哀悲的真實感情，必然能深入影響聽者之心；第三，聲是個體內心情感的直接外在表達，聲的變化直接反映出個體內心情感的變化；第四，此五種不同的聲在聽者心中引發的感情有別：笑聲能在聽者的心中產生喜悅的感情，哭聲能在聽者的心中產生悲哀的感情，歌謠能在聽者的心中產生興奮的感情，琴瑟之聲能在聽者的心中產生慨歎、歎息的感情。從下面這三段話中可以看出筆者以上所言之意：

（1）凡聲其出於情也信，然後其入撥人之心也夠。**聞笑聲，**

9　徐元誥集解，王樹民、沈長雲點校：《國語集解》（北京：中華書局，2019 年），頁480。在本書中，後文所引《國語》內容不再單獨出注，只隨文標明篇名。
10　李零：《郭店楚簡校讀記》，頁 137。
11　李零：《郭店楚簡校讀記》，頁 138。
12　李零：《郭店楚簡校讀記》，頁 137。

則鮮如也斯喜。聞歌謠，則陶如夜斯奮。聽琴瑟之聲，
則悸如也斯歎。[13]

（2）喜斯陶，陶斯奮，奮斯詠，詠斯猶，猶斯舞。舞，喜之
終也。[14]

（3）凡至樂亦悲，哭亦悲，皆至其情也。哀、樂，其性相近
也，是故其心不遠。哭之動心也，浸殺，其烈戀戀如
也……[15]

（4）歎，思之方也。其聲變，則〔心從之〕。其心變，則其
聲亦然。[16]

（5）詠思而動心，喟如也，其居次也久，其反善復始也慎，
其出入也順，始其德也。[17]

　　結合資料（1）和（2）不難發現，在〈性自命出〉篇的作者看來，
聞「笑聲」和「歌謠」都能使聽者的心中產生喜悅的感情。這兩種聲所
產生的喜悅的感情有程度深淺的差別：聽者聞「笑聲」內心有歡喜之
情，聞「歌謠」內心有興奮之情，內心有興奮之情的人會歌唱，跳舞是
內心喜悅之情的終極表達形式，即喜悅之極歸於舞蹈。

　　孟子有「手舞足蹈」的言說，極可能受到〈性自命出〉篇的作者所
言「舞，喜之終也」之說的深刻影響。此外，在筆者看來，以歌唱和舞
蹈來表達人內心感受到的深淺不同的喜悅之情，本是人類共通的內心情
感經驗的具體表達形式。正因為孟子的內心經驗到「事親」和「從兄」
的喜悅之情，他會說：

13　李零：《郭店楚簡校讀記》，頁137。
14　李零：《郭店楚簡校讀記》，頁137。
15　李零：《郭店楚簡校讀記》，頁137。
16　李零：《郭店楚簡校讀記》，頁137。
17　李零：《郭店楚簡校讀記》，頁137。

7.27　孟子曰：「仁之實，事親是也；義之實，從兄是也；智
　　　之實，知斯二者弗去是也；禮之實，節文斯二者是也；
　　　樂之實，樂斯二者，樂則生矣；生則惡可已也，惡可
　　　已，則不知足之蹈之手之舞之。」

在孟子的生命經驗中，他以「樂」（le）一詞來言說自己內心感受
到的喜悅之情，這種喜悅之情的終極表達形式正是「手之舞之，足之蹈
之」。

至孟子，他正是透過動物的哀聲能觸動個體的心，使其心生不忍的
感情來揭示人與動物之間的內在情感關聯。這種內在情感關聯的來源是
什麼？孟子並未回答。他只是以即將被殺的牛的哀聲能使聽到其哀聲之
人心生不忍這一情感現象來指示人心本有的「仁」。這一倫理個案的記
載見於孟子與齊宣王之間的一場對話：

1.7　……
　　　曰：「臣聞之胡齕曰，王坐於堂上，有牽牛而過堂下者，
　　　王見之，曰：『牛何之？』對曰：『將以釁鐘。』王曰：
　　　『舍之！吾不忍其觳觫，若無罪而就死地。』對曰：『然
　　　則廢釁鐘與？』曰：『何可廢也？以羊易之！』——不識
　　　有諸？」
　　　曰：「有之。」
　　　曰：「是心足以王矣。百姓皆以王為愛也，臣固知王之不
　　　忍也。」
　　　王曰：「然；誠有百姓者。齊國雖褊小，吾何愛一牛？即
　　　不忍其觳觫，若無罪而就死地，故以羊易之也。」
　　　曰：「王無異於百姓之以王為愛也。以小易大，彼惡知
　　　之？王若隱其無罪而就死地，則牛羊何擇焉？」
　　　王笑曰：「是誠何心哉？我非愛其財而易之以羊也。宜乎
　　　百姓之謂我愛也。」

曰：「無傷也，是乃仁術也，見牛未見羊也。**君子之於禽
獸也，見其生，不忍見其死；聞其聲，不忍食其肉。是
以君子遠庖廚也。**」

……

　　從上述倫理敘事可以發現：當君子聽到動物臨死之前的哀聲時，內
心會受到感動，產生不忍之情，這種不忍之情成為君子選擇保全動物生
命的內在動力。這種動力可以成為道德行為的內在動力，因為道德行為
在根本上就是個體內心的不忍（或仁）。

　　孟子有一段文字論及哭聲與自我的內心感情之間的關聯：

5.4　昔者孔子沒，三年之外，門人治任將歸，入揖於子貢，
　　　相嚮而哭，皆失聲，然後歸。子貢反，築室於場，獨居
　　　三年，然後歸。

　　在上述倫理敘述中，記載了孔子死後弟子以「相嚮而哭，皆失聲」
表達各自內心因孔子去世而出現的悲傷的感情。就時間而言，三年後，
弟子仍忍不住相嚮而哭，皆失聲，可見悲傷的感情的出現可以不受時間
的限制。孔門弟子的哭至失聲就其自身的情感經驗而言，是對人生而具
有的哀悲的感情的親身感知。這段文字的記載正是言說喪失所愛之人內
心感知的悲傷，此種悲傷的感情若能真實表達就是「痛哭失聲」。

　　在荀子看來，在喪失所愛之人後，仍生存於世的生者內心仍會感受
到悲傷，「三年之喪」和「清廟之歌」正是因此而生。無論是哭聲，還
是歌聲，都是表達生者悲傷的感情，這種悲傷感情的內涵是「無法見到
所愛之人，所愛之人再也不會歸來」，於此，可見作為個體的人其心靈
所承受的傷痛，此種傷痛因失去所愛之人而生，因生者自知其與所愛之
人永遠不能相見而持續。伴隨著生者對喪失至親的事實的體知而生的是
重複出現的傷痛之情：

　　三年之喪，哭之不反也，清廟之歌，一唱而三歎也，縣一鐘，

尚拊膈，朱絃而通越也，一也。（〈禮論〉）

據《禮記》記載，孔子自知將面臨自己的死時，以「歌」來表達自己的心聲，此時的「歌」當是悲歌，為生命之終理想仍無望實現而悲傷，這樣的悲傷的感情其本質是個體內心希望的完全喪失：

> 孔子蚤作，負手曳杖，消搖於門，**歌曰：「泰山其頹乎？梁木其壞乎？哲人其萎乎？」既歌而入，當戶而坐**。子貢聞之曰：「泰山其頹，則吾將安仰？梁木其壞、哲人其萎，則吾將安放？夫子殆將病也。」遂趨而入。夫子曰：「賜！爾來何遲也？夏後氏殯於東階之上，則猶在阼也；殷人殯於兩楹之間，則與賓主夾之也；周人殯於西階之上，則猶賓之也。而丘也殷人也。予疇昔之夜，夢坐奠於兩楹之間。夫明王不興，而天下其孰能宗予？予殆將死也。」蓋寢疾七日而沒。（〈檀弓上〉）

在上述資料中，孔子死前所歌的內容是：「泰山頹，梁木壞，哲人萎」。當孔子的生命走到終點時，他自知自己的理想已無實現的可能，在漫長的等待過程中，孔子並沒有看到有德性的執政者出現，在自然生命走向終結時，孔子親身經驗到自己的政治理想因不遇「明王」終於無法實現。因為，有德性的執政者不出現，無人會接受自己的政治理想，無法落實於現實生活的政治理想終將只是理想，孔子之歌即是表達自己內心感受到的悲傷和無奈之情，筆者稱之為「歎世之悲」。

第三節　情感與「禮」

一、《詩經》中的「禮」

在《詩經》中，詩人對「禮」的理解主要有四方面：第一，將一個人待他人是否有禮與其自身的生死關聯起來：在詩人看來，一個人若是

待人無禮，難免會招致身死的禍患；第二，「禮」的功用在於，能夠使賓主之間有融洽的氣氛，詩人發現，禮儀的踐行能使賓主之間產生愉悅的情感，其直接表現為：歡聲笑語；第三，樂的功用在於，調節、配合不同形式的「禮」，使「禮」的功用能更好地表現出來。當「禮」實現其影響、改變人心和行為的功用時，甚至能使後世的人感知到歡喜、快樂的情感；第四，當各種形式的「禮」很好地產生功用時，踐行「禮」的人能夠得到上天所賜予的祝福。來看相關的四則資料：

（1）相鼠有體，人而無禮。**人而無禮，胡不遄死！**（《國風‧鄘風‧相鼠》）

（2）執爨踖踖，為俎孔碩。或燔或炙，君婦莫莫。為豆孔庶。**為賓為客，獻酬交錯。禮儀卒度，笑語卒獲。神保是格，報以介福，萬壽攸酢。**（《小雅‧北山之什‧楚茨》）

（3）**籥舞笙鼓，樂既和奏，烝衎烈祖。以洽百禮，**百禮既至。有壬有林，錫爾純嘏，子孫其湛。其湛曰樂，各奏爾能。賓載手仇，室人入又。酌彼康爵，以奏爾時。（《小雅‧桑扈之什‧賓之初筵》）

（4）豐年多黍多稌，亦有高廩，萬億及秭。**為酒為醴，烝畀祖妣，以洽百禮，降福孔皆。**（《周頌‧臣工之什‧豐年》）

二、《左傳》中的「禮」

在《左傳》中，開始重視「禮」對人行為的引導功用和「禮」的來源。具體表現為：第一，出現「道之以禮」之說，「道」是引導的意涵。與之相關的資料見《左傳‧文公四年》：

秦伯任好卒，以子車氏之三子，奄息，仲行，鍼虎，為殉，皆

秦之良也，國人哀之，為之賦黃鳥，君子曰，秦穆之不為盟主也，宜哉，死而棄民，先王違世，猶詒之法，而況奪之善人乎，詩曰，人之雲亡，邦國殄瘁，無善人之謂，若之何奪之，古之王者，知命之不長，是以並建聖哲，樹之風聲，分之采物，著之話言，為之律度，陳之藝極，引之表儀，予之法制，告之訓典，教之防利，委之常秩，道之以禮，則使毋失其土宜，眾隸賴之，而後即命，聖王同之，今縱無法以遺後嗣，而又收其良以死，難以在上矣，君子是以知秦之不復東征也。

（《左傳・文公四年》）

上述資料中的「道之以禮」之說出現於子車氏之三子殉葬的事件發生之後。當時的人因為見證這一事件感到極深的悲哀，因而賦詩黃鳥來表達自己的價值判斷和內心的感受。子車氏的三子是善人，即具有美好品格受人尊敬之人，善人遭遇這樣異死的禍患令其時的君子忍不住道出心聲，以古之王者與今之王者作比較，通過回憶古之王者的言行表達自己對理想的執政者和政治的訴求。在其時的君子看來，理想的執政者具有的重要特性之一就是：以「禮」引導百姓的行為。

第二，其時之人開始關注「禮」的來源，將「禮」的來源歸於「天之經、地之義」。因此，「禮」是百姓行事為人應當遵循的標準。明確提出「禮」與「儀」的分別：行事為人之禮是「儀」，並非「禮」，以「禮」的來源確定何為「禮」。簡而言之，「禮」與「儀」的根本分別在於：「禮」的存在與「禮」的表現之間的差別。在當時之人看來，「禮」的本質是天地之序，天地秩序表現於天地之間和人倫世界之中有六氣、五色、九歌、五聲、君臣、夫婦等，生於六氣的好惡喜怒哀樂源自天地之序，是「禮」於人性之中的體現。與此相關的內容記載於《左傳・召公二十五年》：

夏，會於黃父，謀王室也，趙簡子令諸侯之大夫輸王粟，具戍人，曰，明年將納王，子大叔見趙簡子，簡子問揖讓周旋之禮

焉，對曰，是儀也，非禮也，簡子曰，敢問何謂禮，對曰，
吉也聞諸先大夫子產曰，夫禮，天之經也，地之義也，民之
行也，天地之經，而民實則之，則天之明，因地之性，生其六
氣，用其五行，氣為五味，發為五色，章為五聲，淫則昏亂，
民失其性，是故為禮以奉之，為六畜，五牲，三犧，以奉五
味，為九文，六采，五章，以奉五色，為九歌，八風，七音，
六律，以奉五聲，為君臣上下，以則地義，為夫婦外內，以經
二物，為父子，兄弟，姑姊，甥舅，昏媾，姻亞，以象天明，
為政事，庸力行務，以從四時，為刑罰，威獄，使民畏忌，以
類其震曜殺戮，為溫，慈，惠，和，以效天之生殖，長育，民
有好惡喜怒哀樂，生於六氣，是故審則宜類，以制六志，哀
有哭泣，樂有歌舞，喜有施捨，怒有戰鬥，喜生於好，怒生於
惡，是故審行信令，禍福賞罰，以制死生，生，好物也，死，
惡物也，好物樂也，惡物哀也，哀樂不失，乃能協於天地之
性，是以長久，簡子曰，甚哉禮之大也，對曰，禮上下之紀，
天地之經緯也，民之所以生也，是以先王尚之，故人之能自曲
直以赴禮者，謂之成人，大不亦宜乎，簡子曰，鞅也，請終身
守此言也……（《左傳‧召公二十五年》）

從上述所引資料可以看出，「禮」來源於「天之經、地之義」的具
體內涵是：「禮上下之紀，天地之經緯」。如何理解「禮上下之紀，天地
之經緯」？落實於人生而即有的情感而言，即是，「哀樂不失」。「哀樂
不失」就是說：第一，人本有哀的感情，亦本有樂的感情。這兩種感情
屬於人生而具有的最基本的情感類型，個體無法否認其存在的真實，亦
無法主動轉化其存在的方式；第二，哀和樂的感情直接的表達是哭泣和
歌舞，有感情必有感情的表達，無論是個體，還是群體，應當接受個體
的哭泣和歌舞的情感表達方式，因其本就內在於個體的生命存在之中；
第三，哀和樂的感情自然受到「禮」的調節，其適當的表達形式是哀樂

之和。

事實上，哀樂之和類似於琴瑟之和，「和」的觀念建基於「別」的觀念之上：有琴瑟之別才有琴瑟之和，同樣，有哀樂之別始有哀樂之和。來看《左傳·召公二十年》記載的一則資料：

......

公曰，唯據與我和夫，晏子對曰，據亦同也，焉得為和，公曰，和與同異乎，對曰異，和如羹焉，水火醯醢鹽梅，以烹魚肉，燀之以薪，宰夫和之，齊之以味，濟其不及，以洩其過，君子食之，以平其心，君臣亦然，君所謂可，而有否焉，臣獻其否，以成其可，君所謂否，而有可焉，臣獻其可，以去其否，是以政平而不干民無爭心，故詩曰，亦有和羹，既戒既平，鬷假無言，時靡有爭，**先王之濟五味，和五聲也，以平其心，成其政也，聲亦如味，一氣，二體，三類，四物，五聲，六律，七音，八風，九歌，以相成也，清濁大小，長短疾徐，哀樂剛柔，遲速高下，出入周疏，以相濟也，君子聽之，以平其心，心平德和**，故詩曰，德音不瑕，今據不然，君所謂可，據亦曰可，君所謂否，據亦曰否，**若以水濟水，誰能食之，若琴瑟之專壹，誰能聽之，同之不可也如是**，......（《左傳·召公二十年》）

從上述資料不難看出，哀與樂的情感的協調、配合類似於音樂中的琴聲與瑟聲的配搭，聽者能夠分別琴聲或是瑟聲的關鍵在於：琴聲不同於瑟聲，聽到琴聲能知其為琴聲源於五聲本有分別。正如哀樂的感情本就不同，有不同才有相輔相成，剛柔相濟的道理之發現，有哀樂並生的情感現象之呈現。於此，人只能作為感知者、傾聽者或經驗者去領受其存在的真實。孔門後學有「聽琴瑟之聲」的言說，當是受《左傳》中論及「禮」的來源之傳統的影響。

在《左傳·文公七年》中，有「無禮不樂」的觀念，九歌是歌「九

功之德」，即是說，在其時的人看來，個體的「德」是應當歌的內容，此時的歌有頌贊、讚美的意涵：

> 晉郤缺言於趙宣子曰，日衛不睦，故取其地，今已睦矣，可以歸之，叛而不討，何以示威，服而不柔，何以示懷，非威非懷，何以示德，無德，何以主盟，子為正卿，以主諸侯，而不務德，將若之何，**夏書曰，戒之用休，董之用威，勸之以九歌，勿使壞，九功之德，皆可歌也**，謂之九歌，六府三事，謂之九功，水，火，金，木，土，穀，謂之六府，**正德，利用，厚生，謂之三事**，義而行之，謂之德禮，**無禮不樂**，所由叛也，**若吾子之德，莫可歌也，其誰來之，盍使睦者歌吾子乎**，宣子說之。(《左傳・文公七年》)

三、孔子論「禮」

在《論語》中，孔子與林放就**喪禮**的本質有過一次對話，對話的具體內容是這樣的：「林放問禮之本。子曰：『大哉問！禮，與其奢也，寧簡；喪，與其易也，寧戚。』(3.4)」可以看出：孔子明確提出，喪禮之所以為喪禮，在於其本質體現了人內心正在經驗著的悲哀之情。除喪禮外，《論語》記載的孔子關於「禮」的言說有如下十二處：

3.15 子入太廟，每事問。或曰：「孰謂鄹人之子知禮乎？入太廟，每事問。」子聞之，曰：「是禮也。」

3.17 子貢欲去告朔之餼羊。子曰：「賜也！爾**愛其羊**，我**愛其禮**。」

3.18 子曰：「事君盡禮，人以為諂也。」

3.19 定公問：「君使臣，臣事君，如之何？」子曰：「君使臣以禮，臣事君以忠。」

3.26 子曰：「居上不寬，**為禮不敬**，臨喪不哀，吾何以觀之

哉？」

8.2　子曰：「恭而無禮則勞，慎而無禮則葸，勇而無禮則亂，直而無禮則絞。君子篤於親，則民興於仁；故舊不遺，則民不偷。」

8.8　子曰：「興於詩，立於禮，成於樂。」

9.11　顏淵喟然嘆曰：「仰之彌高，鑽之彌堅。瞻之在前，忽焉在後。夫子循循然善誘人，博我以文，**約我以禮**，欲罷不能。既竭吾才，如有所立卓爾。雖欲從之，未由也已。」

12.1　顏淵問仁。子曰：「克己復禮為仁。一日克己復禮，天下歸仁焉。為仁由己，而由人乎哉？」
　　　顏淵曰：「請問其目。」子曰：「非禮勿視，非禮勿聽，非禮勿言，非禮勿動。」
　　　顏淵曰：「回雖不敏，請事斯語矣。」

12.15　子曰：「博學於文，**約之以禮**，亦可以弗畔矣夫！」

15.18　子曰：「君子義以為質，禮以行之，孫以出之，信以成之。君子哉！」

15.33　子曰：「知及之，仁不能守之；雖得之，必失之。知及之，仁能守之。不莊以涖之，則民不敬。知及之，仁能守之，莊以涖之，動之不以禮，未善也。」

　　結合 3.15 和 15.1 可以發現：孔子所謂的「知禮」關涉「行」的層面，在孔子看來，個體是否「知禮」只能通過其在日常生活中是否親身踐行禮為判準。3.15 和 3.17 兩則資料所涉及之禮是**祭禮**，分別是祭祖之禮和祭天之禮。3.18、3.19 和 3.26 三則資料所涉及之禮是**行事為人之禮**，所涉及的內容是在人倫關係（主要是政治關係）中，踐行禮的個體內心應當有「敬」的情感態度。8.2、8.8、12.15 和 15.18 這四則資料的內容關涉個體在修養自己以期轉化自身的人格成為君子的整個過程中，

「禮」所具有不可或缺的地位及作用。在資料 15.33 中，孔子強調的是個體的行動當主動遵守禮的要求。通過資料 9.11 和 12.15 不難知道：「禮」具有規範性，用以約束人的行為。如果「禮」對人的行為構成約束，為何個體應該主動接受「禮」來約束自己的行為？換句話說，對個體來說，為何其願意接受「禮」對自己行為的約束呢？

筆者以為，具體的理由有三方面：第一，個體的倫理人格的修養過程不能離開「禮」的約束（8.8），因為個體的生存和自身價值的實現離不開人倫關係，在人倫關係中，始終存在己與人兩方，「愛人」的行為之實現必然需要顧及他者的存在，在具體的倫理生活中，顧及他者的益處本身就離不開對自我的言語和行為的約束；第二，行為必有其後果，個體完全不受限制的行為可能會給自己和他者帶來不好的後果，具體表現就是對自己和他人帶來傷害（8.2）；第三，在政治關係和人倫關係中，受「禮」約束的個體行為才稱得上是好的倫理行為，一個人想要修養自己成為君子，就應當約束自己的行為使之合乎「禮」的規範（15.18）。孔子以「文」和「禮」來教導顏回，顏回對其師以「禮」約束自己的內在經驗是：「欲罷不能。（9.11）」可見，至少在顏回看來，「禮」的約束最終帶來對個體自身價值的成就而非限制。

在《論語》中，孔子論及的「禮」有不同的形式，除了筆者已經分析過的喪禮、祭禮和行事為人之禮外，還有三代之禮（2.23；3.9）。現在回到子夏引詩向孔子問禮這則資料，自然出現這樣的問題：子夏與孔子論及之禮屬於哪一種禮：祭禮（敬的感情）、喪禮（哀的感情）、行事為人之禮還是三代之禮？

聯繫資料 12.1 顏回與孔子就仁與「禮」關係的對話來展開思考則不難發現，子夏向孔子所問之禮當是行事為人之禮。在孔子看來，人倫關係中的「禮」的核心精神是仁的感情，即「愛人」。

四、孔子後學論「禮」

孔門後學開始關注「禮」的來源，對「禮」的來源的關注當是源自《左傳》傳統。分別在於，孔門後學對「禮」的來源之解釋與《左傳》傳統有別。在孔門後學看來，「禮」的來源當為人而非天、地。「詩、書、禮、樂」的存在和出現始於人的創造，在這個意義上，可以說，「禮」、「樂」具有社會性。但與此同時，〈性自命出〉篇的作者提出：「禮作於情，或興之也。當事因方而制之，其先後之序則宜道也。」[18] 如何理解「禮作於情」？我們在第二章已經提及，此篇中有「情生於性，性自命出，命自天降」之說，從中可見情的來源於天，是人生而具有的內在情感傾向。但是，情的內容並未確定，僅就情與性的關係看，據文本而言，情的內容有兩種可能性：第一，好惡和喜怒哀悲之氣；第二，好惡喜怒哀悲。而無論是好惡、喜怒哀悲之氣或是好惡喜怒哀悲，在涉及情感內容方面，都具有生而即有的特質，屬於本質的、原初的情感。由此，筆者對「禮作於情」的可能解釋是：「禮」的來源是人生而具有的好惡喜怒哀悲之氣，或者說，「禮」的來源是人生而具有的好惡喜怒哀悲。「禮」的製作由聖人完成，在具體的歷史與處境中具有不同的形式特性。

自孔門後學至孟子，孟子以「辭讓之心」為禮之端（3.6），以「恭敬之心」為禮（11.6）。筆者認為，禮之端與「禮」的分別在於，前者是人生而即有的普遍共同心，落實於具體的倫理處境中，因為人皆有「辭讓之心」，個體於特定的倫理處境中才可能有「恭敬之心」，「恭敬之心」中出現的「恭敬」一詞是與特定的人倫關係相關聯的情感態度。

在孟子看來，「禮」的本質具體表現為「自我以何種情感態度對待他人」和「他人以何種情感態度對待自己」兩個問題。孟子發現：如果他人以不合乎禮的態度待一個乞丐，即使在即將餓死的倫理處境中，

---

18 李零：《郭店楚簡校讀記》，頁137。

這個乞丐都不會因為食物而接受他人不合乎禮的對待。孟子知道，人生而具有的欲求有價值層級的差別，人對生命尊嚴的欲求在飲食的欲求之上，即「所欲有甚於生者。」來看一則資料：

11.10　孟子曰：「魚，我所欲也；熊掌，亦我所欲也；二者不可得兼，舍魚而取熊掌者也。生亦我所欲也；義亦我所欲也；二者不可得兼，舍生而取義者也。生亦我所欲，所欲有甚於生者，故不為苟得也；死亦我所惡，所惡有甚於死者，故患有所不辟也。如使人之所欲莫甚於生，則凡可以得生者，何不用也？使人之所惡莫甚於死者，則凡可以辟患者，何不為也？由是則生而有不用也，由是則可以辟患而有不為也，**是故所欲有甚於生者，所惡有甚於死者。非獨賢者有是心也，人皆有之，賢者能勿喪耳。一簞食，一豆羹，得之則生，弗得則死，嘑爾而與之，行道之人弗受；蹴爾而與之，乞人不屑也；萬鍾則不辨禮義而受之。萬鍾於我何加焉**？為宮室之美、妻妾之奉、所識窮乏者得我與？鄉為身死而不受，今為宮室之美為之；鄉為身死而不受，今為妻妾之奉為之；鄉為身死而不受，今為所識窮乏者得我而為之，是亦不可以已乎？此之謂失其本心。」

　　自孔門後學至荀子，最大的差異在於對「禮」之本質的理解。事實上，孔門後學繼承了孔子對「禮」之本的思考，提出「禮作於情」。但與此同時，孔門後學也明確提出「詩書禮樂，其始出皆生於人。」

　　荀子特別關注諸禮中的喪禮，有「稱情而立文」之說。他論及情感與「禮」之間關係的資料有：

　　創巨者其日久，痛甚者其愈遲，三年之喪，稱情而立文，所以

為至痛極也。齊衰、苴杖、居廬、食粥、席薪、枕塊，所以為至痛飾也。**三年之喪，二十五月而畢，哀痛未盡，思慕未忘，然而禮以是斷之者，豈不以送死有已，復生有節也哉！**（〈禮論〉）

考察上述這則資料不難發現，荀子發現一個普遍的情感現象：生者若驟然失喪至親，其內心的真實感受是「痛」，「痛」關聯著心，以愛為根基。生者對死去至親的愛愈深，其內心瞬間感知到的「痛」愈深。在荀子看來，喪禮的存在即是要使生者內心無法消除的悲痛之情能夠得到表達，此種悲痛之情因突然失喪至親而出現，在失喪至親後的生命歷程中，繼續存在並且不時重現於生者的心中。

第四節　情感與「樂」

一、《詩經》中的「樂」

在《詩經》中，出現「喜樂」一詞，其內涵是「終日飲酒食和鼓瑟」，即個體因物質和音樂的享受而感受到的心理愉悅。筆者發現，其時之人極重己與人之間共有的「和樂」的感情，此種「和樂」的感情有程度深淺的分別，深度的「和樂」之情關聯著詩人心靈的感知，其表達形式是琴瑟之和。在詩人所歌的詩中，以琴聲與瑟聲之諧和來象徵理想的兄弟、夫妻關係。音樂世界和倫理生活之間的共通之處在於，個體處身其中所感知到的「和樂」的感情。來看三則資料：

（1）山有漆，隰有栗。**子有酒食，何不日鼓瑟？且以喜樂，且以永日。**宛其死矣，他人入室！（《國風・唐風・山有樞》）

（2）呦呦鹿鳴，食野之苓。**我有嘉賓，鼓瑟鼓琴。鼓瑟鼓琴，和樂且湛。**我有旨酒，以燕樂嘉賓之心。（《小雅・

鹿鳴之什・鹿鳴》)

（3）儐爾籩豆，飲酒之飫。**兄弟既具，和樂且孺。妻子好
合，如鼓瑟琴。兄弟既翕，和樂且湛。宜爾室家，樂爾
妻帑**。是究是圖，亶其然乎！（《小雅・鹿鳴之什・常
棣》)

二、《左傳》中的「樂」

在《左傳》中，第一，聽「樂」者內心實有的情感可以不受其所
聽之「樂」的影響，聽「樂」者雖耳聽「樂」聲，其心卻並不留意於所
聽之「樂」，因其心中另有擔憂的人或事，不禁發出歎息聲。其時之人
由此發現，個體內心實有的情感與耳所聽之「樂」可以僅在表面上存在
關聯，事實上卻是毫無關聯：個體的心中因已有其所擔憂的人或事，在
聽「樂」之後，因思及、念及心中擔憂之人或事而發出歎息聲。由此看
來，「樂」的功用受限於個體內心已有的擔憂之情。來看《左傳・桓公
九年》的記載：

> 冬，曹大子來朝，賓之以上卿，禮也，享曹太子，**初獻樂，奏
> 而歎，施父曰，曹大子其有憂乎，非歎所也**。（《左傳・桓公九
> 年》）

第二，其時，開始出現「禮樂」一詞，以「禮樂」二者作為表徵
「德」的形式。詳細的記載見於《左傳・僖公二十七年》：

> 冬，楚子及諸侯圍宋，宋公孫固如晉告急，先軫曰，報施救
> 患，取威定霸，於是乎在矣，狐偃曰，楚始得曹，而新昏於
> 衛，若伐曹衛，楚必救之，則齊宋免矣，於是乎蒐於被廬，作
> 三軍，謀元帥，趙衰曰，郤縠可，臣亟聞其言矣，說禮樂而
> 敦詩書，詩書，義之府也，禮樂，德之則也，德義，利之本
> 也……（《左傳・僖公二十七年》）

第三，正是基於「禮樂」二者可以表徵「德」的信念，其時開始出現「以樂知人」的觀念：以奏樂者所踐行的禮及其所奏之「樂」判定其為君子，因其在以禮待人的同時，所彈奏的「樂」表現了其不能忘舊之心。相關的文本內容記載於《左傳・成公九年》：

秋，鄭伯如晉，晉人討其貳於楚也，執諸銅鞮，欒書伐鄭，鄭人使伯蠲行成，晉人殺之，非禮也，兵交，使在其間可也，楚子重侵陳以救鄭，晉侯觀於軍府，見鍾儀，問之曰，南冠而縶者，誰也，有司對曰，鄭人所獻楚囚也，使稅之，召而弔之，再拜稽首，**問其族，對曰，泠人也，公曰，能樂乎，對曰，先父之職官也，敢有二事，使與之琴，操南音**，公曰，君王何如，對曰，非小人之所得知也，固問之，對曰，其為大子也，師保奉之，以朝於嬰齊，而夕於側也，不知其他，公語範文子，**文子曰，楚囚，君子也，言稱先職，不背本也。樂操土風，不忘舊也**。稱大子，抑無私也，名其二卿，尊君也，不背本，仁也，不忘舊，信也，無私，忠也，尊君，敬也，仁以接事，信以守之，忠以成之，敏以行之，事雖大必濟，君盍歸之，使合晉楚之成，公從之，重為之禮，使歸求成。（《左傳・成公九年》）

考察上述歷史故事可以看出，泠人所彈奏的南音是楚音，在身為階下囚的艱困處境中，泠人的心中無法忘情於故國的「樂」。聽者因其所彈奏的琴音而知其雖身在異國，內心仍思念故國、故人而無法忘懷的情感：「樂操土風，不忘舊也」。「樂操土風」是其內心無法忘情於故國、故人的音樂性表達，情之所在，心之所繫，聽者因聽其音知其心中所思、所念，奏樂者的不忘舊之心關聯於其人之德，因為，只有德之人方能不忘舊。

三、孔子論「樂」

在《論語》中，孔子論及「樂」的文本主要有八處：

3.3   子曰：「人而不仁，如禮何？人而不仁，如樂何？」

3.20   子曰：「關雎，樂而不淫，哀而不傷。」

3.23   子語魯大師樂。曰：「**樂其可知也：始作，翕如也；從之，純如也，皦如也，繹如也，以成。**」

7.14   子在齊聞韶，三月不知肉味，曰：「不圖為樂之至於斯也。」

8.8   子曰：「興於詩，立於禮，成於樂。」

17.11   子曰：「禮云禮云，玉帛云乎哉？樂云樂云，鐘鼓云乎哉？」

17.18   子曰：「惡紫之奪朱也，惡鄭聲之亂雅樂也，惡利口之覆邦家者。」

17.21   宰我問：「三年之喪，期已久矣。君子三年不為禮，禮必壞；三年不為樂，樂必崩。舊穀既沒，新穀既升，鑽燧改火，期可已矣。」
　　　　子曰：「食夫稻，衣夫錦，於女安乎？」
　　　　曰：「安。」
　　　　「女安，則為之！**夫君子之居喪，食旨不甘，聞樂不樂，居處不安，故不為也。**今女安，則為之！」
　　　　宰我出。子曰：「予之不仁也！子生三年，然後免於父母之懷。夫三年之喪，天下之通喪也，予也有三年之愛於其父母乎！」

就上述八則資料而言，從 3.3 和 17.21 兩則資料可以看出：第一，「樂」的本質在於仁，即對他者的愛；第二，「樂」的本質是觸發人內心喜悅的感情，因此，孔子會說：「君子之處喪也……聞樂（yue）不

樂」。也就是說，外在的「樂」不能改變人心中因失喪親人而產生的哀的情感，當下感知著哀的情感的個體即使聽到能使人感到喜悅的「樂」，也會聽而不覺；第三，哀的情感的來源是君子對父母所具有的超越時間和生死的愛。

在資料 8.8 中，孔子以「詩」、「禮」、「樂」教弟子，以「詩」來觸發人心中所感受到的感情，以「禮」來建立「己與人」、「己與天」之間的關聯，強調喪禮、祭禮和人倫之禮中參與者內心的真實情感，即哀、敬的情感，以「樂」來表達和轉化個體內心所感受到的哀的情感。就君子人格的修養過程而言，「詩」、「禮」、「樂」三者之間有先後次序之別：先「詩」後「禮」，先「禮」後「樂」。

簡單分析 3.20、7.14、17.11 和 17.18 這四則資料，我們不難發現：第一，從資料 3.20 可以看出，通過詩所表達的以內心之愛為基底的哀、樂的感情自然合於禮的規範；第二，從資料 3.20、7.14 和 17.11 可以發現，孔子並不看重「禮」、「樂」的形式，「關雎」、「韶」樂（yue）的價值在於其所表達的感情的本質是有節制的感情：「樂（le）而不淫、哀而不傷」；第三，在資料 17.18 的敘述中我們看到，孔子認為「樂」的內容有價值上的高低之分，雅樂的價值高於鄭聲。問題是：既然雅樂的價值高於鄭聲，為何鄭聲能亂雅樂？筆者認為，這與「樂」能通過聽的方式影響人心有關，孔子極其重視「聞」的方式。以 7.14 這則資料為例，孔子在齊國聽到韶樂，竟至三月不知肉味的境界，「樂」對孔子的個人生命的影響竟是如此之深！再以資料 3.23 為例，孔子曾向魯國的太師學習「樂」，他以特定的語詞來表達自己在習「樂」和聽「樂」的過程中內心的所知所感：「始作，翕如也；從之，純如也，皦如也，繹如也，以成。」孔子能以言語描述自己欣賞「樂」的經驗，可見他對「樂」所知之深。既然「樂」對人心的影響如此深，無論是雅樂還是鄭聲，都能夠達到影響人心之深的效用。若人心受到鄭聲的影響，習慣於聽鄭聲，則即使雅樂的價值高於鄭聲，人心也很難會主動去選擇聽雅樂。

就《論語》中孔子論及「樂」（yue）與樂（le）的言說看：第一，「樂」（le）的情感常指個體沉浸於其中的內心狀態，其存在本身就預設了某種正面價值；第二，「樂」的情感無法與其他情感同時存在：樂以忘憂。當樂（le）的情感出現時，「憂」的情感不再出現，孔子以一「忘」字來解釋此種情感現象；第三，「樂（le）」的情感可以並不來源於樂（yue），且不受具體的倫理生活處境的影響。

回到筆者在本章第二節開始提出的問題：為何孔子如此重視音樂（歌與「樂」）的價值和效用？「樂」對人內心的感情和自我修養究竟有什麼影響？「樂」在孔子的生命中佔據何種地位？

就孔子本人來說，他最欣賞的樂（yue）是關雎。為何孔子最欣賞關雎？他的回答是：「關雎，樂（le）而不淫，哀而不傷。（3.20）」問題是，為何孔子會以「樂而不淫，哀而不傷」來評價關雎？事實上，關雎究竟是「詩」還是「樂」是令歷代詮釋者困惑且聚訟不休的問題。

僅就對關雎的解讀來看，歷代解者費心在「哀」字上。朱熹將關雎解釋為「詩」，他的解釋是：「關雎，周南國風詩之首篇也。淫者，樂之過而失其正者也。傷者，哀之過而害於和者也。關雎之詩，言後妃之德，宜配君子。」[19]

楊伯峻在《論語譯注》中將關雎解釋為「詩」，但在其後的注解中，他說：「但這篇詩並沒有悲哀的情調，因此劉台拱的《論語駢枝》說：『詩有關雎，樂亦有關雎，此章據樂言之。古之樂章皆三篇為一。……樂而不淫者，關雎葛覃也；哀而不傷者，卷耳也。』」[20]

在筆者看來，楊伯峻亦陷入了將關雎解釋為「詩」還是「樂」的兩難困境中，他個人傾向於接受將關雎解釋為「詩」，但與此同時，在隨後的注解中，他卻並不反對劉台拱的解釋，以關雎為「樂」。不難發現，楊伯峻內心對將關雎解釋為「樂」還是「詩」仍感猶疑不定。

19　朱熹：《四書章句集註》，頁66。
20　楊伯峻：《論語譯注》，頁30。

　　若以關雎為「詩」，必然面對這樣一個難題：細讀關雎的內容，不難發現，此詩的內容並不表達「哀」的情感。既然此詩的內容並不表達「哀」的情感，自然不會有「哀而不傷」的解讀。為何孔子會說關雎是「樂而不淫，哀而不傷」？筆者認為，解決這一難題的關鍵在於：孔子如何理解關雎，是將其作為「詩」還是「樂」來看待？

　　我們知道，關雎是《詩經》第一篇的篇題，其內容是：

關關雎鳩，在河之洲。窈窕淑女，君子好逑。參差荇菜，左右流之。窈窕淑女，寤寐求之。求之不得，寤寐思服。悠哉悠哉，輾轉反側。參差荇菜，左右采之。窈窕淑女，琴瑟友之。參差荇菜，左右芼之。窈窕淑女，鐘鼓樂之。(〈國風‧周南‧關雎〉)

　　若就《關雎》的內容來看，確實很難說其表達了「哀」的情感，更遑論「哀而不傷」的情感。所以，鄭玄、朱熹等對《論語》此章都不得其解。劉台拱考春秋時，《風》、《雅》、《頌》皆被於管弦。樂章三詩合一，而以首篇名之。如《文王》、《大明》、《綿》三篇屬一，為兩君相見之樂，見於《國語》。而《左傳》但言《文王》為兩君相見之樂。《關雎》與《葛覃》、《卷耳》三篇於樂章屬一，見於《儀禮》。而《論語‧泰伯》記孔子言：「《關雎》之亂」，亦但舉其首篇，實包括《葛覃》、《卷耳》而言。筆者以為：其一，劉台拱以關雎為「樂」，在春秋時代，不同的倫理處境中的禮有相應的「樂」來配合。既然《風》、《雅》、《頌》皆被於管弦，即是說其內容可以配「樂」歌唱。這樣看來，《風》、《雅》、《頌》所內涵的三百詩就是歌者所歌的內容，自然〈關雎〉此詩亦不例外；其二，春秋時代，有「觀樂以知政」的觀念，其時之人所觀之「樂」的內涵有耳聽所歌之「詩」和目觀所習之舞。例如，《左傳‧襄公二十九年》記載有「觀周樂」之說；其三，歌和舞關聯著人生而具有的內心之樂（le）的感情，這樣的感情通過具象化的聲音和身體動作表達出來。來看《左傳》所記載的三則資料便不難理解筆者上述所

言：

（1）吳公子紮來聘，見叔孫穆子，說之，謂穆子曰，子其不得死乎，好善而不能擇人，吾聞君子務在擇人，吾子為魯宗卿，而任其大政，不慎舉，何以堪之，禍必及子，**請觀於周樂，使工為之歌周南召南**，曰，美哉，始基之矣，猶未也，然勤而不怨矣，……（《左傳‧襄公二十九年》）

（2）夫樂，天子之職也，夫音，樂之輿也，而鐘，音之器也。**天子省風以作樂，器以鐘之，輿以行之，小者不窕，大者不槬，則和於物，物和則嘉成，故和聲入於耳，而藏於心，心億則樂**，窕則不鹹，槬則不容，心是以感，感實生疾，今鐘槬矣，王心弗堪，其能久乎。（《左傳‧昭公二十一年》）

（3）**民有好惡喜怒哀樂，生於六氣**，是故審則宜類，以制六志，**哀有哭泣，樂有歌舞**，喜有施捨，怒有戰鬥，喜生於好，怒生於惡，是故審行信令，禍福賞罰，以制死生，生，好物也，死，惡物也，好物樂也，惡物哀也，哀樂不失，乃能協於天地之性，是以長久，簡子曰，甚哉禮之大也……（《左傳‧昭公二十五年》）

在筆者看來，歷來的解釋者大多以「詩」、「樂」分離的觀念來解釋孔子所說的關雎究竟為「詩」還是「樂」，這樣的理解方式可能並不符合孔子的本意。事實上，孔子深通音律，且有獨歌、與人和歌、彈奏和欣賞樂的經驗，他當深知「歌──詩──樂」三者之間本有的內在關聯：「樂」的內涵有歌與舞，歌的內容就是「詩」。無論是「樂」歌，還

是「詩」歌，都不能離「歌」。聽樂者所聽之樂其內涵之一即是歌「詩」之人所歌之詩。

四、孔子後學論「樂」

從孔子至〈性自命出〉篇的作者，關注「樂」的來源，並將其來源歸於人的製作：「詩書禮樂，其始出皆生於人。」[21] 在〈性自命出〉篇中，以「聽聲」、「觀樂」來表達聲與人心、「樂」與人心之間的關聯：「凡聲其出於情也信，然後其入撥人之心也夠。」即是說，在〈性自命出〉篇的作者看來，出自好惡與喜怒哀悲之真情的人聲能深入地影響聽者的心。「聲影響人心深」的觀念影響至孟子，孟子有「仁言不如仁聲之入人深也」之說（13.14）。差別在於，在〈性自命出〉篇的作者看來，出自真情的聲才能深入影響人心。在孟子看來，出自仁愛之心的聲更具有深入影響人心的能力。

〈性自命出〉篇的作者區分了人聲與樂聲：笑聲、歌謠屬人聲，人聲以耳聞；琴瑟之聲屬「樂」聲，「樂」聲以心聽。作為聽者來說，在耳聞笑聲、歌謠時，其心自然會有喜悅的情感，在聽琴瑟之聲時，其心受到感動，產生哀歎的情感。在觀《韶》、《夏》之樂時，生出自斂之心，願意謙卑自己，尊崇他者。

除了關注「仁聲影響人心深」之外，孟子還發現，「己與人」之間共感的樂之情在深度上勝於個體自身所感知的樂，「獨樂（yue）樂（le），不如與人樂樂……與少樂樂，不若與眾樂樂」之說（2.1）。此說立足於人聽「樂」時實有的情感經驗：作為個體的人其內心所感知的快樂的深度與他是獨自聽「樂」還是與眾人一同聽「樂」有關，正是於聽「樂」而有的同情共感經驗中，個體生而即有的情感呈現其與共存在的特性。

21　李零：《郭店楚簡校讀記》，頁 136。

　　至荀子，將〈性自命出〉篇的作者所論及的「樂」的來源歸於人情。《荀子・樂論》有這樣一段文字論及「樂」，道出他如何理解「樂」的本質：

> 夫樂者，樂也，人情之所必不免也。故人不能無樂，樂則必發於聲音，形於動靜；而人之道，聲音動靜，性術之變盡是矣。故人不能不樂，樂則不能無形，形而不為道，則不能無亂。先王惡其亂也，故制雅頌之聲以道之……（〈樂論〉）

　　在荀子看來，人生而具有的最本質的情感是樂（le），外在的「樂」（yue）即是人心之樂（le）的形式化表達。荀子對「樂」（yue）的本質的理解結合了他對人的本性的理解，其理解方式都是由所見之現象思想其發生原因，忽略了對人心的本質及由其所衍生之心理現象的思考。因此，可以說，荀子主要關注的是自然時間進程中具體存在的人，他更多是從人的自然性出發去思考「樂」的來源和本質，從人的社會性著眼去思考如何引導、利用和轉化「樂」與情感之間所具有的與生俱來的關聯來形塑一個有秩序的社會。

　　在《禮記・樂記》中，論及「音」、「聲」、「樂」三者之間的分別，將「樂」的出現歸於「人心之感於物」的心理現象，來看下面這則資料：

> 凡音之起，由人心生也。**人心之動，物使之然也，感於物而動，故形於聲。**聲相應，故生變，變成方，謂之音。……樂者，音之所由生也，其本在人心之感於物也。（〈樂記〉）

　　簡單分析：《禮記》強調外物能觸發、感動人心，使人心產生由靜而動的變化，聲的出現本質上是因人心「感於物而動」。事實上，人心「感於物而動」有與物相關的一面，荀子、《禮記》的傳統重點關注這一方面；有與人心的本質及其存在方式相關的一面，孟子對牛的哀聲、孔門弟子的痛哭失聲的言說主要關注此一方面。

《禮記‧樂記》提出「不知聲者不可與言音，不知音者不可與言樂」及「知樂近乎禮」。「知聲」、「知音」與「知樂」是分別禽獸、眾人和君子的關鍵，而眾人與禽獸之間的分別關鍵在於，是否能「知音」，人若不「知音」即為禽獸。君子與眾人之間的分辨在於，是否能「知樂」，君子若不「知樂」即為眾人。即是說，只有君子才會「知樂」。來看《禮記‧樂記》中記載的一則資料：

> 凡音者，生於人心者也。樂者，通倫理者也。是故知聲而不知音者，禽獸是也。知音而不知樂者，眾庶是也。唯君子為能知樂。是故審聲以知音，審音以知樂，審樂以知政，而治道備矣。是故不知聲者不可與言音，不知音者不可與言樂，知樂則幾近於禮矣。禮樂皆得，謂之有德。德者，得也。（〈樂記〉）

就上述資料來看，此處所說的「樂」與政治相關，並非與個體的自我修養相關，「知樂」之說的出現自始有政治的意涵。僅就這一點而言，《禮記》對「樂」的理解與〈性自命出〉篇關注人與「樂」之間的內在關聯有極大差別。

第五節　小結

本章主要討論與「詩」、「歌」、「禮」、「樂」相關的情感和情感現象。通過考察相關的文本筆者發現：特定的情感現象關聯著一些具體情感，但其本質不同於具體的情感。例如，孟子的惻隱之心關聯著「仁聲影響人心深」的情感現象：在聽到即將被殺的牛發出哀聲時，人都會有「聞其聲，不忍吃其肉」的感受，這種感受是人的不忍之情的表現。此外，孟子亦提及「痛哭失聲」的情感現象：孔子的學生們在孔子死後見子貢時，「相向而哭，皆失聲」。「失聲」是人共有的極度悲傷之情感的聲音表達，「痛哭失聲」的情感現象關聯著以「愛」為基底的「哀慟」的感情。因愛之深，故失之痛，「痛哭失聲」事實上關涉著個體

的心靈，「皆痛哭失聲」所表達的悲痛在本質上是「己與人」共有的情感。

在「（歌）聲──音──樂」與「（歌）詩──禮──樂」所展開的樂教和詩教傳統中，有「觀樂知人之德」與「觀樂知政」之說。「禮」、「樂」成為君子德性修養的主要方式，因為，「禮」、「樂」是君子之德的體現：君子的德性通過踐行「禮」和彈奏「樂」得以表達。亦即，個體要經過自我修養成為君子，必須親身經驗過喪禮所帶來的悲哀的感情，親身感受過聽雅樂所生的喜樂的感情。

第四章
情感與家庭

　　從本章開始，筆者主要處理的問題是先秦儒家如何於人倫關係中展開對情感問題的認知、經驗和思考。在進入具體的討論之前，需要澄清的是，本章將主要圍繞「敬、喜、懼、樂、愛、悲」等語詞展開討論，這些語詞所關聯的情感現象主要涉及在先秦儒家的思想傳統中，作為個人的孔子、孟子及荀子如何認知、經驗和思考自我的情感於家庭關係中的具體發生。具體的情感現象的討論會結合個人的內在經驗和外在經驗兩方面展開，重點關注的是在具體的倫理處境中，個人的內在經驗如何發生和轉化，其發生和轉化與個人的自我認知之間有何關聯。基於前兩章中對相關的情感語詞和具體的情感現象的研究筆者發現，「仁」不能簡單歸結為具體的情感的一種，即「愛」。孔子留給弟子及其後學的主要問題是：究竟如何理解「仁」？「仁」與個體的生命有何關聯？筆者將以孔子論及「情感與家庭」關係的語詞「仁與敬」入手，先對孔子本人思考此問題的方式展開分析，再結合〈性自命出〉篇中出現的涉及「情感與家庭」關係的語詞來考察孔子後學對此問題的認識，最後著手處理孟子、荀子如何理解此問題，他們的理解與孔子個人的理解之間有何異同。在本章討論的各節內容中，筆者將結合具體的情感現象展開對「情感與家庭」這個主題的考察。

第一節　仁與敬

　　本章的討論自「敬」始，主要原因在於：第一，「敬」與「仁」有

內在關聯，子女對待父母應當有「尊敬」、「敬重」的情感態度即是其生命內在之「仁」的體現；第二，孔子言說個體在家庭關係中如何修養自身成為君子的關鍵是：個體的自然情感能夠轉化為「敬」的情感態度；第三，孔子明確將子女對父母當有的「敬」作為「孝」的內涵。接下來，筆者將先從「仁」與「敬」之間的關聯入手展開對情感與家庭之間關係的考察。

在《論語》中，有一則資料涉及孔子對「仁」與「敬」之間關係的理解，其主題是樊遲問「仁」：

> 13.19　樊遲問仁。子曰：「居處恭，執事敬，與人忠。雖之夷
> 狄，不可棄也。」

在這則資料中，樊遲所問的是「仁」，孔子的回答是告訴他當如何行才是「為仁」。事實上，孔子是給予樊遲個人的現實人生以方向性指引，具體表現在孔子以立身、行事和為人三方面來回應樊遲所問之「仁」。至少在此則資料中，孔子告訴我們「仁」與「敬」有內在關聯，個體行事之「敬」的情感態度是其生命之中存在的「仁」的體現。在孔子看來，「為仁」離不開立身、行事和為人三方面，與此三方面相關聯的語詞是「恭」、「敬」和「忠」。「恭」、「敬」和「忠」三者都是言說個體內心應然的情感態度的語詞，而非個體在面對具體的倫理處境時，內心實有的情感的語詞。這三種情感態度的分別是，「恭」的情感態度關聯於個體的日常生活，顯現於個體的容貌，其內涵是當個體內心有尊敬他者的情感態度時，自然會呈現於外表的容貌和表情；「敬」是用以言說個體行事時，內心當有的情感態度；「忠」是描述己與人之間當有的關係的情感語詞，即，個體當以忠誠、忠實的情感態度對待他者。

我們知道，孔子論「仁」有三方面內容：「欲仁」、「志於仁」和「心不違仁」。孔子承認每個人都有欲求，其欲求具有特定的方向性。就「我欲仁」這句來看，其主詞是「我」，表明欲求由我發出。也就是說，「我」原本就是有欲求的個體，當「我」欲求的對象為「仁」時，「我」

有此欲求的同時即獲得所欲求的對象。由此可見：首先，孔子有意識區分了欲求對象（「仁」）和行為對象（「己欲立而立人，己欲達而達人」中之「人」）；其次，欲求對象關聯著內在的我，行為對象關聯著與人共存之己；第三，孔子以欲、志和心三層面言說「仁」與個體的生命之間具有的本質關聯。

就欲的層面來看，個體對「仁」的主動欲求無關他人，得到所欲求的「仁」同樣無關他人，「仁」因此只能是「我」的欲求的內在對象。在「苟志於仁矣，無惡也。」這句中，「志於仁」的主詞究竟是「我」還是「心」無法確知。事實上，對孔子而言，「欲」源於「心」，當孔子說「七十從心所欲不逾矩」時，他是承認源於「心」之「欲」應該受到控制和調節。而且，他承認在七十歲前，自己是不能完全做到從心所欲不逾矩。從孔子的言詞不難發現，在他的生命中，實有「心」為「欲」之源的切身體認。孔子在這裡論及的「欲」用作名詞，當其用以言說個體的欲求時，其內涵有「富與貴」（4.5）、「仁」（7.30；20.2）、「善」（12.19）、「寡其過而未能」（14.25）、「無言」（17.19）、「與之言」（18.5）「潔其身」（18.7）；當其用以言說君子的欲求時，其內涵有「訥於言，敏於行」（4.24）。事實上，孔子以「欲」、「惡」並言時，「欲」有喜好、「惡」有厭惡之意。無論是喜好還是厭惡的情感，對孔子而言，都是源於「心」。

必須強調的是，「欲」一詞對孔子而言既有「欲求」、「意願」之意，又有「喜好」之意。孔子知道，人雖有欲求，其欲求落實於現實的倫理處境中，會有求而得（20.2）與求而不得（18.5）兩種結果。求而得涉及「我與己」的關係，如「仁」。求而不得涉及「己與人」，「我與天」的關係，如孔子想要與楚狂接輿交談，卻因楚狂接輿的逃避而不能實現。孔子肯定人所共有的自然欲求：富與貴，他發現，人的自然欲求即是人之「喜好」的表達。但與此同時，他給人的自然欲求的滿足以限制：「以其道」。問題是，孔子所說的「以其道」中的「道」內涵是什麼？若我們細讀資料 4.5 的文字則難免會有這樣的疑問：前面分明是

說「人之所欲」、「人之所惡」及是否以其道得之的主題，後面突然轉向「君子去仁」和「君子無終食之間違仁」。如何理解其中的主題轉換？筆者推測，孔子正是要說以「仁」限制、調節「人之所欲」的問題，在他看來，「不去仁」及「無終食之間違仁」正是君子之為君子的本質所在。

就這節文字的脈絡來看，孔子在提出富與貴是人之所欲，貧與賤是人之所惡後，緊接著說道：「君子去仁，惡乎成名？君子無終食之間違仁，造次必於是，顛沛必於是。」在孔子看來，眾人與君子之間的差別就在於：第一，君子不去仁；第二，君子不違仁。「去」有離開之意，離開的本質是捨棄已存的關聯或離棄已有的關係，就此而言，孔子發現「仁」本源性地內在於眾人，只有君子才能主動選擇不離棄自己本有之「仁」。「不違仁」是說君子的存心，當孔子贊許弟子顏回「其心三月不違仁」時，正是就顏回的存心而言，即表示顏回能用心於為仁。可見，君子的概念是孔子用以表達理想的倫理人格的語詞，一個人只有不離棄其本有之「仁」，同時用心於為仁，他才是孔子心目中的君子。[1] 由這兩方面可見，要成為一個君子，關鍵在於兩方面：「不離仁」，即「守仁」（守護自己本性中已有之仁）和「為仁」（於立身行事之中踐行仁）。就文本來看，《論語》中有「知及之，仁不能守之；雖得之，必失之。知及之，仁能守之。不莊以涖之，則民不敬。知及之，仁能守之，莊以涖之。動之不以禮，未善也。」（15.33）之說，此說中提及的是「仁不能守之」其意涵是個體當以己本性中已有之仁來守之。不難發現，「守仁」與「仁能守之」之間的關聯是前者在發生序列上居先：若無個體的「守仁」的發生，不能有「仁能守之」現象的出現。

回到前文的分析，既然「仁」具體到個體的行事之中為「敬」，則

---

[1] 當孔子說：「躬行君子，則吾未之有得（7.33）」時，他強調的是在道德修養的過程中道德實踐的方面；而在他說：「我欲仁，斯仁至矣（7.30）」及「苟志於仁，無惡矣（4.4）」時，他強調的是在道德修養的過程中道德選擇和道德動機的方面。

個體於行事中踐行「仁」時，內心所發生的感情即是「敬」。基於「仁」的「愛」是人所共有的基本情感，其特質是生而即有。「敬」則是個體於具體的行事之中內心當有的情感態度。由此，我們確認了「仁」與「敬」之間的內在關聯：見諸於行事的「仁」就個體內心的情感態度而言即是「敬」。所以，「敬」的本質內在地指向個體內心的情感態度，外在地指向個體的行事，即具體的倫理事件。正是因為「敬」的本質不能離開具體的倫理事件，倫理事件涉及處境性和處境之中的個體內心的情感態度，處境不可改變，但個體可以選擇如何回應處境，回應處境的問題本質上內涵著轉化自身情感態度的要求。事實上，考察孔子的言說會發現，「敬」的情感態度離不開個體的自我修養。

我們知道，孔子講過「修己以敬」（14.42）和「克己復禮」（12.1），而無論是「修己」還是「克己」都離不開對自己的言語、行為的約束。可見，孔子關心的主要是如何對待「己」的問題，即有意識地將現實存在的「己」轉化為自然合於「禮」的「己」。就邏輯上說，在我自覺需要「修己」和「克己」之先，必已有對「我」的「己」存在問題的意識。在孔子看來，「我」與「己」實有不同，「我」能夠主動欲求「仁」（關涉「仁」的來源和本質），在這個層面不存在自我修養的問題。自我修養只有在人倫關係之中才成為可能，因為無論是社會關係中的家庭關係還是政治關係都離不開「己」與「人」兩方面。恰恰是在人倫關係中，孔子以「己」、「人」並言，並言及「我」。自我修養離不開立身、行事和為人，孔子論及「我」時，講欲求，論及「己」時，講言語、行為。如此看來，至少在孔子的語境中，與自我修養相關的只能是「己」而非「我」。

筆者以為，孔子所發現的問題本質在於，「欲仁」之「我」不同於「為仁」之「己」。因為，落實到個體的行為層面，「仁」的實現須借助行與事體現，而個體的行與事不能無關他人。事實上，只有在「己」追求自身欲求的實現會影響和傷害他人時，才存在「修己」和「克己」的問題。可見，無論是「修己」還是「克己」，目的都是對治「己」自身

的問題。

　　就「欲仁」、「志於仁」與「心不違仁」三方面而言，仁在個體生命中的實現與個體自身的欲求、志向和心相關。在第二章第三節所引的資料中，記載了樊遲有一次問仁於孔子，孔子給他的回答是：「愛人。」孔子想要說的是，「仁」離不開「愛」，「仁」的本質是「愛」具體的人，「仁」正是通過對個體的「愛」呈現其存在的真實。既然「仁」之存在因「愛」而呈現，「仁」與「敬」的情感態度之間的關係實質上就是個體內心所呈現的「愛」的感情與「敬」的情感態度之間的關係。需要特別強調的是，個體對「仁」的欲求出於「我」，「仁」的價值的實現離不開「己」，「敬」的情感態度的出現離不開「己」的修養。由此可見，「愛」的發生始於「我」的意願，意願只有是否甘願的問題；「敬」的情感態度的出現需要修養「己」，在修養的過程中才有行為和情感態度的改變可言。

　　下面，筆者將對「敬」一詞的意涵進行文本考察，並展開對其與「恭」和「畏」兩詞的意涵之間有何異同的分梳。筆者之所以考察「恭」和「畏」兩詞的意涵，是因為在現代漢語中，常有「恭敬」及「敬畏」兩詞。在《論語》中，只有「恭」、「敬」、「畏」三詞，並無「恭敬」與「敬畏」的連用之例。先來看孔子使用「恭」、「敬」、「畏」三詞時，他的意思是什麼，主要想用以言說什麼問題。

　　孔子使用「恭」一詞的意思主要有四方面：第一，涉及**政治關係**時，言說作為執政者的君子當有「莊重」、「謙和」的情感態度（5.16），及理想的執政者當有「莊嚴」、「謙恭」的情感態度（15.5；16.10；17.6）；第二，涉及**個體日常生活**時，言說其當有「莊重」的情感態度（7.38）；第三，涉及**理想的人倫生活**時，一方面言說即使個體有「謙和」的情感態度，若不受到「禮」的調節，會給自身帶來勞倦的行為後果（8.2）；第四，涉及**如何為仁**時，言說個體於日常生活中當有「莊重」的情感態度（13.19）。

　　孔子使用「敬」一詞的意思主要有五方面：第一，涉及個體在日

常生活中的**踐行**與**處事**時，言說個體應當有「嚴肅」、「認真」的情感態度（15.6；13.19）；第二，涉及**具體的自我修養**時，言說個體修養成為君子時，其以自身喜好和厭惡的自然情感態度待人當轉變為以尊敬的情感態度待人（12.5；14.42）；第三，涉及**政治關係**時，言說百姓、君子對待執政者應當有「尊敬」的情感態度（13.4；5.16）；第四，涉及**家庭關係**時，言說子女待父母應當有「尊敬」、「敬重」的情感態度（2.7；4.18）；第五，涉及**個體與鬼神的關係**時，言說執政者對待鬼神應當有「尊敬」的情感態度，及遠離鬼神的具體行為（6.22）。

孔子使用「畏」一詞的意思主要有三方面：第一，涉及**個體特有的超越的才能和品德**時，言說我內心實有的「懼怕」的情感態度（9.23）；第二，涉及**君子的品德**時，言說其內心實有的「畏懼」、「敬畏」的情感態度，其「畏懼」的對象是「天命」、「大人」和「聖人之言」（16.8）；第三，涉及**作為執政者的君子的品德**時，言說其容貌和表情當使百姓產生「敬重」、「畏懼」的情感態度（20.2）。

前已提及，在《論語》中，無「恭敬」與「敬畏」連用之例。孔子用「恭」一詞言說個體表現出來的容貌態度。孔子深知，言、色、恭都是有可能出現「偽」的問題，所以，他以「巧言、令色、足恭」為恥。筆者將結合孔子對「恭」、「敬」和「畏」三個語詞的使用考察孔子如何獲得對他者的「心──色──行」的認識這一問題。僅就「心──色」之間的關係看，「色」符合「心」的真實感受是實（真、誠），「色」不符合「心」的真實感受並不是「偽」。在孔子看來，只有在「心」所存的是惡，表現於「色」卻是善的時候，才出現「偽」的問題。這樣看來，孔子重視的「偽」的問題只在人倫關係中才可能發生。我們知道，家庭關係和政治關係都屬於人倫關係，孔子對家庭關係和政治關係有著不同的思考。本章主要處理孔子如何思考家庭關係中的情感問題，筆者將在資料分析的過程中分別這兩種關係，但在本章中只考察家庭關係中出現的情感及與其關聯的情感現象。

先來看《論語》中孔子論及「恭」的六則資料：

5.16　子謂子產，「有君子之道四焉：**其行己也恭**，其**事上也敬**，其養民也惠，其使民也義。」

5.25　子曰：「巧言、令色、足恭，左丘明恥之，丘亦恥之。匿怨而友其人，左丘明恥之，丘亦恥之。」

8.2　子曰：「**恭而無禮則勞**，慎而無禮則葸，勇而無禮則亂，直而無禮則絞。君子篤於親，則民興於仁；故舊不遺，則民不偷。」

15.5　子曰：「無為而治者其舜也與？夫何為哉？恭己正南面而已矣。」

16.10　孔子曰：「君子有九思：視思明，聽思聰，色思溫，**貌思恭**，言思忠，**事思敬**，疑思問，忿思難，見得思義。」

17.6　子張問仁於孔子。孔子曰：「能行五者於天下為仁矣。」「請問之。」曰：「恭，寬，信，敏，惠。**恭則不侮**，寬則得眾，信則人任焉，敏則有功，惠則足以使人。」

　　結合資料5.16和15.5可以發現，「恭己」和「行己」的意含相同，都是指在政治關係或者存在等級分別的人倫關係中，個體面對他人時所當有莊重、謙遜的容貌。就資料5.25可以看到，孔子分別了色與貌，色指個體的臉色，貌更多強調透過容貌所表達的整體態度，類似於身體動作傳達給他人的整體印象。在資料8.2中我們看到，孔子已經分別了「恭」、「禮」和「仁」。具體表現在：第一，他提出，個體不能有「恭」無「禮」，此處的「禮」當是具體的人倫之禮，用以規範人倫生活中的各種關係；第二，在家庭關係中，他特別提出「君子篤於親，則民興於仁。」「篤」有立定心志、不隨時間、處境的變化而改變之意。這句的意思是說，若君子內心對親人的深厚感情不改變，百姓就會主動追求仁。此處的君子當指統治者，而非道德高尚的人。孔子曾提及「三年之愛」，即是表達「篤於親」之意。因此，「篤於親」其實就是「內心深

愛於親」的表達。於此，我們看到愛的深度與時間之間關聯：在孔子看來，子女對父母的愛可能超越時間限制，歷久彌深。就 5.16、15.5 和 17.6 三則資料看，孔子講「恭」是對在政治關係中的居下位者而言，強調在下位者對在上位者當有的容貌態度。在資料 16.10 中，孔子區分了「恭」和「敬」：「恭」指個體對待他人當有的容貌態度，表現於個體的身體動作；「敬」指個體對待事情當有的態度，與個體的特定情感相關。事實上，孔子使用「恭」、「敬」這兩個語詞來表達個體於人倫關係中應當有的倫理行為。不過，這裡的倫理行為包括個體的立身與行事兩方面，關涉個體的容貌表現和其行事態度。

結合資料 8.2 與 17.6 不難發現，在孔子看來，「恭而無禮則勞」是就「我與己」的關係而言；「恭則不侮」是就「己與人」的關係而言。「恭而無禮」中的禮有節制、不過度之意，待人過度的「恭」會使己的內心感到勞苦、身體感到疲倦，因為作為個體的人有其身與心的自然限制，若超越此限制個體自身會出現異常的身體和心理反應。「恭則不侮」是說「恭」能使己不受人之侮，因為「恭」的情感態度表現於容貌即是待人的尊敬、敬重，若己敬重人，人自然不能無故羞辱己，亦不會無故以無禮的行為來使己受侮辱。

除上述六則資料外，孔子弟子有子有一則論及「恭」的資料：

1.13　有子曰：「信近於義，言可複也。恭近於禮，遠恥辱
　　　　也。因不失其親，亦可宗也。」

在有子看來，「恭」的情感態度若合於禮，能使個體免於遭受他人的言語和行為所帶給自己的侮辱，及因所遭受的侮辱內心所產生的羞恥的感受。不難發現，有子所理解的「恭」的情感態度源自子張問仁於孔子時，孔子答子張的內容。差別在於，在孔子看來，「恭」的情感態度實基於「仁」，當以「禮」來調節。「恭」的情感態度其實質是個體在為仁的道德實踐中，內心慮及他人時當有的情感態度，「恭」的情感態度是連接「仁」與「禮」的仲介。有子則似有僅論及「恭」與「禮」之

間關聯的傾向，沒有明確提出「恭」的情感態度不能離「仁」而有的特性。

在《論語》中，涉及孔子論家庭關係中的「敬」的感情的資料有兩則，其具體內容是：

> 2.7　子遊問孝。子曰：「今之孝者，是謂能養。至於犬馬，皆能有養；不敬，何以別乎？」
>
> 4.18　子曰：「事父母幾諫，見志不從，又敬不違，勞而不怨。」

在上述兩則資料中，孔子明確將子女對父母的「敬」作為「孝」的內涵。在孔子而言，子女與父母之間關係的核心在於超越「養」的「敬」的情感態度。因為，子女養活父母不過只是僅關注生命存活的層面，「養」可以有不同的方式，僅維持父母自然生命的「養」類似牛馬的「養」，並不是「孝」，「孝」的內涵是子女以合宜的情感態度對待父母，此種合宜的情感態度在孔子看來即是「敬」。事實上，孔子將本分（職分）和情感態度加以分別，「事父母幾諫」是子女的本分，子女在這樣做之後，即使父母不聽自己的勸諫，也不應當影響自己待父母當有的情感態度，孔子對這種情感態度的表達是「又敬不違，勞而不怨」。「敬不違」是說子女在知道父母不能聽從自己的勸諫後，應當在言語、行為上不冒犯父母，內心不改變自己原有的「敬」父母的情感態度，此處涉及情感的應然問題，情感的應然問題與個體的自我修養有關。孔子知道，在這種處境中，子女內心確實可能會有「怨」的情感態度，其來源是父母不聽從子女勸諫的事實，面對這樣的事實，子女內心可能會有「怨」。在孟子，這種「怨」的情感態度其來源是「子女內心對父母的怨責」（9.1）。不難發現，無論是孔子，還是孟子，都承認作為個體的子女內心確實可能會有「怨」的情感態度。在筆者看來，孔子對子女內心之怨的言說揭示了這樣一個普遍存在的情感現象：在家庭關係所涉及的具體的倫理處境中，身為子女的個體面對父母，會有怨父母的情感態度，

落實於具體的個體生命中，此種「怨」的情感態度其來源卻是各自有別。

　　「怨」的情感態度源於事，屬於可轉化的情感，對應的是可轉化的「敬」的情感態度。可轉化的「敬」的情感態度指向倫理事件，事件關涉是非判斷，個體因是非判斷而生的情感態度不應構成對他者原有的情感態度的抵消或是否定。在家庭關係中，子女的「敬」指向父母，即父母是子女生命所愛之人。孔子想要強調的重點是：子女對父母的「敬」本質上關聯著彼此之間本有的「愛」，子女不當因對事情是非判斷而生的「怨」影響其對父母生而已有的「愛」。

　　另外，孔子使用「敬」一詞論及子女對父母當有的情感，具體體現在「孝父母」和「事父母」兩方面：「孝哉閔子騫！人不間於其父母昆弟之言。」（11.5）與「事父母幾諫。見志不從，又敬不違，勞而不怨。」（4.18）。在孔子看來，「敬」本是在下位者待在上位者當有的情感，父母於子女而言是年長者，子女對父母的「敬」本質上是卑位者待尊位者當有的情感態度。「敬」的情感態度關涉個體的自我認知和身分認知，指向具體的容貌態度和行事。「怨」是個體面對具體事件時產生的直接情感反應，「怨」的情感可以主動轉化其他的情感，或當為更本源的情感所限制（如又「敬」不違，勞而不「怨」）。

　　在孔子看來，「敬」的對象可以是父母、居上位者（5.16）和鬼神（6.22）。「敬」的情感態度表現於「己對人」和「人對己」兩方面，「己對人」的「敬」的情感態度關涉行事和自我修養。「己對人」之「敬」是己當有的情感態度，若己實有的情感態度不是「敬」，則需要通過自我修養改變為「敬」的情感態度。「人對己」的「敬」的情感態度在彼此長時間的交往後才可能出現（5.17），反映出人倫關係中的「敬」的情感態度的產生離不開時間進程中的自我認知和價值判斷。也就是說，「人對己」的「敬」的情感態度預設了其對己的行事為人的價值認同。

　　在《論語》中，孔子論及「畏」的情感態度，「畏」用以言說「己對人」、「人對己」的情感態度兩方面。在「畏」用以言說「己對人」的

情感態度時，己所「畏」的外在對象可以是較己年少之人。在這種情況下，己所「畏」的外在對象雖然是具體的個人，呈現於己內在的「畏」的情感態度中的對象可能是「天生德於予」之「德」。在孔子看來，君子所有的「畏」的情感態度之對象應當是「天命」、「大人」（指居上位者）和「聖人之言」。就政治關係而言，人對君子產生「畏」的情感態度源於親見君子端正的容貌和莊嚴的舉止。相關三則資料的內容分別是：

9.23　子曰：「後生可畏，焉知來者之不如今也？四十、五十而無聞焉，斯亦不足畏也已。」

16.8　孔子曰：「君子有三畏：畏天命，畏大人，畏聖人之言。小人不知天命而不畏也，狎大人，侮聖人之言。」

20.2　子張問於孔子曰：「何如斯可以從政矣？」
子曰：「尊五美，屏四惡，斯可以從政矣。」
子張曰：「何謂五美？」
子曰：「君子惠而不費，勞而不怨，欲而不貪，泰而不驕，威而不猛。」
子張曰：「何謂惠而不費？」
子曰：「因民之所利而利之，斯不亦惠而不費乎？擇可勞而勞之，又誰怨？欲仁而得仁，又焉貪？君子無眾寡，無小大，無敢慢，斯不亦泰而不驕乎？君子正其衣冠，尊其瞻視，儼然人望而畏之，斯不亦威而不猛乎？」……

簡單總結：「敬」與「畏」的分別在於，就家庭關係而言，「敬」的情感對象是仍存活於世的父母，「敬」是所有的子女待父母當有的情感態度，其內涵是「尊敬」和「敬重」；「畏」的情感對象是「天命」、「大人」和「聖人之言」，「畏」是君子當有的情感態度，其內涵是「敬重」和「畏懼」。由此可見，在孔子看來，「敬」與孝親有關，子女的孝親

透過其自身的「心——色——行」得以顯現於外，使他者能夠親見、親知。「畏」的情感對象無關親人，在家庭關係中，子女與父母相處時，當有的情感態度是「敬」而不是「畏」，因「敬」的情感態度源自父母與子女之間生死不改的愛，這份愛的本質是各自生命中本有之仁的表現。為何子女待父母當有「敬」的情感態度，卻不當有「畏」的情感態度？在筆者看來，因為「畏」的情感態度所關聯的情感對象具有權柄和能力，「敬」的情感態度所關聯的情感對象則與個體具有生而即有、不可改變的人倫關係，如子女與父母之間的關係。「恭」、「敬」兩詞連用可以言說橫向維度的人倫關係，如家庭關係、政治關係、社會關係（朋友）。「敬」、「畏」兩詞連用則用以言說縱向維度的天人關係，如「我與天」，「人與天」之間的關係。孔子以「敬」一詞言說父母仍生存於世時，子女待父母當有的情感態度。當父母死之時及父母死後，子女待父母當有的情感態度並不是「敬」，而是「哀」（3.4）。

孔子有意識地分別了「我」與「己」：「我」有欲求，「己」需修養。所以，孔子講「修己」（14.8）、「修德」（7.3），只言及身正與身不正（13.6；13.13），沒有顯題化處理「修身」問題，身心關係的問題自孔子後學始成為顯題。考察〈性自命出〉篇可以發現，孔子後學對身心關係的探討具體表現在三方面：第一，以「修身」[2] 的概念取代了「修己」的概念，只講「聞道反己」（孟子的「反求諸己」一詞極可能與此處的「反己」有語源上的關聯），不再有「修己」、「克己」的概念；第二，提出「君子身以為主心」，開始關注身心之間的關聯，突出「心」對「身」的主導地位；第三，在「修身」與「仁」之間建立直接關聯：直接提出「修身近至仁」。

同樣，自孔子後學始，「仁」與「敬」的情感態度之間的關聯開始發生轉變，家庭關係中所涉及的「敬」的情感態度，在孔子，因其關注

2　李零：《郭店楚簡校讀記》，頁139。

的核心問題是「子女當以何種情感態度待父母」，其情感對象是仍存活於世的父母。至孔門後學，因其關注的核心問題是「君子為何能敬」，其情感對象並不明確。自孔門後學始，「敬」開始脫離與「仁」的本質關連而關聯於以「情」為來源的「禮」，「情」的內涵是「好惡」和「喜怒哀悲之氣」或「喜怒哀悲」。此處的「禮」在家庭關係中主要指「祭禮」和「喪禮」，在喪禮中，子女內心出現的是「哀」的情感態度，其情感對象是已經死去的父母。[3] 在前一章的第三節中，筆者曾分析孔子所論及的「禮」涉及四個面向，分別是：祭禮（敬的情感態度）、喪禮（哀的情感態度）、行事為人之禮和三代之禮。這四個面向至孔子後學變為祭禮和喪禮兩個面向，與之相關的情感是「齋齋之敬」和「戀戀之哀」。透過「戀戀之哀」一詞可以看出，孔子後學仍關注喪禮和喪禮中「哀」情。不同在於，在孔子後學的理解中，第一，「禮」的來源是「情」，「情」的來源是「性──命──天」，「情」的內涵是「好惡」和「喜怒哀悲之氣」或「喜怒哀悲」；第二，喪禮中的「哀」是一種複雜感情，其實質當是「愛中之哀」，並非純粹的「哀」情。父母生時，子女因為愛父母，自然在情感上依戀父母，父母死後，子女內心對父母的依戀仍繼續存在著，然而，面對父母已死的事實，子女直接感受到的是「哀」情。因此，在孔門後學看來，在喪禮中，子女內心實際經驗著的感情是「戀戀之哀」，而不只是純粹的「哀」情。可以說，孔門後學在第一身經驗和親身體驗中將喪禮中的「哀」情細化為「戀戀之哀」。孔門後學發現的「戀戀之哀」揭示了生而為人所共有的一個普遍的情感現象：個體有具體的愛之人才有戀之情，其有戀之情失去所愛之人時才會有失之哀，愛之深則有戀之切，戀之切則會有喪失所愛之人而生的哀之痛。

　　在〈性自命出〉篇的作者看來，面對父母之死時，君子實有的感

3　李零：《郭店楚簡校讀記》，頁 136-137。

情是「戀戀之哀」。「戀戀之哀」是說子女在參與父母喪禮時的親身體
驗，即是說，面對父母之死，子女內心實有的感情是以「戀戀」為內涵
的「哀」。孔子所言的作為禮之本的「哀」的感情至此轉變為「戀戀之
哀」，此一轉變的關鍵在於，對生之愛與死之哀交織發生的情感現象的
發現。這一發現與個體的感情的自我發現密切相關：因為，在個體居
喪的處境中，個體親身體驗到的感情其內涵實是「戀戀之哀」，「戀戀」
是居喪的個體內心之愛的表達，「哀」關聯著對已死的父母不能割捨的
「愛」的感情。不過，「哀」一詞重在表達失去所愛之人的悲痛，「戀戀」
一詞重在表達與所愛之人之間的感情連結，類似於孩童對父母的情感依
戀。李零將「戀戀」解釋為：「似是一種悲哀的情緒。」[4] 筆者以為，此
解恐未必是善解。若「戀戀」是一種悲哀的情緒，則其意涵可直接以
「哀」或「悲哀」代替，不必再言「戀戀」。很明顯，「戀戀」是「哀」
的形容詞，用以解釋「哀」的具體內涵。事實上，所謂「戀戀」是孔子
的「子生三年，然後免於父母之懷」的表達形式，此種表達形式至孟子
則轉化為「慕」，孟子有「人少，則慕父母」之說（9.1）。赤子對父母
自發的愛表現為其對父母與生俱來的依戀，即是「戀戀」。待赤子長大
成人，父母逐漸年老，這種與生俱來的依戀並不改變，即使在親身參與
父母的喪禮時，子女的「哀」仍具有「戀戀」的特徵。可見，孔門後學
已開始有對親情的回溯性理解：即藉助回憶追溯幼年時對父母的依戀，
回憶發生的場合正是在父母之喪禮的現場。

　　自孟子，重視家庭關係中父母仍存活時，子女內心感受到的感情，
即孟子所言之「樂」。我們知道，在孟子的「君子三樂」中，首先提到
的「樂」其內容就是「父母俱存，兄弟無故」（13.20）。不難發現，孟
子的關注點實為仍生存在世的父母，並不像孔子慮及父母之年時，內心
自然出現的「喜、懼」的情感。事實上，孟子繼承了〈性自命出〉篇的

4　李零：《郭店楚簡校讀記》，頁 141。

作者對情感與道德修養的關注，其所論及的情感本質上關聯著修身。因為，對孔門後學而言，「樂」的情感的產生受到「禮」潛移默化的影響，並非人本性中所有的情感。所以，孟子的「樂」的主體是經過道德修養的君子，而非常人。不同在於，〈性自命出〉篇的作者仍關注君子面對父母的死亡時，內心具有的「戀戀之哀」的感情，孟子則更關注父母仍存活在世時，君子感受到的「樂」的感情。筆者以為，在「哀」與「樂」這兩種情感中，孟子重視樂更勝於哀，他言說的「哀」主要內涵有兩方面：政治語境中的哭泣之哀（5.2）和道德語境中的哀傷之情，其內涵是看到他人不能親身踐行仁義（7.10）和他人不知求其失喪的仁心（11.11）。孟子不再關注個體因親人之死內心真實體驗到的「哀」情，他提出：「哭死而哀，非為生者也」（14.33）。事實上，「哭死而哀」的現象關聯著生者和死者，在情感的真實發生和經驗上並不能完全無關生者。據文本考察的結論，筆者認為，孟子可能有突出「樂」於個體生命中的價值而淡化個體因失喪親人感受到的「哀」情的思想傾向。這樣的思想傾向的發生與孟子個人對親情和生死的理解有關，此處不能詳細論及。

　　在孟子看來，「哀」與「樂」並非同一層面的情感，「哀」屬於應然而非實然的情感。在孟子的理解中，存在不同層次的「樂」，對應的是「樂」所關聯的情感對象其價值序階的高低：最低層次的「樂」違背價值，如樂不仁（7.3）；其他層次的「樂」出現於理想的「人與天」，「人與道」的關係（2.3；4.2）和「己與人」的關係中（2.1；7.27），如樂天（2.3），樂取於人以為善（3.8），尊德樂道（4.2），樂堯舜之道（9.7），樂善（11.16），最高層次的「樂」其內涵是萬物皆備於我，反身而誠（13.4）。在孟子看來，君子之樂的內涵有價值層級的高低之分：父母俱存，兄弟無故是至樂；其次是仰不愧於天，俯不怍於人；再次是得天下英才而教育之（13.20）；最後是中天下而立，定四海之民（13.21；13.35）。孟子所肯定的是有德性的君子之樂和賢者之樂，在他看來，違背價值的「樂」君子應當完全棄絕：樂酒無厭、流連之樂（2.4），般樂

飲酒（14.34）。

至荀子，則將「哀」的感情內化於「敬」的感情，本質上關注的是死生之義，目的在於以生規範死，因此，他提出以「禮」節「哀」。以「禮」節「哀」的提出，表明個體的「哀」的感情開始受到社會規範性的約束，荀子藉助具體的禮制來實現其對情感的約束功能。在荀子，更關注「哀」的情感對社會生活的負面影響，畢竟，仍存活在世的子女同時是社會中的成員。可見，荀子所言之禮是人倫規範之禮，或者說是制度化的禮，重在調整生者的感情以適應現實的社會生活。在荀子的思考中，實已有對情感與社會生活的關係之反思。他說：

（1）喪禮之凡，**變而飾，動而遠，久而平**。故死之為道也，不飾則惡，惡則不哀；尒則翫，翫則厭，厭則忘，忘則不敬。一朝而喪其嚴親，而所以送葬之者，**不哀不敬**，則嫌於禽獸矣，君子恥之。故變而飾，所以滅惡也；動而遠，所以遂敬也；久而平，**所以優生也**。（〈禮論〉）

（2）故喪禮者，無他焉，明死生之義，送以哀敬，而終周藏也。（〈禮論〉）

（3）**創巨者其日久，痛甚者其愈遲，三年之喪，稱情而立文，所以為至痛極也**。齊衰、苴杖、居廬、食粥、席薪、枕塊，所以為至痛飾也。三年之喪，二十五月而畢，哀痛未盡，思慕未忘，然而禮以是斷之者，豈不以送死有已，復生有節也哉！（〈禮論〉）

從上述所引資料看，在資料（1）中，荀子關注的是「死之為道」的問題，他提出，對君子而言，當以「不哀」為羞恥，因為「不哀不敬」，此種詮釋進路只有在「以死視生」的視角中方有可能出現，在孔子「未知生，焉知死」的「以生視死」的視角中不會出現此種言說。事實上，孔子並未言說與父母之死相關聯的「敬」，「敬」是對仍存活在世的父母而言，對已經死去的父母，孔子並不論及「敬」，只論及「哀」，

「敬由哀生」當自荀子始出現。在筆者看來，此說在本質上是以情感的方式表達出來的外在倫理規範，並非建立於實存的情感內在關聯基礎上的倫理事實。在孔門後學，尚將「敬」與「樂」，「悅」相關聯，因而有「君子美其情，貴其義，善其節，好其容，樂其道，悅其教，是以敬焉。」之說。[5] 資料（2）提出，喪禮的本質在於，「明死生之義」，即子女當以「哀敬」之情待已死的父母，以「哀」為應然的情感而非實然的情感。以「哀」為應然的情感的思想自孟子已出現，但孟子的「哀」情主要是對政治語境中的個體而言，至荀子則將其擴充於家庭關係中所有的子女當有的情感。從資料（3）可以看出，荀子重喪禮，他追溯喪禮的源起，提出喪禮的存在是要抒發生者內心的「哀痛」和「思慕」之情，但因此種「哀痛」和「思慕」之情具有超越時間限制的特性，需要以「禮」來對其進行限制，正是因此，喪禮的時間規定為三年。

　　在《禮記》中，有重喪禮之「哀」的言說，亦有為調節喪禮之「哀」提出的「喪之中庸」，出現「節哀」的觀念。在筆者看來，《禮記》的作者在個體之哀是否當「節」的問題上存在分歧，如下文所引資料中（1）的子路之言、資料（2）的「喪禮哀為主」與資料（3）、（4）「節哀」之說，這也表現了孔門後學對喪禮之「哀」是否當節的理解上實有差別。在《禮記》中，以「節」的概念用以調整和規範生者的情感：〈檀弓下〉篇有「節哀，順變」之說，〈三年問〉篇有「復生有節」之說：

（1）子路曰：「吾聞諸夫子：喪禮，與其哀不足而禮有餘也，不若禮不足而哀有餘也。祭禮，與其敬不足而禮有餘也，不若禮不足而敬有餘也。」（〈檀弓上〉）

（2）夫悲哀在中，故形變於外也。疾痛在心，故口不甘味，身不安美也。……　喪禮唯哀為主矣。女子哭泣悲哀，

5　李零：《郭店楚簡校讀記》，頁 137。

擊胸傷心；男子哭泣悲哀，稽顙觸地無容，哀之至也。
（〈問喪〉）

（3）始死，三日不怠，三月不解，期悲哀，三年憂——恩之
殺也。聖人因殺以制節，此喪之所以三年。賢者不得
過，不肖者不得不及，**此喪之中庸也**，王者之所常行
也。（〈喪服四制〉）

（4）喪禮，哀戚之至也。**節哀，順變也**；君子念始之者也。
（〈檀弓下〉）

（5）創鉅者其日久，痛甚者其愈遲，三年者，稱情而立文，
所以為至痛極也。斬衰苴杖，居倚廬，食粥，寢苫枕
塊，所以為至痛飾也。三年之喪，二十五月而畢；哀痛
未盡，思慕未忘，然而服以是斷之者，豈不送死者有
已，**復生有節哉**？（〈三年問〉）

　　簡單分析：在上述四則資料中，資料（1）、（2）強調喪禮中個體內
心感受到的悲哀。資料（3）提到「喪之中庸」的概念，是從情感對社
會生活的影響考慮所作出的制衡，以社會化的喪「禮」來調節、限制個
體內心真實發生的情感。第（4）和第（5）兩則資料解釋限制個體情感
的必要，其最根本的原因是考慮到生者，即仍存活在世的子女。第（5）
則資料的內容見於《荀子·禮論》，可見，《禮記》的作者對喪禮中的
「哀」情的理解與荀子對此問題的理解之間存在關聯。《禮記》的作者
知道，外在時間並不能對生者的感情構成直接限制，因為「三年之喪，
二十五月而畢；哀痛未盡，思慕未忘」，但與此同時，長時間的悲哀會
影響生者的正常生活，需要加以調節，調節的方式有兩方面：第一，勸
服君子追念父母的心意以主動調節自己的感情；第二，通過規範喪禮
的時間限制個體「哀」情的公眾化表達，以此引導、調節個體的「哀」
情，期盼其能發生轉化，具體方式是借助突出個體對父母的思慕之情的
價值來逐漸淡化個體的「哀」情。

　　自孔子至孔門後學、到孟子、荀子和《禮記》，對「仁」與「敬」的關係的理解實有分別：在孔子看來，「敬」源於「仁」，無仁必不能敬。落實於家庭關係中，表現為子女能「敬」父母是因其生而已有之「仁」。至孔門後學，追溯「仁」與「敬」各自的來源，提出「仁，性之方也，性或生之」。[6] 在孔門後學看來，「道始於情，情生於性，性自命出，命自天降。」[7]「情」終極的來源是天，「仁」的來源不能確定，可能與「情」同源於性。因無法確定「仁」的來源，在價值序階上，自然無法確定「情」與「仁」的優先次序。「敬」源於情而非「仁」：「君子美其情，貴其義，善其節，好其容，樂其道，悅其教，是以敬焉。」[8]

　　至孟子，以「仁」為四端的內涵之一，四端為每個生存於世的個體的我所固有（11.6），為天爵（11.16）。孟子明確提出：「仁，天之尊爵，人之安宅」（3.7）。考察文本不難發現，在孟子看來，「仁」來源於天，「敬」直接源於禮（8.28），禮為四端的內涵之一（11.6），「仁」與「敬」之間並無直接關聯。至荀子，以「仁」為個體修養成為君子後所具有的品德（〈修身〉），將「敬」直接關聯於哀，在思想的傳承和發展脈絡上與孔子、孟子有明顯的分別。

第二節　喜、懼與君子之樂

一、「喜」與「懼」

　　孔子實有對個體的感情的關注，他以「喜、懼」來言說個體內心所產生的複雜感情。孔子以「喜」一詞表達子女因父母仍存活而生的喜悅之情，屬於當下此刻的感情。他以「懼」一詞表達子女因慮及將來可能

6　李零：《郭店楚簡校讀記》，頁 138。
7　李零：《郭店楚簡校讀記》，頁 136。
8　李零：《郭店楚簡校讀記》，頁 137。

發生於父母身上的死亡而有的感情。「喜、懼」兩詞連用表現出孔子的「喜」以「懼」為背景，「喜」是顯，「懼」是隱。或者說，孔子同時關注「喜」和「懼」兩種不同的情感，他的「喜」並非純粹的內心愉悅的感受，而是「喜」中有「懼」（一則以「喜」，一則以「懼」）。

　　事實上，恐懼的來源和恐懼的對象不同。引起恐懼的一張臉是恐懼的對象，而不是恐懼的來源。恐懼的來源與恐懼感的存在有關，恐懼的來源存在，恐懼感必存在。除非恐懼的來源消失，恐懼感才會消失。孔子所言的「懼」是說子女內心實有的恐懼感，其對象「仍生存在世的父母」，其來源是「父母將有的死亡」。孔子所言的「喜」是說子女內心實有的喜悅感，其對象是「仍生存在世的父母」，其來源是「父母當下實有的存活」。不難發現，孔子所言的「喜」與「懼」具有相同的情感對象，不同的情感來源。孔子所言的「懼」，即子女內心實有的恐懼感伴隨著其來源的消失而消失，即，「父母將有的死亡」這樣即將出現的事實被完全改變，亦即，「死而復活」的真實發生。

　　孔子論及的「喜、懼」若稱其為「喜中之懼」（一則以「喜」，一則以「懼」），則這裡的「懼」仍是未成為現實的「懼」，類似於某種情緒，伴隨著特定的對象或事件出現。在父母仍生存在世時，每當子女有因父母之年的認知而生的「喜」時，必伴隨著「懼」的情緒。可見，孔子對自己內心感受到的情緒並不隱瞞，他以「喜、懼」兩詞言說一種心的現象，即子女因愛父母而生的以「喜」為內容、以「懼」為背景的情感現象。原始部落的人也有恐懼感，其恐懼感的來源是自然現象背後的神祕力量，因其內心產生對此神祕力量的懼怕而有恐懼感的出現，孔子的恐懼感的來源是父母將有的死亡。對子女來說，父母將有的死亡是隨時可能發生的事件，所以，從本質上看，子女的恐懼感伴隨著父母之生而存在。無論是科學知識還是現代文明，都無法使孔子免除受隨時可能喪失父母的恐懼感的突襲。對生活在現代社會之中的人來說，科學知識或是現代文明，都無法免除每個身為子女的個體親身體驗類似的恐懼感。簡單分析孔子的恐懼感與他對「孝」的理解不難發現：

第一，子女對父母的「孝」的表現離不開關聯著父母的生與死的「禮」，「禮」的精神實質是子女內心的「哀」與「敬」的情感（2.5）；

第二，「孝」的本質在於「敬」的感情，「敬」的感情源於子女對父母的「仁」；

第三，子女對父母的「敬」的感情表現於具體的事件，孔子以「仁者愛人」、「君子學道則愛人」來詮釋仁，以此應用於家庭關係，不難知道，子女對父母的「仁」的存在透過其對父母的愛得以彰顯。

第四，在父母生時，子女對父母的愛以「喜、懼」的情感表達，則子女內心的恐懼感以愛為其根基。

因此，當子女親身體驗這種恐懼感的存在時，正是其親身體驗自身對父母之愛的存在之表現。換句話說，只有深愛父母的子女，才能於一己生命中體驗到孔子所說的恐懼感的真實。

自孔子之後，〈性自命出〉篇的作者並未論及「懼」的情感。

在孔子，是以「懼」一詞表達子女對未來某時刻可能到來的父母之死的恐懼感，類似於某種情緒，孟子對「懼」一詞的使用不同於孔子，他不再以「懼」一詞言說「他人之死」的問題。

《孟子》中共有五處提及「懼」的感情。分別是：「舍豈能為必勝哉？能無懼而已矣」（3.2）、「一怒而諸侯懼」（6.2）、「孔子懼」（6.9）、「吾為此懼」（6.9）和「孔子成《春秋》而亂臣賊子懼」（6.9）。就「哀」的感情而言，有一處提及哭與哀：「哭死而哀，非為生者也」（14.33）。孟子的「懼」的感情並不涉及家庭關係中的個人，多涉及的是政治關係中的個人。自孔子的「喜、懼」到孟子的「懼」，「懼」的情感對象發生改變：從隨時可能發生在父母身上的死亡變為歷史中可能發生的事件。孟子談到自己的「懼」的情感是與當時的歷史現狀有關，他因楊朱的「為我」和墨子的「兼愛」思想可能產生的危害感到「懼」：

6.9　聖王不作，諸侯放恣，處士橫議，楊朱、墨翟之言盈天
　　　下。天下之言不歸楊，則歸墨。楊氏為我，是無君也；

墨氏兼愛，是無父也。無父無君，是禽獸也。公明儀
曰：「庖有肥肉，廄有肥馬；民有飢色，野有餓莩，此
率獸而食人也。」楊墨之道不息，孔子之道不著，是邪
說誣民，充塞仁義也。仁義充塞，則率獸食人，人將相
食。吾為此懼，閑先聖之道，距楊墨，放淫辭，邪說者
不得作。作於其心，害於其事；作於其事，害於其政。
聖人復起，不易吾言矣。

　　從所引的資料可以發現，孟子特別反對楊朱和墨子的理由是「無
父」、「無君」。由此可見，孟子重視政治關係和家庭關係。結合前面對
《孟子》中出現的「懼」的情感之考察，筆者的結論是：孟子的「懼」
的情感實關聯著他對「我與道」之間關係的思考，他的「懼」的情感對
象是「孔子之道不著，邪說誣民，充塞仁義」。如此看來，孟子所理解
的孔子之道的精神內涵是「仁義」。他關注的是「為我」和「兼愛」的
邪說對執政者的影響：若執政者以「為我」、「兼愛」為其信念，並將
此信念應用於處理政治事件，將對政治所影響之個人的基本生存產生危
害。不難發現，孟子意識到思想的力量：思想能夠影響個人，若作為統
治者的個人執錯誤的思想為其信念處理政治事務，將直接威脅家庭存在
的根基和百姓的生存。

　　簡單總結：孟子的「懼」的情感超越家庭關係的維度，關注生存
於政治關係中的個人。筆者以為，孟子意識到政治領域對家庭領域的直
接影響，他的「懼」的情感直接指向對個人的基本生存的關注。不過，
自孟子始，「懼」一詞開始無關他人之死的問題，生死之間的「喜、懼」
並存的情感不再受到重視。若我們能夠認同一個人對「懼」的親身體
驗即是其對自身脆弱性的認知，則無法不認同當代女哲學家 Martha. C.
Nussbaum 的觀點。她看到死的恐懼與永生的渴望之間的內在關聯，與
此同時，她發現人試圖以反思能力遮蔽死亡的恐懼感對自我的突襲，運

用反思能力逃避恐懼感的努力也是人的痛苦的來源。[9]無論是孔子，還是孟子，都沒有逃避恐懼感的存在，不過，他們並沒有論及 Nussbaum 所說的個人對自身之死的恐懼感。

二、「賢者之樂」與「君子之樂」

在孔子對「樂」的理解和經驗中，他重視個體之「樂」，並未明確將「君子之樂」從個體之「樂」中分別出來。孔子所關注的個體，主要是家庭生活中的個體，家庭倫理的價值在孔子具有優先性。在論及家庭之外的個體之「樂」時，孔子關注的是「賢者之樂」。在孔子的理解中，只有自己和顏回的生命具有「賢者之樂」的第一身經驗。先來看三則資料：

> 6.11　子曰：「賢哉，回也！一簞食，一豆羹，在陋巷，人不堪其憂，回也不改其樂。賢哉，回也！」
>
> 7.16　子曰：「飯疏食飲水，曲肱而枕之，樂亦在其中矣。不義而富且貴，於我如浮雲。」
>
> 7.19　葉公問孔子於子路，子路不對。子曰：「女奚不曰，其為人也，發憤忘食，樂以忘憂，不知老之將至云爾。」

簡單分析：在資料 6.11 中，「樂」指作為個體的顏回沉浸於某種內在的生命經驗中的內心狀態。不難發現，顏回之樂的內容不是貧，至於顏回所樂為何文本並未明言，只能知道顏回之「樂」是其內心已有之「樂」，外在環境的艱困無法使其內心已有之「樂」發生改變。可見，顏回之樂具有超越處境和處境帶給個體的直接感受的限制之特性。在資料 7.16 中，孔子自述其內心之「樂」，其所樂的內容是「自己避免因富

9　Cf. Martha C. Nussbaum, *The Therapy of Desire: Theory and Practice in Hellenistic Ethics*, United Kingdom: Princeton University Press, 2009, pp. 193-194.

與貴的誘惑而做出違背義的價值的行為」，即「拒絕行不義」。可見，拒絕行不義能夠帶給個體內心長久的「樂」，甚至能使其忘記生活的貧苦和處境的艱困。從資料 7.19 可以看出，「樂」的情感無法與其他情感同時存在：「樂以忘憂」。事實上，在《論語》中，「樂」與「憂」指涉不同的個體對同一倫理處境的不同情感態度的對比，或指涉在「樂」與「憂」共存的情況下，個體選擇將心思和注意力集中於當下的「樂」而不去關注未來可能出現的某種無可改變的生存性事實。「樂」與「憂」同時出現在同一語境中時，有「樂以忘憂」之說，用以言說當「樂」的情感出現時，「憂」的情感不再出現，孔子以一「忘」字來描述此種心理現象。10

考察《論語》如何言說「樂」可以發現：「樂」可以指正面的人倫關係所帶來的喜悅感受（1.1）；可以指超越具體的處境性限制的生存感受（1.15）；「樂」與音樂相關時，可以指理想的音樂所表達的恰當的、有節制的內在感受（3.3），可以指具有某種理想的倫理品格的個體呈現的內在狀態（4.2；6.11）；可以指超越自然的生理欲望而對理想的倫理人格的傾慕和嚮往，與個體的自我期待相關（7.14）；可以是指因失去親人，對外在的音樂不產生內在情感回應的心理現象（17.21）。

簡單總結：在《論語》中，第一，「樂」這個概念與欣賞音樂過程中的內在體驗相關；第二，「樂」關涉心理上的滿足（6.11；7.19）；第三，「樂」與音樂相關時，外在的音樂並不能引發普遍性的正面的生存感受，音樂與倫理生活之間的關係關涉具體的倫理處境；第四，「樂」可以是個人深層的生存感受，不必有外在形式的表現，如「聞樂不樂」（17.21）。

---

10 後來，莊子有「忘年忘義」（〈大宗師〉）、「忘其所受」（〈養生主〉）、「忘其身」（〈人間世〉）、「相忘於江湖、兩忘而化其道」之說（〈大宗師〉）。可以說，出自《論語》中「樂以忘憂」一說之啟發。不過，莊子用「忘」這個語詞來言說個體對一己之「生死」問題的態度，對比孔子以「喜、懼」兩個語詞表達一己對他人之死的內心感受而言，亦可以說是思想史上與生死現象相關的問題意識的一次轉化。

　　舉例來說，在葬禮上看到因意外失去孩子的父母，我感受到他們的悲傷，很想安慰他們，但是無法用言語去表達我心裡的想法。此時，假如有一首音樂正好能表達他們所遭遇的倫理處境（如 Eric Clapton 的 *Tears in Heaven*），他們聽這首音樂時，可能會與音樂所傳達的感情產生回應，以此來紓解自己的悲傷。

　　就音樂與倫理生活的關係而言，以孔子論「三年之喪」為例，在居喪的過程中，即是聽到令人心情愉悅的音樂，君子內心感受也不會是「樂」。原因在於，君子面對的是親人去世這一倫理事實，面對這一事實時，君子內心的自然情感反應是「哀」而不是「樂」。即使聽到音樂，也不能改變其內心的「哀」，在這樣的情況下，外在的音樂自身表達的情感不能喚起個體內心「樂」的感受，因其與個體「哀」的內在感受不相合。如果外在的音樂所表達的情感與「哀」的內心感受相關，則有助於個體將自然感情表達出來。

　　在此種情境下，是無法「樂以忘憂」的。因為涉及到的是「哀」的內心感受，有「哀」則不能「樂」，但「樂」可以消除「憂」，因為「樂以忘憂」所關涉的倫理事實與自己對某一事件的內心感受相關，喪禮則與個體面對他人的死亡所產生的內心感受相關，二者的指向性不同。

　　在孔門後學看來，「樂」的情感出自「禮」長久的潛移默化之作用和聖人之教化，並非出自人生而具有的感情。自孔門後學至孟子，出現重新詮釋「樂」的情感的傾向。在此詮釋過程中，將「樂」的情感關聯於人倫關係，並賦予「樂」的情感以價值優先性始於孟子。試看下面兩則資料：

13.21　孟子曰：「廣土眾民，君子欲之，所樂不存焉；中天下而立，定四海之民，君子樂之，所性不存焉。君子所性，雖大行不加焉，雖窮居不損焉，分定故也。君子所性，仁義禮智根於心，其生色也睟然，見於面，盎於背，施於四體，四體不言而喻。」

13.20　孟子曰:「君子有三樂,而王天下不與存焉。父母俱
　　　　存,兄弟無故,一樂也;仰不愧於天,俯不怍於人,
　　　　二樂也;得天下英才而教育之,三樂也。君子有三
　　　　樂,而王天下不與存焉。」

　　考察這兩則資料可以發現,孟子承認,君子所樂的內容有平治天下
的理想。平治天下的理想關涉政治,此外,君子有「三樂」無關此政治
理想。其「三樂」的內容是:「父母俱存,兄弟無故」、「仰不愧於天,
俯不怍於人」和「得天下英才而教育之」。「父母俱存,兄弟無故」是
說在家庭關係中,個體因父母仍存活於世,兄弟無病無災內心感受到
的「樂」。「仰不愧於天,俯不怍於人」是說在天人關係中,個體因自
覺對天與人都無愧疚感而內心感受到「樂」。「得天下英才而教育之」是
說個體在文化教育方面,因能將所知所學教給可塑造的人才而內心感受
到「樂」。簡單總結:「三樂」的內容分別關涉「我與人」、「我與天」兩
個面向。在「我與人」的面向中,特別突出家庭和親情的重要。可見,
若要權衡政治與家庭的在價值序列上的優先次序,在孟子看來,家庭的
價值必然優於政治的價值。因此,孟子說:「君子有三樂,而王天下不
與存焉」。在君子三樂中,無疑孟子最關注的是家庭關係中的「人倫之
樂」,「人倫之樂」的實現具有天然的條件:「父母俱存,兄弟無故」。簡
單地說,就是親人的生命仍存活在世。孟子將「父母俱存,兄弟無故」
的人倫之樂置於君子三樂之首,可見親情和家庭關係在他生命中的分
量。讀者或許會心生疑惑:為何如此說,可有相關的文本根據?來看一
則資料,從中不難確證,孟子確實重家庭關係的價值勝於政治關係的價
值:

13.35　桃應問曰:「舜為天子,皋陶為士,瞽瞍殺人,則如之
　　　　何?」
　　　　孟子曰:「執之而已矣。」
　　　　「然則舜不禁與?」

> 曰：「夫舜惡得而禁之？夫有所受之也。」
>
> 「然則舜如之何？」
>
> 曰：「舜視棄天下猶棄敝蹝也。竊負而逃，遵海濱而
> 處，終身訴然，樂而忘天下。」

　　簡單分析上述這則資料，其中，桃應與孟子討論的問題是「身為君主的子女當如何對待犯罪的父母？」事實上，此問題關涉「家庭關係與政治關係何者應當居於優先地位？」，及「身處其中的個體當如何應對？」這兩方面。國家法律的原則是公正和正義，身為王的舜應當支持作法官的皋陶去抓殺人的兇手，這是基於正義原則的要求，國家的安穩和百姓的信賴必須建立在居上位者行義的基礎上，孟子深知這一點。所以，他說：「皋陶應該去抓殺人的兇手瞽瞍。」因為，舜有王的身分，必須支持皋陶，因為皋陶身為法官的權力是他賦予的。但是，瞽瞍是舜的父親，舜是瞽瞍的兒子。作為兒子，看著自己的父親被處死感情上如何接受？面對如此艱難的倫理處境，孟子給出的解答是：舜帶著父親逃走，放棄王的身分，離開父親犯罪的國家，和父親一起快樂地生活，忘記自己做過王。

　　在孟子看來，王的身分可以主動放棄，子女與父母之間的親情卻不能喪失。舜的孝就在於他五十歲時，即使在他身居王位，仍戀慕父母（12.3）。大孝之人其內心終身戀慕父母（9.1），又怎能捨棄父母的生命於不顧？在顯現為親親之情的仁與行義二者之間，如果必須做出選擇，孟子當然會選擇前者。結合資料 13.21 可以知道，中天下而立、定四海之民雖然是君子之樂的內容，但並非君子本性所固有之意涵。對孟子而言，君子本性所固有的只是「仁」。基於這樣的理解，他說：「夫仁，天之尊爵也，人之安宅也」（3.7）和「親親，仁也」（12.3；13.15）。

　　事實上，以「父母俱存、兄弟無故」為內涵的人倫之樂不過是結構性的「樂」，此「樂」的實現無須他人情感的回應。然而，在日常的倫理生活中，涉及家庭關係，不能不考慮存在於家庭關係中的每個個

體。在家庭關係中，即使是「父母俱存、兄弟無故」，也並非能感受到「樂」，我們可以從孟子的敘述中發現這一倫理事實。

孟子曾講述過一個故事，故事的主角是舜，其內容是舜因不順於父母而「號泣於旻天」。筆者在第二章第四節已經簡單分析過舜「號泣於旻天」這一倫理個案，現在要進入對舜的內心感情與他的外在情感表達如何關聯的討論。筆者曾說過，情感的表達事實上涉及處境性和主體間性的問題。所謂處境性，是說在具體的倫理處境中，第一人稱的主體表達自身情感的方式受到外在限制，比如說，與他者的關係、時機和場合等因素都可能構成此外在限制的因素。舜對父母慕的情感的表達受到他與父母之間關係的限制，具體表現就是父母惡他以至於想要殺死他。舜的「號泣於旻天」是他內心情感的外在表達，不過，他選擇表達的對象是「旻天」，而不是父母。因為，在家庭關係中，舜實際上是不能「順」於父母，亦即，不能得到父母的喜愛，而他的不能「順」於父母不是出於他的意願，而是出於父母不愛他的倫理事實。是否能順於父母決定於父母的意願，涉及主體間性問題中「人」如何待「我」這一方面。

問題是：當一個人想要慕父母而不得時，他應該如何回應自己內心複雜的情感？對這個問題，孟子的回答是：「惟順於父母可以解憂。」舜是不能順於父母，但並不排除其在未來有順於父母的可能。筆者以為，孟子的回答是以對未來的盼望來消解當下親身體驗的「怨慕」之情，舜的「號泣於旻天」在於他的內心對父母既有因不能順於父母而生的「怨」，同時又有自赤子時就有的「慕」父母之情。舜的赤子之心無法改變，不能順於父母的事實無法改變，唯一能夠做的就是盼望在未來的時間中，能順於父母。舜能順於父母的唯一可能是，父母能夠改變心意，以喜愛而非恨惡的情感待他。在這一倫理個案中，過去的感情、當下的感受和未來的盼望互相交織，構成了舜複雜的內心感情，其表現於外就是「號泣於旻天」。

就舜這個人而言，他是五十歲還「慕」父母，所以他是孟子心目中的大孝之人。孟子曾說：「大人者，不失其赤子之心者也。」（8.12）

可以說，在孟子看來，舜即是所謂的「大人」。舜的赤子之心的表現就是他的「慕」，雖經歷生命成長的變化、身分的變化和「慕」的對象之改變，依然保有赤子「慕」父母的感情。在孟子而言，「愛」的情感自「慕」而生，「慕」的本質是此一生命對彼一生命的依戀。筆者推測，孟子的「慕」一詞或可能出自〈性自命出〉中的「戀戀之哀」。「戀戀」是就赤子而言，「慕」則根源於赤子的「戀戀」而延伸至個人的整個一生。

在筆者看來，孟子當深知，他所論及的「人倫之樂」的條件是親人的存活在世和無災患喪病，但是否能夠滿足此條件卻並非親身體驗到此「樂」的個體能決定和影響。父母是否俱存、兄弟是否無故決定於「命」，而非我。即所謂「求之在外」，而非「求之在我」者。君子所樂的內容受到「命」的限制，因此，君子的父母俱存、兄弟無故的人倫之樂受到時間和處境的限制，並非每個人都能有機會親身體驗此「樂」的感情。孟子也意識到，「父母俱存、兄弟無故」的人倫之樂具有隨著時間和處境的改變而發生改變的可能。試舉一例，那些在地震後失去父親或母親的子女，從此將無法再親身體驗到「父母俱存，兄弟無故」的至樂。此時，孟子所說的至樂自然轉化為失去親人的「哀」。換句話說，孟子的人倫之樂受到「命」的限制。

在父母的生與死之間，孟子的目光聚焦於父母生時君子內心之「樂」，極少論及父母死時君子內心之「哀」。在孟子看來，生死屬於「求之在外」的領域，對個人的生存構成自然限制。君子因父母之死感受到的「哀」無關修身，無關人倫關係，而且，因父母之死而生的「哀」恰是對父母俱存之「樂」的徹底否定。如此看來，與「求之在我」相關的只能「樂」，不能是「哀」。

在孟子的生命中，他感受到的「樂」有多種層次，「人倫之樂」並非孟子的至樂。孟子提出，「萬物皆備於我」，能「皆備於我」的實際上是根於心的「仁義禮智」。孟子的至樂通過「反身而誠」發現「萬物皆備於我」而實現，則孟子的至樂就是根於心的「仁義禮智」。此外，

孟子還提出「樂道忘勢」、「尊德樂義」，這表明「道」、「義」亦是他所「樂」的內容。無論是「仁義禮智」，還是「道」、「義」，其實現都不受「命」的限制，屬於第一人稱的我不受「天」與「人」的限制即可經驗的內心之「樂」。

孟子論及此種「樂」的文本可見如下三則資料：

11.16 孟子曰：「有天爵者，有人爵者。仁義忠信，樂善不倦，此天爵也；公卿大夫，此人爵也。古之人修其天爵，而人爵從之。今之人修其天爵，以要人爵；既得人爵，而棄其天爵，則惑之甚者也，終亦必亡而已矣。」

13.4 孟子曰：「萬物皆備於我矣。反身而誠，樂莫大焉。強恕而行，求仁莫近焉。」

13.8 孟子曰：「古之賢王好善而忘勢；古之賢士何獨不然？樂其道而忘人之勢，故王公不致敬盡禮，則不得亟見之。見且由不得亟，而況得而臣之乎？」

13.9 孟子謂宋勾踐曰：「子好遊乎？吾語子遊。人知之，亦囂囂；人不知，亦囂囂。」
日：「何如斯可以囂囂矣？」
子曰：「尊德樂義，則可以囂囂矣。故士窮不失義，達不離道。窮不失義，故士得己焉；達不離道，故民不失望焉。古之人，得志，澤加於民；不得志，修身見於世。窮則獨善其身，達則兼濟天下。」

通過前述梳理，我們看到孟子對受到限制的「樂」和不受限制的「樂」之間的分別，其分別的關鍵在於，是否受到「命」的限制。孟子清楚意識到「立命」、「知命」與「命」之間的分別，他同時意識到屬於「命」的領域是超出人力所能控制的範圍，即是人之為人的限制。他說：

13.1　孟子曰:「盡其心者,知其性也。知其性,則知天矣。存其心,養其性,所以事天也。殀壽不貳,修身以俟之,所以立命也。」

13.2　孟子曰:「莫非命也,順受其正;是故知命者不立乎巖牆之下。盡其道而死者,正命也;桎梏死者,非正命也。」

13.3　孟子曰:「求則得之,舍則失之,是求有益於得也,求在我者也。求之有道,得之有命,是求無益於得也,求在外者也。」

在孟子看來,求有能得和未必能得兩種情況。求的對象存在於我本身之內,求則能得。若求的對象存在於我之外,是否當求受「道」限制,是否能得由「命」決定。換句話說,個體的意願或者實現,或者不能實現,一方面取決於個體所意願的對象存在於我之內或者我之外;另一方面,取決於「命」是否給予個體所求的對象。屬於「命」的部分是個體不能控制、不能改變的領域,構成個體生命存在的天然限制。

孟子的「知命」內涵個體知道如何對待「命」的安排,在「命」與個體的意願違背時,個體應該順應「命」,這樣做才是「正命」。個體順應「命」的具體表現是:「盡其道而死者,正命也(13.2)」。「立命」以修身為基礎,修身以等待「命」的到來。如此看來,「立命」是突出「命」尚未臨到個體時其所當行的面向,「正命」是說個體在知命後,當「命」的安排違背個體的意願時,個體當如何對待的問題。孟子的「知命」、「正命」概念是在其反思「面對『命』的限制,個體當如何生活」這個問題後得出的答案。一個人必須先對「命」的限制有親身體驗才自知何為「命」,以及「命」如何對自己的生存構成限制。

孟子重「親親」,他是從生命出生之時看個人生命的縱向發生和展開過程。對孟子而言,最重要的是「本心」、「赤子之心」,親親是赤子之心的直接呈現,親親為「仁」的根源,先有親親,後有仁民、愛

物。「愛」一詞的意涵至孔子後學已經與「仁」無直接關聯,孟子繼承
了這種理解方式,分別「親親」與「愛物」。他以「親」溝通「仁」與
「愛」,承認「親親」的價值優於「愛物」(13.45)。涉及子女當如何對待
父母時,孟子以養、愛、敬三層次論及子女待父母的態度(13.37)。不
難發現,孟子實將「敬」的價值置於「愛」之上:「敬」關聯於作為四
端之心內涵之一的禮,「敬」必須表現於個人的言行舉止之中,「愛」則
可以只與個人的言語和態度相關,不涉及言行舉止。或者說,在孟子看
來,子女可能認為自己「愛」父母,但同時不以「敬」的情感態度待父
母,即對父母無禮。此時,在孟子看來,子女「愛」卻不「敬」父母並
非孝父母。

荀子重「愛親」,他是將人置身於有生命的存在物之中尋求其異
同。在他看來,「愛」為人生而具有的感情。「愛親」在本質上無關道德
上的善惡,是人與動物共有的自然情感。人的「愛」有其天然限制,當
不能順於父母時,即使是君子,最終也未必能不失去其對父母之愛。孔
子一方面講「仁者愛人」,另一方面講「君子學道則愛人」,這兩方面都
涉及「我與人」的關係面向,我的「愛」是否能實現有待於我的意願、
行動和他者的意願、回應。荀子繼承了孔子分別仁者(仁者愛人)與君
子(君子學道則愛人)的問題意識,在仁者與君子之外,引入眾人的
「愛」,進一步思考若他者(並非君子,仁者)並不以愛、甚至以恨回應
我的愛時,我當以何種情感態度回應,及當如何行的問題。

第三節 親親與愛親

本節考察的主要問題是:孟子講「親親」,荀子講「愛親」,此二者
之間的分別關鍵在何處?荀子為何不直接講「親親」,他的問題意識是
什麼?

筆者以為,荀子同意孟子對「親親」的價值認知:「親親」是赤子
之心的直接流露,是兒童對父母天然的愛。荀子認同「赤子之心」的本

質是仁，但他對「個人的『赤子之心』是否不會喪失？」這個問題的看法有別於孟子。

孔子與宰予就三年之喪的問題展開對話後，孔子對在場的其他弟子說：「予之不仁也！子生三年，然後免於父母之懷。夫三年之喪，天下之通喪也，予也有三年之愛於其父母乎！」（17.21）從孔子的這段話可以看出，孔子所說的「三年之愛」是子女待父母當有的愛。「愛」的時間長短關聯著愛的深度，而真正的「愛」出於個人的心，出自真心的「愛」人才有價值，「愛」是否真心受個人的意願影響，他人於此無作用之可能。所以，孔子才說：「我欲仁，斯仁至矣。」孔子判斷宰予「不仁」的關鍵是基於宰予的意願，在孔子看來，宰予不願三年之喪的真正理由是他的心並不意願仁。或者說，宰予不願繼續其對父母的愛。

孟子所理解的「心」與孔子不同，簡單地說，可以說孟子的「心」是普遍心，孔子的心是個體心。但是，孟子的「心」亦有其個體的面向。事實上，考察《孟子》中對「心」的敘述可以發現，孟子同時提到「盡心、存心」（13.1）、「養心」（14.35）和「用心」（1.3）。就「盡心、存心」這一層面而言，是說普遍性的天人關係：盡心而知性，知性而知天；存心以養性，養性以事天。就「養心」這一層面而言，是說普遍性的身心修養，「養心」的方式是寡欲，所養的心是本有四端的心。筆者以為，從孟子的四端之心過渡到四端的關鍵在於「養心」。孟子承認，四端之心有受欲望的影響而喪失的可能。可以說，孟子區分了存有與表現兩個層面，四端之心的存在屬於存有層面，個人是否表現出四端之心屬於表現層面，與其個人是否通過寡欲來「養心」有關。進入到「養心」，已經關聯著個體層面。就「用心」這一層面而言，是說個體的心之所向，與個體的具體行事相關。在孟子看來，一個人既可以「用心」於耳目之欲，也可以「用心」於實現仁義。可見，在如何「用心」這個問題上，孟子承認個人有主動選擇的可能。孟子承認個體的心之間的差別，即「心不若人」（11.12）的現象。

除了前文所提及的「盡心、存心」、「養心」和「用心」三個層

面外，孟子還提及「心之所同然」。心之知與「心之所同然」的內容「理、義」有關，心所能知的即是「理、義」。就「存心」的層面來看，心之知的內容「理、義」即是所有人都有的「羞惡之心」。「羞惡之心」屬於四端之心的內容，孟子稱之為「義」。前已論及，「敬長」是「義」。「敬長」與「羞惡之心」之間是什麼關係？

　　孟子用一個故事言說在個體的生命之中，「羞惡之心」具有存在的真實性。不過，「羞惡之心」的呈現具有處境性。這個故事的內容是：

11.10　一簞食，一豆羹，得之則生，弗得則死，嘑爾而與
　　　　之，行道之人弗受；蹴爾而與之，乞人不屑也；萬鍾
　　　　則不辯禮義而受之。萬鍾於我何加焉？

　　孟子看到，對個人來說，「義」的價值比生存的價值更高。乞人不接受其生存所需要的食物，因為施予之人的態度是「嘑爾」，即呼喝。呼喝並非人待人當有的態度。我們來簡單分析這個故事，乞人因為施予食物之人給予食物的方式令他感到不受尊重，不受尊重的感受就是羞恥感，羞恥感的存在顯現出人有「羞惡之心」。乞人在生死與食物之間選擇拒絕接受食物，他清楚地意識到，拒絕接受食物就是選擇接受死亡。孟子由乞人的選擇發現乞人有「羞惡之心」，「羞惡之心」就是「義」。

　　結合對這個故事和「良知」、「良能」的分析，筆者發現，「敬長」是「義」於家庭關係中的體現，「羞惡之心」是「義」於人倫關係中的體現。在孟子看來，首先，無論是「敬長」還是「羞惡之心」的真實呈現，都離不開第一人稱的我的內在經驗；其次，「敬長」的本質是我的心對兄長有尊敬的感情，「羞惡之心」的本質是我的心對他者有尊敬的感情，二者的共同之處在於我心中感受到的尊敬的感情。

　　孟子從孩童的對父母天然的愛發現人的「本心」，他稱之為「親親」，即是人人生而具有的「良知」、「良能」：

13.15　孟子曰：「人之所不學而能者，其良能也；所不慮而

　　　　　知者，其良知也。孩提之童無不知愛其親者，及其長
　　　　　也，無不知敬其兄也。親親，仁也；敬長，義也；無
　　　　　他，達之天下也。」

　　從這則資料可知，「親親」的內涵是孩童的天然本性，即每個孩童「無不知愛其親」，孟子取喻赤子之心來言說此種本性。這即是「仁」的內在性的顯現，孩童對親人生命流露的愛就是孩童的知，就是「親親」。孟子以為，若我們能想到每個成人都曾是孩童，則其為孩童之時，必是自然愛其親。自然愛其親即是不學而能的「良能」，這樣的「良能」具有不待思慮而知的特性，即所謂「良知」。若詳細考察孟子的「良知」、「良能」不難發現，二者之間的差別在於，愛其親是人的「良能」，知愛其親是人的「良知」。孟子以「良能」表達子女對父母的愛具有先在性，以「良知」表達子女具有不待思慮或者反思自然愛其親的天然本性，這種自知的特性是無關後天的思慮活動。孟子將「仁」的本質溯源於孩童對父母的天然之愛，孩童之愛即是孩童之自知。同樣，孟子將「義」的本質溯源於在孩童生命成長的下一個階段，對兄長的「敬」（基於「愛其親」、「知愛其親」而有）和對其「敬」的自知。若據此理路分析，則孩童成長之後對兄長的「敬」出自其對父母的愛，亦即，「義」本於「仁」。由此可見，在家庭關係中，「仁」存在於「義」之先，即「敬」源於「愛」。

　　孩童的心就是「赤子之心」，就是其「本心」。在孟子看來，一方面，「赤子之心」的存在是無可否認的事實。個人在成長過程中，其「赤子之心」的逐漸喪失是出於欲望的牽引和主宰；另一方面，個人對欲望的無限追求會損害其本有的「赤子之心」同樣是事實。但是，「赤子之心」受到損害逐漸喪失的現象並不構成對其事實存在的否認。

　　孟子曾說：「大人者，不失其赤子之心者也。」（8.12）除此處外，孟子在與公都子的對話中，也曾論及大人的特質：

11.15　公都子問曰：「鈞是人也，或為大人，或為小人，何

也?」

孟子曰:「從其大體為大人,從其小體為小人。」

曰:「鈞是人也,或從其大體,或從其小體,何也?」

曰:「耳目之官不思,而蔽於物。物交物,則引之而已矣。心之官則思,思則得之,不思則不得也。此天之所與我者。先立乎其大者,則其小者不能奪也。此為大人而已矣。」

從上述對話內容可以發現,孟子相信,人的「心」從天而來。「心」能通過「思」而發現自身本有的四端的能力也是來源於天。不同的個體之間的道德品格的差異首先在於,個人是否主動去運用「思」的能力發現其本心。孟子分別孩童的「赤子之心」與成人的「心」。可以說,「赤子之心」尚未受到無限之欲望的影響和損害,「赤子之心」只知愛親,知愛親即是「親親」。至孩童長大成人,則其「心」感受到與無限的欲望之間的張力,「心」有受耳目之欲的誘惑而喪失其自知「本心」的可能。

前已論及,孩童的「親親」是仁。「親親」的內涵有兩方面:不學而能的自然愛其親,及不慮而能的知愛其親。孟子以孩童的「愛其親」和「知愛其親」解釋「親親」,在他看來,「親親」之情具體表現為「愛其親」和「知愛其親」兩方面。

考察《孟子》,筆者發現,孟子區分了「事親」、「愛親」和「親親」。「事親」專就行事而言,「愛親」與「愛物」同類,對物可以愛而不敬,對親人不能有愛無敬。「親親」的內涵即是「愛親」和「敬親」。在孟子看來,子女對父母的情感不能只是「愛」。人對動物也有「愛」的情感,「愛親」並不足以概括親情的本質。我們先看荀子如何言說子女的「愛親」,然後再來分析「愛親」是否足以概括親情的本質。

荀子以「愛其類」作為人與生物共有的情感現象,無論是大鳥獸、燕雀還是人,失去同伴都會感到悲傷。就生物而言,荀子是從生者因失

去所愛感到悲傷而哀鳴的現象發現生物的「愛其類」；就人而言，荀子關注生存在世的人因失去親人感受到的悲傷：

> 凡生天地之間者，有血氣之屬必有知，有知之屬莫不愛其類。今夫大鳥獸則失亡其羣匹，越月踰時，則必反鉛；過故鄉，則必徘徊焉，鳴號焉，躑躅焉，踟躕焉，然後能去之也。小者是燕爵，猶有啁噍之頃焉，然後能去之。故有血氣之屬莫知於人，故人之於其親也，至死無窮。（〈禮論〉）

在荀子看來，只要是天地之間有血氣（即生命）的存在物，必然會愛同類。鳥獸失去同伴也會悲哀，人對親人的愛的本質是生而具有、至死不能去除的感情。荀子是從子女失喪親人的悲哀言說其「愛親」之深，在荀子看來，子女對父母的愛並不隨著父母的死亡而消失，反而會一直存在，直到子女生命的終結。荀子是從父母的死看子女的「愛親」時間之久、程度之深，他的「愛親」實不同於孟子。這與荀子外向型的思考方式有關，他所關注的是存在於外在客觀的時間序列中的人和個人的經驗。

荀子提出，若父母不喜悅子女甚至恨子女時，子女對父母的愛會有喪失的可能。所以，他說：「不幸不順見惡而能無失其愛，非仁人莫能行。（〈子道〉）」荀子關注的情感現象是：當父母不僅不愛子女、甚至惡子女時，子女是否還能做到繼續以愛待父母？在荀子看來，只有仁人才能做到繼續以愛待父母。在這裡，荀子看到了愛有發生變化的可能：仁人能無失其愛，君子不能，常人不能。君子可以通過自我修養而有「敬」的感情，但當父母不愛自己、甚至惡自己時，君子恐不能不失對父母之愛。筆者以為，這是荀子發現的存在於家庭關係中的情感現象。

通過本節對「愛親」與「親親」的分析可以發現：孟子關注個體生命中不隨時間、處境而改變的部分，以此為個人的本質。荀子關注在個體生命成長中子女對親人的「愛」隨時間、處境的改變而發生變化的現象，並嘗試追問其變化背後的原因。在孟子和荀子之前，孔門後學對

「愛」與「敬」的理解已經有別於孔子，孟子和荀子對「愛」與「敬」
的詮釋是在孔門後學詮釋基礎上的各自發展。

第四節　小結

本章主要圍繞孔子、孟子、荀子如何理解親情這個問題展開文本分
析，在文本分析的過程中，以〈性自命出〉篇的作者對「仁」、「愛」與
「敬」的理解為轉折點，考察其後的孟子和荀子如何在繼承孔子親情的
思考的同時，深入探討以「情感與家庭」為主題的情感現象。

據筆者的考察，孔子仍有對父母的死亡的恐懼感，孔門後學、孟
子、荀子不論及此種恐懼感。孔子將「哀」作為喪禮的本質，孔門後學
將「哀」發展為「戀戀之哀」，孟子以真、誠論喪禮之「哀」，荀子將喪
禮之「哀」的情感擴充為「哀、敬」的情感。自孔子至孟子、荀子，對
「敬、喜、懼、愛、哀」的情感之理解各自不同，根本原因在於，其對
個人的價值與親情的理解存在差異。然而，就先秦儒家對親情和家庭關
係的理解來看，無論是孔子，還是孟子或者荀子，都具有共同的關注：
「愛親」。「愛親」的實質是子女對父母的愛。

筆者發現，孔子以「愛」一詞言說子女對父母當有的情感。在他之
後，他的弟子們對「愛」的理解發生變化，區分本性之愛（關注愛的來
源問題）和形式之愛（關注愛的真偽問題）。荀子和孟子都受到孔門後
學對「愛」一詞之理解的影響，不同在於，孟子分別孩童之愛和成人之
愛，他的思考方式實為向前和向內探求。向前探求是說孟子關注個人歷
史中的原初情感，向內探求是關注個人的內在經驗，具體表現於他關注
個體的「心」。荀子則直接以「愛」一詞言說生物和人共有的情感，他
以「愛親」概括子女對父母的愛的普遍存在，與此同時，他重點考察子
女對父母的愛在時間和處境中的變化。

先秦儒家在論及「情感與家庭」這個主題時，核心的問題意識是
「子女對父母實有和當有的情感」。有意思的是，當代學者在探討愛的本

質這個問題的過程中，涉及到愛在家庭關係中的表現時，其探討的核心問題是「父母對子女的愛的本質」，比如說：J. David Velleman 將「愛」的本質解釋為一種道德情感。他認為，一個人對他者的愛，本質上源於他對他者具有的價值的情感回應。也就是說，愛的本質關聯著價值。[11] Harry Frankfurt 反對以「價值」詮釋「愛」的本質，他以家庭中的愛為例說明，自己作為一個父親對子女的深愛是子女對他具有價值的原因。[12] J. David Velleman 和 Harry Frankfurt 對愛的本質的理解落實到家庭關係中，僅涉及父母對子女的愛，未涉及子女對父母的愛。即使他們的解釋可以用來解釋子女對父母的愛，仍無法避免一個問題：倘若子女是尚未出現價值意識的孩童，其對父母的愛與價值有何關係？

　　價值關聯著價值所有物，個體對某物或某人的價值認知伴隨著其對價值的意識，孩童對父母的價值有意識嗎？在孩童學會語言之前，其對父母的愛與價值無關。孟子以「良知」、「良能」解釋孩童對父母的愛，正是發現了孩童愛父母生而具有，自然彰顯於其言語和行為之中，並非由後天學習或教化而生的特性，在此意義上，可以說孩童愛父母具有無關價值、無關思慮的本質。荀子也承認子女對父母的愛是生而具有、至死不息。可見，先秦儒家對親情的本質的思考，正可與當代哲學對愛的本質這個問題上的探討作一對觀，以展現中西不同思想傳統對「情感與家庭」這個主題的思考方式及其關注問題的差異所在。

11　J. David Velleman, "Love as a Moral Emotion," *Ethics*, vol. 109 (1999. 1), p. 361.
12　Harry G. Frankfurt, *The Reason of Love*, Princeton: Princeton University Press, 2004, p. 40.

Chapter 5

第五章
情感與生死

　　在先秦儒家哲學傳統中，思考和經驗生死關聯著情感的自身感知與自我認知兩個面向。先秦儒家特別關注「他人之死」，特別是孔子。孔子提出，喪禮的本質是「哀」的情感表達。至孔門後學則提出，個體在親身經驗「他人之死」時，真實感知的情感內容是「哀」、「悲」，「哀」、「悲」是人的先天情感（生而即有，無法改變，無法消除），「樂」是人的後天情感（非生而即有，可以改變，可以轉化）。個體在親身經驗喪禮時，其內心實有的情感是「戀戀之哀」。區別先天情感與後天情感的關鍵在於，人的生與死。人的生與死這個問題就個體而言涉及自己的死和他人之死兩方面，面對自己的死，孔子以思考反省生與死和親身經驗自己的將死兩種方式，在親身經驗自己的將死時，孔子重視的是自己應當以何種態度面對死亡：無懼。他能無懼之根基在於，他相信自己是文化的傳承者，基於天不會允許文化傳承斷絕的信念，他相信自己的死出於天而非人。考察《論語》，對孔子而言，有三種安頓死亡的方式：第一，未知生，焉知死──死生；第二，朝聞道，夕死可矣──聞道；第三，天之未喪斯文也，匡人其如予何？──天命。

　　生而為人，生與死是每個個體皆無從避免的命運。對先秦儒家的思想家而言，既然是無從避免的命運，如何面對此一命運便成為其思考反省的重要問題。在親身經驗死亡前，個體對死的談論屬於聞知，即間接經驗，並不具有切身性。只有在親身經驗自己的將死或「他人之死」時，會出現如何理解自己確實將死這一事實，及與之相關聯的情感表達。同時，會出現面對「他人之死」的當時，個體直接的情感表達與

禮之間的張力問題。在喪禮發生的當時和其後，如何疏導個體的哀情直接涉及情感的轉化與調節問題：孔子有「喪，與其易也，寧戚」之說，孔門後學有「君子居喪必有夫戀戀之哀」之說，亦有「至樂必悲，哭亦悲，皆至其情也之」之言。[1]事實上，先秦儒家對情感與生死的理解有其淵源：《左傳》已有「餘恐死，臣懼其死」、「樂生哀死」之說。至孔子則有「知生與知死」，「欲生惡死」之說。可見，在孔子其時，已有表達個體面對自己與他人的死亡時內心實有情感的語詞表達：恐與懼，樂與哀，欲與惡。我們知道，每個生存於世的人，自其自我意識出現之時起，難免會追問和思考生命的意義和死亡的問題。在先秦儒家看來，自我和他人的生與死主要不是知識問題，而是情感和價值問題。

第一節　知生與知死 [2]

知生與知死的言說出自孔子，在《論語》中，孔子回答子路問死時，說：「未知生，焉知死。」（11.12）據余英時所言，孔子所說的「未知生，焉知死。」曾被一些西方學者誤會為「逃避問題」的態度。然而，誤會畢竟是誤會，畢竟真相如何才是關鍵。在余英時看來，「孔子並不是逃避，而正是誠實地面對死亡的問題。死後是什麼情況，本是不可知的，這種情形一直到今天仍然毫無改變。但有生必有死，死是生的完成，孔子是要人掌握『生』的意義，以滅除對於『死』的恐怖。這種態度反而與海德格非常接近。」[3]余英時的觀點以孔子本人如何理解生與死的關聯為基礎，也即是以《論語》中孔子肯認的生與死之言為文本根

1　李零：《郭店楚簡校讀記》，頁137，139。
2　自此節至本章第六節的內容筆者最初以〈從「顏回之死」看孔子的情感經驗〉發表於「傳統與現代——華人青年哲學會議」，北京大學哲學系、北京大學人文高等研究院合辦，2010年9月11-12日；後經筆者修改，發表於《東海哲學研究集刊》，第18輯（2013年1月），頁71-102。
3　余英時：《知識人與中國文化的價值》（臺北：時報文化，2007年），頁62。

據。事實上，「死生」對舉在《論語》中另有如下幾例：

2.5　孟懿子問孝。子曰：「無違。」

樊遲御，子告知曰：「孟孫問孝於我，我對曰，無違。」

樊遲曰：「何謂也？」子曰：「生，事之以禮；死，葬之以禮，祭之以禮。」

12.10　子張問崇德辨惑。子曰：「主忠信，徙義，崇德也。愛之欲其生，惡之欲其死。既欲其生，又欲其死，是惑也。『誠不以富，亦祇以異。』」

19.25　陳子禽謂子貢曰：「子為恭也，仲尼豈賢於子乎？」

子貢曰：「君子一言以為知，一言以為不知，言不可不慎也。夫子之不可及也，猶天之不可階而升也。夫子之得邦家者，所謂立之斯立，道之斯行，綏之斯來，動之斯和。其生也榮，其死也哀，如之何其可及也？」

由上述資料可以看出，無論是「愛之欲其生，惡之欲其死」、「生，事之以禮；死，葬之以禮」或是「其生也榮，其死也哀」，在論及「生死」時，皆指向個體的情感與他人之死的關係問題。即使就「生，事之以禮，死，葬之以禮」這則資料看，因為喪禮的精神是「哀」的情感（3.4），所以，其討論的主題包括情感與生死這一核心問題。

學術界在探討死亡這一至關重要的生命問題時，或未注意到要理解孔子的「未知生，焉知死」此說的本意不得不面對的難題：「死」如何可知？孔子言說「知死」的本意為何？

孔子的弟子子路尋求理解生與死，孔子的「未知生，焉知死」正是回答子路之問。孔子的回答迴避了子路的問題嗎？或者是說，孔子對生與死的關聯有自己獨特的理解？在回答此處的問題之前，先來看幾則論及生與死的資料：

7.23　子曰：「天生德於予，桓魋其如予何？」

9.5　子畏於匡，曰：「文王既沒，文不在茲乎？天之將喪斯文
　　　也，**後死者**不得與於斯文也；天之未喪斯文也，匡人其
　　　如予何？」

9.23　子曰：「**後生可畏**，焉知來者之不如今也？四十、五十
　　　而無聞焉，斯亦不足畏也已。」

12.10　子張問崇德辨惑。子曰：「主忠信，徙義，崇德也。愛
　　　之欲其生，惡之欲其死。既欲其生，又欲其死，是惑
　　　也。『誠不以富，亦祗以異。』」

14.12　子路問成人。子曰：「若臧武仲之知，公綽之不欲，
　　　卞莊子之勇，冉求之藝，文之以禮樂，亦可以為成人
　　　矣。」曰：「今之成人者何必然？見利思義，見危授
　　　命，久要不忘平生之言，亦可以為成人矣。」

14.43　原壤夷俟。子曰：「**幼而不孫弟，長而無述焉，老而不
　　　死，是為賊。**」以杖叩其脛。

17.19　子曰：「予欲無言。」子貢曰：「子如不言，則小子何
　　　述焉？」子曰：「天何言哉？四時行焉，百物生焉，天
　　　何言哉？」

　　從 14.43 這則資料可以看到，孔子並不將生看作一對象，他看到個
體的生命有一出生、成長、衰老直至死亡的過程。因此，人的生本身
處於不斷的變化之中，人倫關係即是在此過程中展開及實現。幼、長、
老、死（人的生命歷程）與賊（價值與生存意義）涉及意義與價值問
題，而意義與價值問題伴隨著個體的生命歷程發生，在其與他者的交往
中逐漸展開，在孔子看來，意義與價值問題關聯著「我與天」，「我與
道」，「己與人」三者之間的關係。資料 9.5 涉及的倫理事實是，孔子並
不關注自己的生死，他關注的是「斯文」之喪與未喪，即個體所承襲的
文化生命是否能存續的問題，屬於個體自身所感知和體驗的價值問題。
資料 9.23 是說，子女出生後其生命依賴父母的生命得以存活，子女是

「後生」。既然父母先於子女而生，父母之生與子女之生在生命存在於世間的先後上亦有時間差，此時間差構成了子女因父母日漸年老而產生的內在感受——懼——的事實性基礎。結合資料 14.12 可以發現，孔子亦有「平生」一詞，用來表示生命從出生至存活在世的當下此刻的時間過程。當孔子提及「不忘平生之言」時，他表達的是對生命成長變化過程的回溯性理解。在資料 7.23 和 17.19 中，孔子還用「生」表達給予、充實，以及萬物在四季時間流變中生長的過程的意思。在資料 12.10 中，孔子以「生」「死」對舉時，「生」有存活之意。

既然「生」在孔子看來是處於不斷變化、不斷展開的過程中，「死」一詞的意思可能是說終止、結束「生」的進程。

可見，孔子所理解的「生」是在人倫關係和具體的生存處境中展開和發生的真實生命，理解「生」的人正是存活於世間、生活於人倫關係之中的有情感回應、有外在形貌變化的個體。

理解了孔子說的生的意義，即知生就是存活，活於人倫之後，由此，我們再回到前面的問題：如何理解死？什麼是「知死」呢？

在資料 11.12 中，孔子並不直接解釋「知死」的意思，他只是提醒子路，只有以「知生」為前提，才有可能「知死」。根據《論語》相關資料的記載，「生」是指生命從出生至當下此刻的存活時間，此段時間以生命過程的形式展開，這裡的生命過程指向尚未進入當下此刻的未來時間和未來可能的生活經驗。不難發現，在孔子看來，「生」並非認知對象，也非特定事件，而是不斷變化、不斷展開的生存過程。

簡單總結，在考察《論語》中孔子論及生與死的言說後，筆者發現，孔子並未漠視死亡問題，他只是反對以向外求知的方式去思考死亡問題。更進一步說，孔子並不認為生與死首先能夠抽象成為人的認知的對象。我們知道，認知活動必須通過概念才能進行，運用概念進行思考的方式只適用於抽象的人，並不適用於現實生活中有情、有義、有生、有死的真實的個體。在孔子看來，與個體的生死直接相關的是經驗和親身體驗（first-person experience），而非認知和思考。

　　在《左傳》中，「知死」的主體是政治關係中的個體，而非家庭生活中的個體。「知死」是指特定倫理處境中，個人雖有生存的意願，但根據當下經歷的事件和所面對的特定處境，自身感知到自己可能無法繼續存活因而不得不面對即將死亡的現實境況。具體文本內容是：

（1）公囚大子，大子曰，唯佐也能免我，召而使請，曰日中
　　　不來，吾知死矣，左師聞之，聒而與之語，過期，乃縊
　　　而死。（《左傳‧襄公二十六年》）
（2）知死不辟，勇也。（《左傳‧昭公二十年》）

　　在《論語》中，孔子提出，死是所有人都要經歷的事實。既是所有人都要經歷的事實，無需主動去求知。在孔子看來，知與生死並不直接相關，試圖以向外求知的方式切入生死問題，只是誤入歧途而已。

　　在政治生活中，統治者應該更重視「信」而非百姓之「生」。在子貢問政時，孔子透露出他這樣的思想：

12.7　子貢問政。子曰：「足食，足兵，民信之矣。」
　　　子貢曰：「必不得已而去，於斯三者何先？」曰：「去
　　　兵。」子貢曰：「必不得已而去，於斯二者何先？」
　　　曰：「去食。自古皆有死，民無信不立。」

　　孔子在思考政治生活時，關注統治者如何治理百姓的問題。他認為，對統治者而言，最應該重視的價值是「信」，其次是「食」，最後是「兵」。在孔子的價值序列中，若涉及政治生活中的個人，權衡「信」與「生」（「食」）的價值高低時，應當選擇「信」放棄「生」。

　　「自古皆有死」的事實並不必然構成個體主動選擇「信」捨棄「生」的必然條件。不過，孔子的思考反映出他將政治領域與家庭領域分別看待，在政治領域中，出現於其中的是統治者與百姓之間的關係。在家庭領域中，出現於其中的是父母與子女的關係。在父母與子女的關係中，子女對父母的「愛」是先天情感，不待後天的學習和教育而

有，在子女的生命中，其對父母的「愛」無法消除，無法轉化，伴隨其終生。子女對父母的「孝」基於子女對父母生而即有、超越生死的「愛」。因此，在面對父母的生與死時，子女自然不能無情感反應。問題是，在孔子看來，面對父母的生與死時，子女應當有怎樣的情感反應？要回答這個問題，涉及孔子使用何種情感語詞論及父母的生與死。接下來，筆者將進入對相關情感語詞的詳細考察，嘗試以此為基礎進入對顏回之死的情感經驗的描述性分析。

第一節　恐、懼與生死

在《左傳》中，關聯著個體之死的情感語詞是「恐」、「懼」。可以說，「恐」、「懼」兩個語詞最初是用以表達自我對自身之死和他人之死的親身感知，其感知的內容分別是自身之死和他人之死。試看下面兩則資料：

（1）餘恐死，故不敢占也，今眾繁而從餘三年矣，無傷也，
　　　言之之莫而卒。（《左傳・成公十七年》）
（2）臣懼其死。（《左傳・襄公三年》）

從上述資料來看，「恐」和「懼」的分別在於：第一，「餘恐死」和「（餘）懼其死」都指向懼怕的內心感受，這種懼怕的內心感受出現於生死之間的倫理處境中，關涉第一人稱的我當下此刻的親身感知；

第二，「恐」的主詞是第一人稱，「餘恐死」表達的是第一人稱的我慮及自身之死時的親身感知，「懼其死」的感知出於第一人稱的我，指向第三人稱的「他」，指我在慮及他人之死時所具有的親身感知；

第三，無論是「餘恐死」，還是「懼其死」的言語表達，都指示出第一人稱的我有親身感知懼怕之情的能力。

在《國語》中，「恐」用以言說可表諸於表情、面色的心理情感，「懼」則指第一人稱的我心靈中所生的情感：

> �子將食，尋飯有恐色……襄子曰：「吾聞之，德不純而福祿
> 並至，謂之幸。夫幸非福，非德不當雍，雍不為幸，吾是以
> 懼。」(《國語・晉語九》)

「恐色」一詞的出現直接點出「恐」的心理情感關聯著身體反應，「懼」的深層情感關聯著價值判斷和自身感知。當「懼」的內容是「德不純而福祿並至」時，個體所「懼」的內容為其判斷為惡的事件之發生。因為，「福祿並至」在一般人看來是善，在襄子的認知和價值判斷中，個體的「福祿並至」若不以「德純」為根基，只能是惡，並不是善。

在《論語》中，孔子承認個體具有「恐」、「懼」的自身感知，「恐」的內容無關生死，「懼」的內容是「父母之死」。我們發現，在《左傳》、《國語》、《論語》中，「恐」、「懼」這兩個情感語詞都用以言說第一人稱的我具有懼怕的自身感知，其自身感知的內容可以變化。在這個變化過程中，「恐」這個表示情感的語詞傾向於言說個體的心理狀態，「懼」的內容則關聯於認知和價值判斷，與他人之死相關。

回到《論語》所記載的孔子，面對一己之死的將臨，孔子以「德」、「天」的意願和「聞道」來回應，他並不以「懼」的情感言說一己之死。具體的文本可見下面三則資料：

> 4.8　子曰：「朝聞道，夕死可矣。」
>
> 7.23　子曰：天生德於予，桓魋其如予何？」
>
> 9.5　子畏於匡。曰：「文王既沒，文不在茲乎？天之將喪斯文
> 也，後死者不得與於斯文也；天之未喪斯文也，匡人其
> 如予何？」

從上述三則資料可以看到，孔子似乎並不「恐」死。為何孔子能夠不「恐」死？筆者推測，可能的原因在於：第一，孔子關注的是人的行動之中所彰顯的天之作為。孔子知道，在具體的倫理處境中，威脅自己

生命的他者任何可能的行為都是天之作為的彰顯。因此，己之生或死關
鍵在於天之意願，而不在於己是否「恐」死之將臨。在面對生死之際的
處境時，孔子相信，天不會意願己死。因為，首先，自己內在之德來源
於天，天既然將德給予一個人，自然會保全此德之存續，保全此德之存
續即是保全擁有此德之人的生命；其次，自己是文化傳統的繼承者，而
天不會令文化傳統斷絕；第二，就個體生命的意義和價值而言，孔子關
注的是如何能聞道的問題，若能聞道，則可超越「死」之限制。在孔子
看來，生存於世的意義和價值在於，能否在生死之間的生命長度中有機
會聞道。

筆者相信，孔子有恐懼的自身感知，他亦有對恐懼經驗的體認和
反思。無論就文本來看，還是就孔子的親身體驗來看，孔子幾乎不談第
一人稱的自我面對死亡的恐懼之情，因為他並不認為此心靈現象值得重
視。既然死亡是每個人都不可避免的事實，面對此事實是否恐懼不是問
題的關鍵。問題的關鍵在於，如何徹底消除和轉化自己面對死亡時的恐
懼。孔子給出的回答是：「聞道」和「德」。

孔子亦有「懼」的自我感知，他所「懼」的內容是父母之死。孔
子使用「喜」一詞表達子女普遍具有的自身感知，此自身感知的內容
是「父母現時之生」、「父母將來之死」，「喜」的情感伴隨著「懼」的情
感出現。在孔子看來，父母現時之生以父母將來隨時可能出現的死為背
景，言生之喜必及死之懼。明白此點，便不難理解此則資料之意：

4.21 子曰：「父母之年，不可不知也。一則以喜，一則以
懼。」

朱熹對這則資料的解釋是：「知，猶記憶也。常知父母之年，則既
喜其壽，又懼其衰，而於愛日之誠，自有不能已者。」[4]事實上，喜其壽

4 朱熹：《四書章句集註》，頁74。

即是喜其生，懼其衰即是懼其死，在《左傳》中，已有「懼其死」之
說。就孔子本人而言，他的「懼」本身即結合「懼」的自身感知和所懼
的內容兩方面，他直言自己能親身感知到「懼」，並不直言所「懼」的
內容。

　　在先秦思想傳統中，已開始出現表達情的諸多語詞，各語詞之
間的關聯和衍生脈絡逐漸明晰。正是在此思想背景下，時人開始以情感
語詞言說普遍的心理現象。孔子正是生活在此思想傳統中詮釋「喜」、
「懼」這兩種情感，他關注的其實是普遍的心靈現象。即，思及父母之
死時，子女內心會有何種反應？孔子所說的一則以「喜」、一則以「懼」
當為自己的親身體驗，他將自己的親身體驗藉助兩個情感語詞表達出
來，孔子發現了「喜」、「懼」這兩種情感並存的心靈現象。結合《左
傳》、《國語》中對「恐」、「懼」這兩個情感語詞的使用，當「懼」這
一語詞出現時，其意向對象是自己的父母，「懼」的內容是父母將來之
死。不難推測，能因父母之生而「喜」、因父母將來之死而「懼」的子
女當是心「愛」父母之人。在孔子看來，子女對父母之「愛」本質屬於
先天被給予的情感，因此是應然亦是實然的情感，應然是說其本來如此
存在，實然是說其生而已有。

第三節　樂、哀與生死

　　《詩經》中的〈國風・唐風・山有樞〉一詩的解讀可從生死與喜
樂的角度切入，詩人以「喜樂」一詞表達窮盡生之可能的意涵。在這首
詩中，以「衣裳」、「車馬」、「廷內」、「鐘鼓」和「酒食」言說物質的豐
盛，享受豐盛的物質帶來的「喜樂」是在自我意識到死亡存在且無法改
變的背景下，選擇主動扭轉自己的意識關注享受生之樂，因而出現的短
暫的心理愉悅之感。自我意識無法以己之死為對象，死構成自我意識的
邊界。存在者（生者）思想非存在（死）本身即是悖論：存在者的意識
總是關於某物的意識，無法以意識自身和非存在（死）作為對象。事實

上，人作為存在者，當他的自我意識進無的界域時，意識無法以無任何具體的內容的非存在作為其思考和反思的對象，此時，起而代之的是對已死後仍生存於世的生者的怨責之情，於此情緒中產生窮盡有限生命中物質享受之樂的想法。試看此詩的文字：

> 山有樞、隰有榆。子有衣裳、弗曳弗婁。子有車馬、弗馳弗驅。宛其死矣、他人是愉。山有栲、隰有杻。子有廷內、弗灑弗埽。子有鐘鼓、弗鼓弗考。宛其死矣、他人是保。山有漆、隰有栗。子有酒食、何不日鼓瑟。且以喜樂、且以永日。宛其死矣、他人入室。（《國風·唐風·山有樞》）

不難發現，此詩中所言的「喜樂」是心理情感，其來源是音樂和物質的享受。「樂生」的思想在此化約為物質的享受，以極致化的生存窮盡生命之內涵。但是，物質享受帶來的「喜樂」的無法掙脫的陰影是「宛其死矣，他人入室」，生命之內涵畢竟無法只是生存的極致化，只因死之焦慮無從去除時，生存的極致化轉移了意識的關注，使死之焦慮得到暫時的緩解。不難發現，當生之「喜樂」以「死」之必至為背景時，此時的「喜樂」並非源自心靈的喜樂。因為，在心靈仍為生死問題所佔據時，個人所經驗的「喜樂」不是純然的喜樂。

若就《詩經》的記載而言，其所言之「哀」多關涉親身體驗，「哀」的內涵具有主體間性的特質，即以己與人之情感或生命關聯為內涵，試看以下兩首詩，從中可以看到憐憫與「哀」、悔恨與「哀」的關聯。王先謙將「矜」釋為「憐」，「矜人」即應當得到憐憫之人。[5]

> 鴻雁於飛、肅肅其羽。之子於征、劬勞於野。爰及矜人、哀此鰥寡。……鴻雁於飛、哀鳴嗷嗷。維此哲人、謂我劬勞。維彼愚人、謂我宣驕。（《小雅·鴻雁之什·鴻雁》）

5　王先謙：《詩三家義集疏》，頁 632。

第二首詩的內容是：

> 蓼蓼者莪、匪莪伊蒿。**哀哀父母、生我劬勞**。蓼蓼者莪、匪莪
> 伊蔚。**哀哀父母、生我勞瘁**。……父兮生我、母兮鞠我。拊我
> 畜我、長我育我。顧我復我、出入腹我。**欲報之德、昊天罔**
> **極**。……（《小雅‧穀風之什‧蓼莪》）

　　在第一首詩中，詩人所哀之人是「鰥寡」，「鰥寡」的出現源於征
戰，讀此詩可體會詩人實有對「鰥寡」之人的憐憫。在此詩中，「哀」
實因憐憫而生，「哀」的情感與憐憫的感受同時出現。在第二首詩中，
詩的作者想要回報父母的恩情，卻因父母已死而不能實現，因此，他有
「欲報之德，昊天罔極」之嘆。在此詩中，「哀」實因悔恨而生，「哀」
的情感伴隨著悔恨的感受。

　　以「樂」、「哀」這兩個表示情感的語詞言說「生」「死」始於《左
傳》。可以說，「樂生」與「哀死」之說源自《左傳》：

> 民有好惡喜怒哀樂，生於六氣，是故審則宜類，以制六志，哀
> 有哭泣，樂有歌舞，喜有施捨，怒有戰鬥，喜生於好，怒生於
> 惡，是故審行信令，禍福賞罰，以制死生。**生，好物也，死，**
> **惡物也，好物樂也，惡物哀也，哀樂不失，乃能協於天地之**
> **性，是以長久。**（《左傳‧昭公二十五年》）

　　從上述所引資料可以看出，好惡是最基本的情感，關聯著價值判
斷：「喜生於好，怒生於惡」、「好物樂也，惡物哀也」與「生，好物
也，死，惡物也」此兩說實顯出情感的評價功能（appraisal function）。
此說之內涵有三方面，其一，將「生」視為好物，「死」視為惡物，表
達出作者明確的價值判斷；其二，人對好惡會產生「樂」的自然情感，
對惡物自然會產生「哀」的情感；其三，「哀」、「樂」之情的表達方式
是哭泣和歌舞。

　　在《左傳》中，「哀死」之說當是其時人心中之普遍觀念，試看下

文：

> 季子至曰，苟先君無廢祀，民人無廢主，社稷有奉，國家無
> 傾，乃吾君也，吾誰敢怨，**哀死事生，以待天命**，非我生亂，
> 立者從之，先人之道也，復命哭墓，復位而待，吳公子掩餘奔
> 徐，公子燭庸奔鐘吾，楚師聞吳亂而還。(《左傳‧昭公二十七
> 年》)

若詳細考察前引兩則資料，自然會發現，第一則資料的主旨是強調
「樂生哀死」是所有人都有的普遍情感，有生之人難免會「樂生哀死」，
這一現象合於天地之性。而且，此處所哀之死的內容當是結合「己之必
死」和「己之將死」兩方面而言。前一方面關涉自我對價值與生死的認
知，後一方面關涉自我在「生死之際」親身體驗。第二則資料中出現的
「哀死」的內容是「他人已死」之事實，面此一事實，自我的情感表達
是哭泣。總結這兩則資料，共同處在於以「哀」一詞言說死，但所言之
死的內涵實有不同。

「樂生哀死」的思想延續至孔子，筆者先分析孔子如何言說
「哀」，再來看他如何詮釋「樂」。

孔子重喪禮之「哀」，他將喪禮的本質歸結為「哀」的情感。在
《論語》中，孔子論及「哀」的資料有兩處，分別為：

3.4　林放問禮之本。子曰：「大哉問！禮，與其奢也，寧儉；
　　　喪，與其易也，寧戚。」

3.26　子曰：「居上不寬，為禮不敬，臨喪不哀，吾何以觀之
　　　哉？」

在資料 3.4 中，林放就「禮以何者為其存在的根本」問於孔子，孔
子的回答是：喪，與其易也，寧「戚」。「戚」是何意？是「哀」嗎？如
果是「哀」，為何孔子不直接以「哀」作答？學者們的解釋有兩種：

第一種解釋基於子路的言語，可視為漢儒之說。此種解釋的文本根

據是：子路曰：「吾聞諸夫子：喪禮，與其哀不足而禮有餘也，不若禮不足而哀有餘也。」（〈檀弓上〉）根據子路的聽聞，將「戚」釋為「哀有餘」甚妥當。「戚」並非「哀」，而是過度的「哀」，即多餘之「哀」。在日常經驗中，孔子並不欣賞「戚」，但在喪禮的處境中，他會接受「戚」的情感。

第二種解釋基於朱熹的理解，可視為宋儒之說。朱熹的解釋是：「戚則一於哀，而文不足耳。禮貴得中，奢易則過於文，儉戚則不及而質，二者皆未合禮。然凡物之理，必先有質後有文，則質乃禮之本也。」[6]

事實上，「戚」是「哀」，但「哀」不足以言「戚」。孔子以「戚」言說深度的「哀」，「戚」與「哀」的程度差別類似慟哭與哭之別。在第二種解釋中，朱熹看到，孔子認可的禮其實是「得中」之禮，即本質和形式和諧的禮。然而，現實中的禮或者突出本質，或者突出形式。在重本質和重形式之間，孔子選擇前者。因此，「戚」是禮之質，是不及於文的情況下的「哀」，故朱熹稱之為「一於哀」。在孔子看來，「質」相對「文」而言，「本」相對「末」而言。孔子講禮之本是要矯正親身參與喪禮的個人「臨喪不哀」的行為，講禮之質是要回應重「易」而輕「哀」的現象。前者關涉第一身經驗和他者的價值判斷，後者關涉禮的精神和價值，此中差別不可不辨。

第四節　欲、惡與生死

在《論語》中，孔子將「既欲其生，又欲其死」視為人心之惑，在孔子而言，欲生是欲求他人之生，欲死是欲求他人之死。欲生與欲死並存時，用以言說一種非正常的心理現象，其存在的根基是「愛、惡」並

6　朱熹：《四書章句集釋》，頁62。

存的情感傾向性：

> 12.10　子張問崇德辨惑。子曰：「主忠信，徙義，崇德也。愛
> 　　　　之欲其生，惡之欲其死。既欲其生，又欲其死，是惑
> 　　　　也。『誠不以富，亦祇以異。』」

　　孔子明確區分了「欲惡」、「好惡」和「愛惡」之情，他以「富與
貴」為人所欲求的對象，「貧與賤」為人所厭惡的對象。然而，無論是
「富與貴」，還是「貧與賤」，都是現實人生中已有、未來生活中可能出
現的處境。處境的出現和改變不受人之「欲惡」的影響，於此並無修養
之可能可言。孔子的道德修養和個人修養主要針對「好惡」和「愛惡」
之情而言，「好惡」之情即是人的道德情感，「愛惡」之情是人的內在情
感傾向性，與人心之「惑」有關。荀子的〈解蔽〉篇正是要回應如何解
「惑」的問題，荀子的問題意識實出自孔子。在孔子，「愛」的情感傾向
性與欲求結合產生的意向對象是「他人之生」，「惡」的情感傾向性與欲
求結合產生的意向對象是「他人之死」。「他人之生」與「他人之死」無
法共存，意向對象的背反性指示出兩種無法共存的內在情感傾向性。因
此，筆者稱其為一種發生於個體內心的異乎尋常的心靈現象，即孔子所
說的「惑」。

　　孔門後學重「好惡」，以「好惡」為人生而具有的先天情感。但在
孔門後學，並不將「欲」歸為人的情感之中。自孔門後學至孟子，始出
現「欲生之」和「惡死亡」之說。「欲生之」即是願「使之活」之意，
詳見兩則資料：

> 7.3　孟子曰：「三代之得天下也以仁，其失天下也以不仁。國
> 　　　之所以廢興存亡者亦然。天子不仁，不保四海；諸侯不
> 　　　仁，不保社稷；卿大夫不仁，不保宗廟；士庶人不仁，
> 　　　不保四體。今惡死亡而樂不仁，是猶惡醉而強酒。」
> 11.13　孟子曰：「拱把之桐梓，人苟欲生之，皆知所以養之

者。至於身，而不知所以養之者，豈愛身不若桐梓
哉？弗思甚也。」

考察上述兩則資料，不難發現，其主題是「欲生惡死」。在孟子看
來，只有樂仁才是真正的惡死，只有以仁養己身才是真正的欲生。對孟
子而言，「仁則生，不仁則死」，人應當好仁惡不仁，樂不仁的結果即是
可以預期的死亡。個體的欲之「愛」、「好」應以仁養之。

莊子受孟子影響，以「說」「惡」言生死。在〈齊物論〉中，莊子
就人普遍具有的「惡死」之情連連發問。在他看來，人的「說生」是人
之惑，人之「惡死」是人之喪而不知歸。試看莊子的文字：

旁日月，挾宇宙，為其脗合，置其滑涽，以隸相尊。眾人役
役，聖人愚芚，參萬歲而一成純。萬物盡然，而以是相蘊。**予
惡乎知說生之非惑邪！予惡乎知惡死之非弱喪而不知歸者邪！**
麗之姬，艾封人之子也。晉國之始得之，涕泣沾襟；及其至於
王所，與王同筐牀，食芻豢，而後悔其泣也。**予惡乎知夫死者
不悔其始之蘄生乎！**夢飲酒者，旦而哭泣；夢哭泣者，旦而田
獵。方其夢也，不知其夢也。夢之中又占其夢焉，覺而後知其
夢也。且有大覺而後知此其大夢也，而愚者自以為覺，竊竊然
知之。君乎，牧乎，固哉！丘也，與女皆夢也；予謂女夢，亦
夢也。是其言也，其名為弔詭。萬世之後，而一遇大聖知其解
者，是旦暮遇之也。[7]

若讀者記得在第三節的文字中，已經論及《左傳》中出現以「生」
「死」為「好物」「惡物」的觀念，則不難發現在莊子的思想中，亦有類
似的觀念。筆者並非說莊子認同「生」為「好物」，「死」為「惡物」，

7　王叔岷：《莊子校詮》（北京：中華書局，2007 年），頁 86-87。在本書中，後引
　　《莊子》中的內容只隨文標注篇名，不再單獨出注。

而是說，莊子也是將「生死」理解為「物」。莊子的〈齊物論〉主旨即是「齊生死」，要勸服人「齊生死」，無可避免要先面對《左傳》已有的「生」為「好物」，「死」為「惡物」之傳統。

　　事實上，莊子的生死觀，是在扭轉先秦傳統中的「好生惡死」觀念後確立的。如何才能扭轉人生而具有的「好生惡死」之情？考察莊子的文字，不難發現，莊子以「悅生惡死」為惑，因悅生即惡死，二者一體兩面，其惑在不知歸。這是莊子的安頓生死之法。以此比較孔子的態度，孔子並不認為生與死是一體的兩面，生是一動態的生命歷程，伴隨著價值的感知和意義的求索，死是生的自然終結。正如余英時先生所說：「莊子又用『氣』的聚散說生、死。這不但和魂、魄的離合說相應，而且更可見其背後仍有一牢不可破的『人與天地萬物一體』的觀念。」[8]

　　至荀子，以「欲生」「惡死」為人的天性：「欲不待可得，所受乎天也」。荀子將人生而具有的「欲生」「惡死」落實於具體的處境展開思考，他發現，人有「從生成死」的現象，並非因為人不「欲生」，而是人在於處境限制下其被迫做出不得已的選擇，並非其本心所願：「不可以生而可以死」。但在荀子看來，人仍有心之可與不可的裁決能力來超克此天性，而超克的根據，則在禮義。故可以解釋「從生成死」的現象。

> 凡語治而待去欲者，無以道欲而困於有欲者也。凡語治而待寡欲者，無以節欲而困於多欲者也。有欲無欲，異類也，生死也，非治亂也。欲之多寡，異類也，情之數也，非治亂也。欲不待可得，而求者從所可。欲不待可得，所受乎天也；求者從所可，所受乎心也。所受乎天之一欲，制於所受乎心之多，固難類所受乎天也。人之所欲生甚矣，人之惡死甚矣；然而人有

8　余英時：《知識人與中國文化的價值》，頁63。

從生成死者，非不欲生而欲死也，不可以生而可以死也。故欲
過之而動不及，心止之也。心之所可中理，則欲雖多，奚傷於
治？欲不及而動過之，心使之也。心之所可失理，則欲雖寡，
奚止於亂？故治亂在於心之所可，亡於情之所欲。不求之其所
在，而求之其所亡，雖曰我得之，失之矣。（〈正名〉）

王先謙將荀子對君子的理解界定為「知禮者」，[9] 以子女在參加父母的喪禮時是否有「哀」、「敬」的情感態度來言說「人禽之辨」：

一朝而喪其嚴親，而所以送葬之者不哀不敬，則嫌於禽獸矣，
君子恥之。

荀子一方面將萬物的來源歸於「天地」，他說：「天地合而萬物生，陰陽接而變化起，性偽合而天下治」，[10] 另一方面將禮的來源歸於「天地」、「先祖」和「君師」。[11] 可見，在荀子的理解中，「天地」既是禮的來源，又是所有生命，包括人之生命的來源。

荀子提出禮最重要的功用是「治生死」，他以「始終」來理解「生死」，提出人道的本質就是「終始俱善」，君子對待生死的方式應當是「敬始慎終」，這裡的「敬始慎終」指的是父母的生死，而非子女的生死：

禮者，謹於治生死者也。生、人之始也，死、人之終也，終始
俱善，人道畢矣。故君子敬始而慎終。終始如一，是君子之
道，禮義之文也。（《禮論》）

接著，荀子進一步解釋為什麼子女對待父母的生死應該「敬始慎

9　王先謙：《荀子集解》（北京：中華書局，2008 年），頁 358。
10　王先謙：《荀子集解》，頁 366。
11　荀子說：「禮有三本：天地者，生之本也；先祖者，類之本也；君師者，治之本也。」見王先謙：《荀子集解》，頁 349。

終」，他說：

> 夫厚其生而薄其死，是敬其有知，而慢其無知也，是奸人之道
> 而倍叛之心也。君子以倍叛之心接臧穀，猶且羞之，而況以事
> 其所隆親乎！

從荀子的解釋可以發現，荀子將生者與死者的根本分別解釋為「有知」與「無知」，從此處可以知道，荀子相信，只有生者有知，死者不再有知。問題是：荀子是如何知道生者「有知」，而死者「無知」呢？這只能是基於他的信念。然而，我們必須追問：這一信念可靠嗎？若不可靠，我們如何能夠相信這一信念？

既然死者不再有知，為什麼作為生者的子女要以「敬始慎終」待已死的父母呢？荀子說：

> 故死之為道也，一而不可得再復也，臣之所以致重其君，子之
> 所以致重其親，於是盡矣。（《禮論》）

在荀子看來，子女必須以孝待父母的根本原因是他對死亡的理解：「死不能複生」，或者說：「死是生的結束。」與希伯來文化傳統的「死而復生」觀念相比可以發現，先秦儒家自荀子開始的思想傳統提出「一而不可得再複」和「死者無知」，完全否定了「死而復生」的可能，對後世及當代中國人的生死觀影響深遠。然而，為什麼荀子會認為「死不能復生」？這裡有兩種可能的答案：一是基於對歷史中生活至荀子當時之人的觀察推論出的結論。荀子的思路是：既然從古至今沒有「死而復生」，未來也不會有「死而復生」。然而，我們無法從過去至現在未發生過的事推論出未來同樣一定不會發生此事，因為未來是不確定的，隱藏著各種可能性。另一種答案是，基於個體的信念，荀子相信，「死不能復生」。對於這一信念，我們同樣可以追問：為什麼「死不能復生」是我們應當相信的信念？此信念從何而來？總之，是否應當接受荀子對生死的理解確實是我們必須認真思想的問題。

　　基於對死亡的理解，荀子提出，父母的死亡意味著子女對父母的孝有客觀的時間限制，即父母仍存活於世。因為「人人皆有死」這一事實的客觀存在，子女會意識到父母的死亡會在將來的某個時刻發生，而父母之死即是父母生命的結束。因此，子女因為知道父母存活於世只是有限的時間，便應當在此有限的時間之中孝順父母，不當等到父母死亡時再因必須面對「想要孝順父母而不能」這一事實而後悔。事實上，荀子對父母之生死的理解奠基於他對人類生而具有的愛的理解：

> 凡生乎天地之間者，有血氣之屬必有知，有知之屬莫不愛其類。……故有血氣之屬莫知於人，故人之於其親也，至死無窮。（《禮論》）

　　在這段以「三年之喪」為主題的敘述中，荀子發現了愛與生命的關聯是：「凡生乎天地之間者，有血氣之屬必有知，有知之屬莫不愛其類」。意思是，世界上有生命的存在物必有知覺，有知覺的存在物必愛同類，其中，人就是屬於有知覺且愛同類的存在物。這是從有生命的存在物角度來理解人。

　　在此基礎上，荀子進一步從人的子女身分角度落實他對人的理解：身為人，必有父母與子女的分別。子女對父母的「愛」深於世間其他存在物是人所特有的生命現象，這就是他認為人是世間最有智慧的生命的原因：人失去父母的事實對人來說是「至痛之極」，即，這個世界上最悲痛的事情，就是子女失去深愛的父母。

　　在荀子的理解中，「喪禮」的本質是「明死生之義」，其內涵是應當以什麼樣的情感態度和方式送別父母：

> 故喪禮者，無他焉，明死生之義，送以哀敬，而終周藏也。故葬埋，敬藏其形也；祭祀，敬事其神也；其銘誄繫世，敬傳其名也。事生，飾始也；送死，飾終也；終始具，而孝子之事畢，聖人之道備矣。（《禮記》）

　　對荀子而言，面對父母的死亡。子女應當以「愛」、「敬」的情感態度待父母，如待仍生存於世的父母一樣待已死的父母。面對父母已死這個事實，子女當安葬和祭祀父母。安葬父母是為了藏父母的形體，以表示對父母形體的尊敬，祭祀父母是為了尊敬父母的精神，使父母的名字得以流傳下去。這裡，荀子講安葬和祭祀父母並非是基於「精神不死」或者「靈魂不死」的信念。因為，前已述及，荀子認為死者無知，無知的死者當然沒有不是精神死後仍存在，或者其死後，靈魂不死，荀子在這裡是說已死的父母的精神表現在其「名字」和「行事」，通過子女的祭祀活動得以流傳，使父母不致徹底被遺忘。

　　荀子自述其對「祭禮」的理解，他提出只有聖人能理解祭禮的本質是其背後的情感，即子女對父母的「思慕」之情：

祭者，志意思慕之情也。忠信愛敬之至矣，禮節文貌之盛矣，
苟非聖人，莫之能知也。

哀夫！敬夫！事死如事生，事亡如事存，狀乎無形，影然而成
文。(《禮論》)

　　荀子認為，禮是「人道之極」，[12] 聖人是「道之極」，[13] 有道之人與無道之人的分別就在於是否遵從禮：

天下從之者治，不從者亂，從之者安，不從者危，從之者存，
不從者亡。小人不能測也。……禮者，人道之極也。然而不法
禮，不足禮，謂之無方之民；法禮，足禮，謂之有方之士。
(《禮論》)

　　王先謙將「無方之民」的「方」解釋為「道」，[14] 荀子將「道德之

12　王先謙：《荀子集解》，頁 356。
13　王先謙：《荀子集解》，頁 357。
14　王先謙：《荀子集解》，頁 356。

極」的內涵理解為「禮」：

> 故學至乎禮而止矣。夫是之謂道德之極。(《勸學》)。

荀子認為，人應當終生學禮，生死不渝，對人而言，重要的是為學與積善成德，而非生死。而且，為學之路至死才能停止。換句話說，在荀子看來，學禮比一己的生死問題更重要：

> 君子知夫不全不粹之不足以為美矣⋯⋯生乎由是，死乎由是，夫是之謂德操。(《勸學》)
>
> 學惡乎始？惡乎終？曰：其數則始乎誦經，終乎讀禮；其義則始乎為士，終乎為聖人。真積力久則入。學至乎沒而後止也。(《勸學》)

在荀子看來，禮是「人道之極」。(《禮論》) 荀子認為，所有知「道」之人都應當學做聖人，因為聖人是「道之極」，即是說，聖人是道終極的表達。而人如何能學做聖人呢？荀子的答案是：通過學禮。事實上，荀子不僅在禮——聖人——道之間建立直接關聯，且他提出禮的功用對國家的興亡、人生處境的順逆，及個體的生死都有決定性的影響：

> 天下從之者治，不從者亂；從之者安，不從者危；從之者存，不從者亡。(《禮論》)

荀子對生命與死亡的理解來源於他對生命的來源和生與死之間關係的理解，他將生命的來源訴諸天地，將生與死的關係理解為天地閒的一種變化，提出：「陰陽接而變化起」。[15] 回到前面的問題，分析至此我們可以知道，荀子與孔子和孟子對天的理解不同，他認為生命的來源是天地，而非有意志的天。

15　王先謙：《荀子集解》，頁 366。

荀子以「事生送死」來界定「孝的極致」和人所當追求的「聖人之道」：

> 事生，飾始也；送死，飾終也；終始具，而孝子之事畢，聖人
> 之道備矣。刻死而附生謂之墨，刻生而附死謂之惑，殺生而送
> 死謂之賊。大象其生以送其死，使死生終始莫不稱宜而好善，
> 是禮義之法式也，儒者是矣。（《禮記》）

據荀子對「事生送死」的理解，他反對墨子的「薄死厚生」、「薄生厚死」和「殉葬殺人」或「因父母死亡而自殺」，荀子的主張是「養生送死」，即養活父母和安葬父母。

接下來的問題是：荀子如何理解與父母的死亡直接相關的「喪禮」呢？荀子將「喪禮」的本質奠基於人類所特有的子女對父母的「深愛」：子女「愛」父母是人類與生於世間的其他有生命的存在物的共同之處，然而，子女對父母的「深愛」卻是人類所特有的生命現象，其表現是「天地之間，唯獨人失去父母的悲痛至深」。因為荀子所採用的方法是「由喪失所愛之人的悲痛程度看生者內心對死者愛的深度」，這是從情感的角度（哀因愛生）來理解父母的生死。

第五節　顏回之死與孔子的情感經驗

孔子如何認知、經驗自己和他人的死？這兩種面對生死問題的進路對孔子來說有何差別？

在《論語》中，與此相關的資料有兩處：

4.8　子曰：「朝聞道，夕死可矣。」

9.5　子畏於匡。曰：「文王既沒，文不在茲乎？天之將喪斯文
　　　也，後死者不得與於斯文也；天之未喪斯文也，匡人其
　　　如予何？」

　　可見，對孔子來說，生命的意義在於能與道建立關係，能否聞道比「知死」更重要。即使在面對即將發生的一己之死時，孔子並沒有「懼」的情感。在上述兩則資料中，沒有出現涉及死亡的情感語詞，孔子並不使用任何關涉情感的語詞來思考自我的死亡問題。此中原因何在？

　　筆者認為，可能的理由是：

　　第一，基於對天和人的作為範圍不同的認知：自己的死出於天，而非人：結合《論語》可以發現，孔子將個體的死亡歸因於天而非命。事實上，在《論語》中，孔子使用「天」一詞時，常重視天與個體相關聯的一面：自己的生死出於天、人的德性來源於天（7.23）、不能獲罪於天（3.13）、天不可欺（7.35）、天知自己（14.35）、他人之死出於天（11.9）。在面對「顏回之死」時，孔子兩次說「天喪予」，表現出他對顏回的死亡由天決定、不受個人意願的影響具有某種程度的認知。

　　孔子對「命」的理解與個體生命的價值相關，突然臨到個體身上的事件，如疾病，若在他者看來，此個體自身具有美好的品格，這是其生命存在於世的獨特價值，他者內心相信，有價值之人的生命不當受到疾病的危害，但目睹其真實的人生確實遭遇突如其來的不幸。此時，他者面對此一意外事件的態度是，因無法理解、知其無法改變卻又不願接受的心理而產生的痛苦感受（6.10）。在孔子看來，除了疾病是出於「命」，道的行與廢亦是出於「命」（14.36）。「天命」與「命」不同，在孔子看來，個體必須「知命」才能成為君子（20.3），而個體只有在其人生經歷過「不惑」階段後，才能夠以某種方式獲知「天命」。因此，他有「五十而知天命」之說（2.4）。不難發現，所謂「知命」，即是個體知其身為有限的人自身能與不能之限制，而「知天命」則關涉個體對我與天之間關係的體認。孔子特別提出，對於「天命」，君子內心應當有敬畏之情（16.8）。

　　第二，對文化傳統必將傳承的認知和信念：當孔子在匡這一地方被圍困時，面對可能發生的、來自他人可能對自己造成的死亡之威脅時，孔子的回應是：「文王既沒，文不在茲乎？天之將喪斯文也，後死者不

得與予斯文也；天之未喪斯文也，匡人其如予何？」

第三，對天不會允許文化傳統斷絕的認知和信念：具體表現在，文王死後，自己繼承了自文王而來的「斯文」。因此，孔子會說：「文王既沒，文不在茲乎？」

第四，對自己是文化傳統的傳承者的自覺意識和堅定信念：當孔子面對生死未卜的人生處境時，他能說出：「天之將喪斯文也，後死者不得與予斯文也；天之未喪斯文也，匡人其如予何？」這樣的話，正是出於對自己是自文王以來的文化傳統的傳承者的自覺意識和堅定信念。

既然自我的生死由天決定，基於此一認知和信念，孔子不會提及出自他人對自己的生命威脅而產生的「懼」的情感。不難發現，在思考一己之死時，孔子以是否聞道來安頓自己的生命。在經驗一己之死時，孔子以對天命的信念來應對臨到自己的危險處境。

可以發現，無論是思考還是經驗一己之死，孔子都不以情感言說自我的死亡。在涉及父母的生與死、顏回之死的認知與經驗時，孔子用「喜」、「懼」和「天喪予」來表達自己的情感經驗。

在孔子看來，不能離「生」說「死」，「死」作為個體生命發展過程的最終結果具有「不確定的確定性」：「不確定」是指死亡何時發生於個體身上是不確定的，「確定性」是指「自古皆有死」這一事實是確定的。基於對出生——衰老——死亡作為彼此關聯、漸進發生的過程出現於每個個體生命之中這樣的認知，和對文化傳統的傳承不會斷絕的自我認知和信念，對孔子來說，思考「如何認知和經驗自我的死亡」這一極其重要的生命問題事實上可以轉化為個體對「自古皆有死」的這一普遍性的事實的認知和個體對「聞道」的追求：以「聞道」來消解存在於個體生命中的「死——生」之間的時間長短之張力。也就是說，個體與道之間是否能建立關係對能否消解和轉化個體面對一己之死的「不確定的確定性」所產生的情感反應具有重要意義。

在《論語》中，我們幾乎很難見到孔子討論自我如何認知和經驗一己之死這個至關重要的生命問題。因為，面對自己的死亡，更重要的問

題是，個體是否「聞道」。在面對「顏回之死」的倫理事實時，《論語》記載了孔子的情感反應：哭之慟。筆者將以《論語》中對「顏回之死」這一事件的相關記載為基礎，進入探討死亡問題的第二條進路：自我對他人之死的親身經驗。

以第二條進路入手探討死亡問題更合適的理據在於：第一，情感具有自身的規範性：特定的情感與情感經驗對應特定的人生經驗和處境；第二，不同的情感關聯著不同的認知方式；第三，自我對他人之死的經驗是自我的親身經驗。換句話說，他人之死不能憑空或抽象地成為自我反思的對象，要理解他人之死，只有以對他人之死的親身經驗為基礎才有可能。我們知道，對某一事件的自我反思發生於對該事件的親身經驗之後。筆者並不否認，在某一事件發生之先，仍有可能從第三者或者外在的知識獲得對該事件的認知並基於此種認知對其進行反思，不過，這種形式的反思與基於親身經驗（體驗）而產生的自我反思之間存在重要差別：同體驗之前的反思相比，體驗之後的反思對個體的存在生命來說更真實。基於外在知識和從第三者而來的知識的反思、自我的親身經驗與基於親身經驗的反思之間的先後差別告訴我們：在處理他人之死這個重要的生命問題時，更適合的研究進路是先對自我對他人之死的親身經驗進行描述，然後進入基於親身經驗的反思而有的對他人之死的理性認知。

在《論語》中，記載了「顏回之死」這一事件，面對「顏回之死」時，孔子的情感反應是：「哭之慟」、連說「天喪予」。這是情感的規範性的表現，在喪禮的處境中，個體自然產生「哀」而非「樂」的情感。問題是，「哀」的情感表達到何種程度是恰當的？孔子的「哭之慟」是否是過度悲哀？

在進行相關的理論分析之前，筆者將先對孔子如何經驗「顏回之死」這一事件進行描述性分析，然後，在此基礎上嘗試對「情感與死亡」的關係進行相關的理論反省，並嘗試作出簡單的結論。

在這一部分的討論中，筆者將展開對孔子如何經驗「顏回之死」這

一事件的實例敘述和分析，目的是展示個體對「他人之死」的經驗不但關聯著個體的情感，同時關聯著個體在切身經驗他人之死這一事件後對自我的存在處境的認知和理解。筆者嘗試提出，在親身經驗他人之死後，自我對自身的情感、存在處境及自我與他者之間的關聯有了不同於獲得此經驗之前的認知和理解。

在《論語》中，對個體的死亡記述最多的即是「顏回之死」。如果考察相關的文字資料不難發現，「顏回之死」這一事件構成了孔子晚年回憶的重要內容。相關資料內容如下：

11.8　顏淵死，顏路請子之車以為之椁。子曰：「才不才，亦各言其子也。鯉也死，有棺而無椁。吾不徒行以為之椁。以吾從大夫之後，不可徒行也。」

11.9　顏淵死。子曰：「噫！天喪予！天喪予！」

11.10　顏淵死，子哭之慟。從者曰：「子慟矣！」曰：「有慟乎！非夫人之為慟而誰為？」

11.11　顏淵死，門人欲厚葬之。子曰：「不可。」門人厚葬之。子曰：「回也視予猶父也，予不得視猶子也。非我也，夫二三子也。」

11.7　季康子問：「弟子孰為好學？」孔子對曰：「有顏回者好學，不幸短命死矣，今也則亡。」

6.3　哀公問：「弟子孰為好學？」孔子對曰：「有顏回者好學，不遷怒，不貳過。不幸短命死矣，今也則亡，未聞好學者也。」

分析上述資料的內容可以發現，面對顏回之死這一倫理事實，孔子的情感經驗的外在表現是：哭之慟（11.10）。看到孔子「慟」哭，有人問他為何有「慟」？孔子的自我辯護是：「有慟乎？非夫人之為慟而誰為？」

提及人，不難想到，《論語》中有提及「道與人」的關係：

15.29　子曰：「人能弘道，非道弘人。」

儒家重視道與人的關係，但道與人的關係具有不確定性。原因在於，道必須通過人來追尋、踐行，人的存在是道能實現的保證。如果能見證道的存在的個體的生命結束，道則無法藉人得到傳承。顏回之死這一事件的發生，正是見證了道與人之間關聯的脆弱性：個體的早逝。

結合本章第一部分的分析，孔子常「生死」對舉，筆者就從顏回的生和死兩方面來描述「顏回之死」與孔子的情感經驗之間的關係：

要理解顏回之死這一事件對孔子的意義，以及孔子為何獨為顏回「哭之慟」，需考察顏回生時的立身行事及其與孔子之間的交往。一個人的一生從出生到死亡，在其仍生存於世時，其生命本來就是一個正在進行的過程，就像一首正在創作的樂曲，顏回的短命而死就像正在創作的樂曲因為某種原因不得不戛然而止，再也無法完成。顏回死後，其生平行事成為歷史，進入他生前參與他的生命、與他共同生活過的人們的記憶之中，成為他們日後生活中回憶的內容。回憶當然是生者對死者的回憶，回憶在何時、以何種方式發生非生者所能預期。從這一點來看，正在回憶的人是回憶行為的發出者，但就回憶行為所指涉的內容來看，正在回憶著的人也是正在進行的回憶行為所關聯的內容的經驗者，是被動地經驗所回憶的內容。從這個意義上說，每一次回憶行為的出現，都是對曾經發生於個體生命中的事情（作為回憶內容而出現）的喚醒。回憶這一行為指向曾發生於回憶者（生者）和出現在回憶中的對象（死者或不在眼前之人）生命中的那些事情，回憶過程中的情感伴隨著回憶的內容出現。在回憶過程中出現的人（伯魚、顏回），是對回憶者（孔子）的生命具有不同的意義和價值的人。正是通過回憶在個體身上的發生，個體得以透過自身對回憶過程中伴隨的情感來認知和經驗自我的存在生命。

自顏回死後，孔子和顏回之間的認知方式發生改變。個體的死亡作為一獨特事件使顏回從存在（生）變為非存在（死），在其存在時，

他人可以通過言語和視聽來與其交往，自其變為非存在，其與他人之關係發生了結構上的根本改變：身體的喪失。身體的喪失意味著此後他人與其之間的溝通方式隨之改變：他人只能通過「回憶」而非「當下感知」的方式與其保持關聯。更重要的不同是，與「回憶」相關的是與朝向過去發生於個體生命中的事件和個體生命中出現過的人相關的時間向度，與「當下感知」相關的是與朝向未來尚未發生的事件和尚未出現的人的時間向度。發生於個體生命中的「回憶」具有回溯性，在當下正在進行的「回憶」過程中，曾經發生在過去的事件和情節得以再現，但正在回憶著的人所回憶的內容已經是記憶中的對象，而非現實生活中當下此刻見到的人。顏回生時，孔子對他的整體評價是：好學、賢、其心三月不違仁。顏回死後，孔子聽到別人問「弟子何人好學」時，孔子的回答是很出乎意料的。因為，孔子並未回答仍在世的弟子誰好學而兩次回憶起顏回（6.3；11.7）。由此一現象亦可見顏回此人在孔子生命中的意義和價值：只有回憶中的顏回是孔子內心認可的好學之人，而非仍存活在世的其他任何一個弟子。顏回的不存在（死）在孔子生命中仍存在（生），通過回憶存在，且通過他人的發問將其存在顯現出來。區別僅在於其存在方式不同：由可感可見的人成為回憶的對象。但一個常常出現在他人回憶中的人，必定是在生者生命中極重要之人，最能使生者「情不自已」之人。

在親身經驗「顏回之死」這一事件時，孔子的情感回應是「哭之慟」。一「慟」字，引致後世思想家諸多解釋。漢儒馬融將此字釋為：「慟，哀過也。」朱熹解釋道：「哀傷之至，不自知也。夫人，謂顏淵，其死可惜，哭之宜慟，非他人之比也。」[16] 漢儒鄭玄的解釋是：「慟，變動容貌。」[17]

如果就孔子為何面對「顏回之死」而「慟哭」，引發爭議的焦點在

16　朱熹：《四書章句集注》，頁 125。
17　程樹德：《論語集釋》（北京：中華書局，1990 年），頁 59。

於「慟哭」的現象關聯著內在的情感經驗。

《左傳・昭公二十五年》記載：

> 民有好惡喜怒哀樂，生於六氣，是故審則宜類，以制六志，哀
> 有哭泣，樂有歌舞，喜有施捨，怒有戰鬥，喜生於好，怒生於
> 惡，是故審行信令，禍福賞罰，以制死生，生，好物也，死，
> 惡物也，好物樂也，惡物哀也，哀樂不失，乃能協於天地之
> 性，是以長久。（《左傳・昭公二十五年》）

按上述文字記載，百姓面對生死的內心情感反應是「哀」、「樂」，百姓的「哀」、「樂」的情感表達方式是哭泣和歌舞。

在孔子的生命經驗中，其內心感受的外在表達是「歌」、「哭」（7.10）。在整部《論語》中，只有兩處提及孔子之「哭」，一處是「哭而不歌」，另一處是「子哭之慟」（11.10）。孔子的情感經驗有「哀」、「樂」，「樂」的表現是歌，「哀」的表現是「哭」。「哭而不歌」是說孔子內心的情感經驗是「哀」，「哭之慟」則是指向深層的「哀」的情感。那麼，在經驗「顏回之死」時，孔子是否過度悲哀？

這涉及情感的深度問題，對此問題可能的回答有兩種：從第三人稱視角看，存在情感表達是否過度的問題；從第一人稱視角看，不存在是否過度悲哀的問題。至少在面對「顏回之死」時，孔子並不認為自己「哭之慟」是過度悲哀。但當被別人提醒時，第一人稱視角會轉換，而須面對是否過度的問題，並提出回應。

就「哭」這一現象來看，通過對日常生活的觀察不難發現，在兒童成長過程中，在其學會以語言表達自己的情感之前，成人只能由其哭、笑去猜測其內心情感。等到小孩子學會說話，開始能用語言來表達自己的情感，語言成為其與人溝通的仲介，對內心的情感的描述代替了情感的直接表達：哭。在成人的生活世界中，在何種人生處境中可能會出現情感的直接表達？

在《論語》中，孔子因「顏回之死」產生的「哀」的情感經驗有言

語的表達（天喪予！天喪予！）和非言語的表達（哭之慟）：

> 11.9 顏淵死。子曰：「噫！天喪予！天喪予！」
>
> 11.10 顏淵死，子哭之慟。從者曰：「子慟矣！」曰：「有慟乎！非夫人之為慟而誰為？」

在面對「顏回之死」這一事件時，孔子說：「天喪予！」經驗他人之死的人實在並不一定願意、能夠接受死亡發生於自己深愛的人身上。「哭」的表現傳達出對所愛之人的死亡既不願接受、又無力改變這一事實，這是個體存在於世界之中的有限性與其期待超越此有限性二者之間的張力的表現，個體以哭泣來表達自己對這種張力的內心感受。

筆者引述上述資料要說明的是：第一，個體面對他人之死的真實發生，在認識和情感上，個體對此無法理解、無法接受；第二，個體在經驗他人之死的過程中，因為情感上無法接受，出現對「天」的追問和質疑；第三，個體在經驗他人之死後，回憶起死者時，對自己與已死者相同，亦要面對和經歷將來發生的、無法避免的一己之死這一事實的無力感。

現在回到「顏回之死」這一事件，為何在面對顏回的死亡這一事件的真實發生時，孔子的回應是「天喪予」？

考察《論語》可以知道，孔子發現，天之所為同自我的意願有背離的可能，其可能性的真實發生會影響個體的情感反應。就顏回之死來說，孔子並不願意顏回先於自己而死，但他的意願不能改變顏回短命而死這一事實：孔子將「顏回之死」這一事實歸因於天，這也直接導致他生命中的內在張力：在特定情境中，同天之間的疏離感（11.9）強於同天之間的親切感（7.23）。

在「顏回之死」這一事件中，若重構其自然發生的過程，筆者試重排相關資料如下：

> 11.9 顏淵死。子曰：「噫！天喪予！天喪予！」

11.11　顏淵死，門人欲厚葬之。子曰：「不可。」門人厚葬
　　　　之。子曰：「回也視予猶父也，予不得視猶子也。非我
　　　　也，夫二三子也。」

11.8　顏淵死，顏路請子之車以為之椁。子曰：「才不才，亦
　　　各言其子也。鯉也死，有棺而無椁。吾不徒行以為之
　　　椁。以吾從大夫之後，不可徒行也。」

11.10　顏淵死，子哭之慟。從者曰：「子慟矣！」曰：「有慟
　　　　乎！非夫人之為慟而誰為？」

6.3　哀公問：「弟子孰為好學？」孔子對曰：「有顏回者好
　　　學，不遷怒，不貳過。不幸短命死矣。今也則亡，未聞
　　　好學者也。」

11.7　季康子問：「弟子孰為好學？」孔子對曰：「有顏回者好
　　　學，不幸短命死矣，今也則亡。」

在顏回的葬禮之前，孔子先聽聞「顏回之死」這一事實。他連說「天喪予！」。當時，同時聽聞這一事實的其他人看到了孔子因「顏回之死」哀傷之情的表現：哭之慟。其後，孔子、顏回的父親顏路和孔子的門人為如何安葬顏回產生了分歧，這種分歧背後是情感的自我認知及如何安頓和表達個體的情感問題。事實上，孔子認為自己不當有治喪的組織，子路卻違背禮準備給自己大葬。在孔子看來，這樣的行為是「欺天」（9.12）。來看相關的兩則資料：

7.35　子疾病，子路請禱。子曰：「有諸？」子路對曰：「有
　　　之；誄曰：『禱爾於上下神祇。』」子曰：「丘之禱久
　　　矣。」

9.12　子疾病，子路使門人為臣。病間，曰：「久矣哉，由之
　　　行詐也！無臣而為有臣。吾誰欺？欺天乎？且予與其死
　　　於臣之手也，無寧死於二三子之手乎？且予縱不得大
　　　葬，予死於道路乎？」

　　孔子既然不會認可子路為自己辦喪禮的方式，認為其不符合自己的身分，是對天的欺詐行為。孔子強調的是禮背後的真情，而非禮外在的規模和形式：「人而不仁，如禮何？」（3.3）既然禮之本在仁，則關鍵問題就是參與喪禮的人是否對死者有真情的回應，即「哀」。

　　在「禮」的形式與「禮」的本質產生衝突時，為何孔子不願妥協於顏回的父親顏路和弟子的選擇？不難知道，某物的形式是其外在的表現方式，而本質則是其能夠超越時間存續至今並繼續留存的根本所在。孔子重本，無論從他的言辭還是親身經驗來看，皆顯現出他是一個不會因為末（「禮」之形式）而犧牲本（「禮」之本）之人，因他深知此種犧牲背後的代價是：「禮」將無法繼續存在。

　　回到前述問題：何為「禮」之本？就喪禮而言，如何理解「喪，與其易也，甯戚」？細察朱熹的解釋：「然凡物之理，必先有質後有文，則質乃禮之本也。」事實上，「戚」是親身參與喪禮的人內心之極度悲哀的言語表達，與之相應的非言語表達是「哭之慟」。前已論及，孔子講「禮」之本是要矯正親身參與喪禮的人「臨喪不哀」的行為，孔子接受在喪禮的處境中，個體表現出過度的哀情，即「戚」。

　　為何孔子會接受喪禮中「戚」，即「哀」情的過度表達？

　　第一，在孔子看來，喪禮中的「哀」的情感，超越日常生活中情感表達是否過度的價值判斷。因為，在孔子的理解和親身經驗中，他發現，「禮」的精神生命是「仁」。沒有「仁」的禮是虛禮、偽禮，不過是徒有其表，虛有其名而已。正是因此，孔子會說：「人而不仁，如禮何？人而不仁，如樂何？」（3.3）

　　第二，基於思考後的理解和第一身經驗，孔子體認到的真實是：「喪禮之本質在哀，喪禮之靈魂在仁」。有真哀者必有真愛。愛愈深則痛愈深，痛愈深則哀愈重。事實上，就孔子對「仁」與「愛」之間關係的理解而言，想必他會同意，「有仁必有愛，仁以愛顯，愛因仁生，因己愛人之行為方得見己之仁心」。基於對這一真實的領會，在弟子樊遲問「仁」時，孔子的回答是：「愛人。」（12.22）

　　第三，君子人格的本質即是「愛人」，君子學道就是要成就自己的自然生命變化為愛人的生命，愛人的生命完滿的表達是他者的歌唱之聲，及己與人同歌、和歌之聲，即孟子所謂的仁聲：「仁言不如仁聲之入人深也」（13.14）。在《論語》中，有這樣一則記載，孔子到了弟子治理的武城，聽到弦歌之聲，與弟子子游的對話中，子遊道出孔子的教導之根基所在：「君子學道則愛人，小人學道則易使也。」（17.4）

　　顏回的父親顏路和門人表達自己對顏回的情感的方式是「厚葬顏回」，孔子表達自己對顏回的情感的方式是連說「天喪予」、「慟哭」。孔子為什麼一定堅持為弟子顏回辦喪禮的規模要合符禮？為什麼不能遷就顏回的父親顏路的要求而厚葬自己心愛的學生？如何理解其中涉及的禮與情感之間的張力？

　　因為在孔子看來，喪禮存在的價值就是哀情的表達。就孔子本人而言，即使是自己的喪禮，也不應該有不合於禮的治喪組織。否則，就是欺天。孔子明確說過：「吾誰欺？欺天乎？」（9.12）涉及孔子對他人之死的經驗時，讀者難免會心生疑問：孔子一生弟子眾多，為何在諸多弟子之中，孔子獨為顏回「慟哭」？

　　筆者以為，理解孔子獨為顏回「慟哭」這一情感現象的關鍵在於：第一，孔子為何總是回憶起顏回為好學，而雲今也則亡；第二，為何單單在顏回死時，孔子連說「天喪予！天喪予！」？

　　先來看第一方面，考察《論語》，筆者發現，一些特定的語詞（好學、賢、其心三月不違仁）在孔子的記憶中直接與顏回此人相關，正是這些語詞，每當孔子再次聽聞時，會成為使他回憶起顏回的直接原因。考察從顏回與孔子相遇至顏回死這段時間中孔子與顏回之間的交往經驗可以發現：在《論語》中，從顏回的好學、賢、其心三月不違仁、顏回貧而不改其樂，顏回問仁等記載可以看到，孔子正是以自己的生命同顏回的生命在彼此交往的過程中的日常經驗為基礎，形成了自己生命中所認知的顏回形象。在顏回死後，此形象成為他回憶起顏回時可能會出現的內容。正是基於對顏回生平行事及其道德人格的瞭解，「顏回之死」

對孔子的生命之意義得以顯明：顏回的生在孔子的生命和生存經驗中具有重要意義，「顏回之死」與孔子的情感經驗之間的關聯正是透過顏回之生對孔子的生命具有的價值和意義得以顯現，孔子經驗顏回之死時的情感反應正讓我們看到，個體的生──死如何與個體在他人生命中的意義和價值相關聯。

再來看第二方面，為何在面對「顏回之死」時，孔子會「哭之慟」？筆者以為，對顏回之死與顏回之生如何相關的分析告訴我們，如何理解「未知生、焉知死。」可能更符合孔子的本意。

在《論語》中，唯有「顏回之死」帶給孔子的生命感受是：不幸。而且，孔子將顏回的短命與自己的生死都歸因於天，在對「顏回之死」這一事件的經驗過程中，孔子體驗到了自己的意願與天意的背離。正是出於這樣的體驗，孔子兩次說：「天喪予！」

「顏回之死」這一事件讓我們看到，先秦儒家討論死亡問題更適合的進路是從親身經驗的進路而非認知和反思死亡的方式。筆者並不否認，在個體的親身經驗發生之前，個體可以反思自我和他人的死亡，但是，與親身經驗前的反思相比，對個體來說，親身經驗後的反思更真實。正是這樣的差別讓我們看到，個體是否具有對他人之死的切身經驗很重要。情感與死亡的關聯發生於個體對他人之死的親身經驗，在面對他人之死時，個體的情感經驗的直接表現是哭泣。比如，面對「顏回之死」，孔子「哭之慟」。孔子五十「知天命」，既已「知天命」，為何在顏回死時，孔子會「哭之慟」？結合筆者對本文中提及的兩條探討死亡問題進路的對比和分析可以這樣回答此問題：「知」涉及認知和理解的問題，「哭之慟」關涉親身經驗和情感，情感的問題涉及認知、安頓和轉化，認知和理解的方式只能回應如何認知情感的問題，無法安頓和轉化情感。在個體的人生經驗中，以個體對他人之死的親身經驗來探討情感與死亡問題，是《論語》記載的「顏回之死」這一事件及面對這一事件時，孔子的情感經驗所啟示的路徑。

第六節　有情與無情

在梳理和考察「恐、懼」與生死、「哀、樂」與生死、「欲、惡」與生死之間的關聯後，再來看莊子與惠子就「人有情無情」這個主題展開的往復辯難，通過考察莊子對「情感與生死」問題的理解和經驗來作一對照，借此深入比較先秦儒家和道家對個體的死及與之相應的情感所持的觀點與反省。考察《莊子》內篇後筆者發現，莊子與惠子無法達成對此問題的共識之關鍵在於，各自對「人」與「情」的內涵有不同理解。事實上，只能說，莊子對「人」與「情」的前理解別於惠子，惠子對「人」與「情」的前理解亦不同於莊子。筆者將結合具體文本澄清他們二人之間的真正分歧所在，最後，回應「人有情無情」的問題。

莊子所理解的「人」的內涵是貌與形的結合，他所理解的「情」的內涵是「是非」與「好惡」。[18] 文本佐證可見〈大宗師〉篇兩段文字：

（1）有人之形，無人之情。有人之形，故羣於人；**無人之情，故是非不得於身**。

（2）惠子謂莊子曰：「人故無情乎？」

　　莊子曰：「然。」

　　惠子曰：「人而無情，何以謂之人？」

　　莊子曰：「道與之貌，天與之形，惡得不謂之人？」

18　然而，莊子真的像他自己在與惠子論辯時那樣理解人的生命嗎？事實上，結合莊子在《大宗師》中所說的「子之愛親，不可解於心，命也。」在這裡，「不可解於心」是說人對父母的愛與生俱來、持久、不可改變。無可否認，由此我們可以知道，莊子承認子女對父母的愛具有與生俱來、無法解除的特質，因為這是他無可否認且身為子女必然親身體驗的生命真相。這樣看來，莊子對「命」的理解並非負面、消極，因為命的內涵包括「愛」。然而，莊子並未告訴我們子女對父母的愛從哪裡來，愛的來源問題在莊子是缺失的。只有在《聖經》中，耶穌的使徒約翰給出了愛的來源的答案：愛從神而來。約翰說：「親愛的弟兄啊，我們應當彼此相愛，因為愛是從神而來的。凡有愛心的，都是從神所生，並且認識神。」（約翰壹書 4:7）。見《聖經（精讀本）》（香港：牧聲出版有限公司，2012 年），頁 472。

> 惠子曰：「既謂之人，惡得無情？」
>
> 莊子曰：「是非吾所謂情也。吾**所謂無情者**，言**人之不以好惡內傷其身**，常因自然而不益生也。」
>
> 惠子曰：「不益生，何以有其身？」
>
> 莊子曰：「道與之貌，天與之形，無以**好惡內傷其身**。今子外乎子之神，勞乎子之精，倚樹而吟，據槁梧而瞑。天選子之形，子以堅白鳴！」

惠子所理解的人是「有情」之人，他以「有情」為人的本質。惠子的前理解是，「情」的內涵為「哀樂」，人不能無哀樂，因此，人不能無情。在〈至樂〉篇中，惠子怪責莊子「鼓盆而歌」的故事透漏出此中消息：

> 莊子妻死，惠子弔之，莊子則方箕踞鼓盆而歌。惠子曰：「**與人居長子，老身死，不哭亦足矣，又鼓盆而歌，不亦甚乎！**」
>
> 莊子曰：「不然。是其始死也，我獨何能無慨然！察其始而本無生，非徒無生也，而本無形，非徒無形也，而本無氣。雜乎芒芴之間，變而有氣，氣變而有形，形變而有生，今又變而之死。是相與為春秋冬夏四時行也。**人且偃然寢於巨室，而我噭噭然隨而哭之，自以為不通乎命，故止也。**」（〈至樂〉）

惠子責怪莊子面對妻子的死亡，不但不哭，反而「鼓盆而歌」。惠子的言語表明他認為，不「哀」死是應受譴責的行為。惠子以「哀」死為人情當有之義應無可疑，若此推斷可成立，則惠子當以「哀樂」為人情的內涵。

回到莊子與惠子關於人的理解論爭，我們會發現一個問題：既然人的生命是由形體和容貌組成，如何理解子女對父母的「愛」？難道這樣的「愛」不是與生俱來的嗎？莊子既然承認愛的真實存在，那麼，人的生命不能沒有愛，這就是莊子必然會承認的事實。這樣的事實恰恰表明

人並非外形與容貌相結合的生命存在。既然如此，這樣的事實難道不是
與莊子將人的生命理解為外形與容貌的結合構成悖論嗎？

　　倘若仔細考察莊子的自辯詞，不難發現，莊子的情感實有一內在的
變化歷程。王叔岷說：「莊子妻死，始不能無慨；惠施死，莊子過其墓
亦有感傷之言。則莊子固亦深於情者，特能更進而忘情耳。」[19] 王叔岷
承認莊子有深情，但能忘情。事實上，莊子的深情在於他實有「哀」死
的親身體驗，在這方面，他與孔子類似。孔子因喪顏回而「哀」，孔子
亦有「哀」死的親身體驗。然而，莊子畢竟不同於孔子，孔子會為顏回
哭之慟，他的辯護詞是「有慟乎！非夫人之為慟而誰為？」。孔子非但
哭，而且是慟哭，他非但慟哭，而且慟哭得義正詞嚴。莊子因妻死而
哭，他哭過後經自我反省會後悔自己曾哭，於是停止哭泣。在他看來，
自己的哭是「不通乎命」的行為。

　　孔子的「哭之慟」是作為個體的自我無法抑止的「哀」情的非言語
表達，這樣的非言語表達只有在個體突破其自身的理性束縛、其內在的
是非判斷和他者的價值判斷後才會發生。莊子的「鼓盆而歌」是自我主
動轉化甚或消除內在的「哀」情以順應「生死之變」的表現。

　　再來看〈大宗師〉篇中面對子桑戶死這一事件的敘述：

> 子桑戶、孟子反、子琴張三人相與友，曰：「孰能相與於無相
> 與，相為於無相為？孰能登天遊霧，撓挑無極，相忘以生，
> 無所終窮？」三人相視而笑，莫逆於心，遂相與友。莫然有
> 閒，而子桑戶死，未葬。孔子聞之，使子貢往侍事焉。或編
> 曲，或鼓琴，相和而歌曰：「嗟來桑戶乎！嗟來桑戶乎！而已
> 反其真，而我猶為人猗！」子貢趨而進曰：「敢問**臨屍而歌**，
> 禮乎？」二人相視而笑，曰：「**是惡知禮意！**」子貢反，以告
> 孔子曰：「**彼何人者邪？修行無有，而外其形骸，臨屍而歌，**

19　王叔岷：《莊子校詮》，頁 644 注四。

顏色不變，無以命之。彼何人者邪？」孔子曰：「彼遊方之外
者也，而丘游方之內者也。外內不相及，而丘使女往弔之，丘
則陋矣。彼方且與造物者為人，而遊乎天地之一氣。彼以生為
附贅縣疣，以死為決㾊潰癰。夫若然者，又惡知死生先後之所
在！假於異物，託於同體，忘其肝膽，遺其耳目，反覆終始，
不知端倪，芒然彷徨乎塵垢之外，逍遙乎無為之業。彼又惡能
憒憒然為世俗之禮，以觀眾人之耳目哉！」子貢曰：「然則夫
子何方之依？」孔子曰：「丘，天之戮民也。雖然，吾與汝共
之。」子貢曰：「敢問其方。」孔子曰：「魚相造乎水，人相造
乎道。相造乎水者，穿池而養給；相造乎道者，無事而生定。
故曰：魚相忘乎江湖，人相忘乎道術。」子貢曰：「敢問畸
人。」曰：「畸人者，畸於人而侔於天。故曰：天之小人，人
之君子；人之君子，天之小人也。」

　　在上述敘述中，子桑戶、孟子反、子琴張三人為友，考察莊子之
意，此三人當是「德友」（〈德充符〉）。在莊子的理解中，所謂「德友」
的特質是：其一，「才全」；其二，「德不行」。「才全」，其內涵是「死
生存亡、窮達貧富、賢與不肖、毀譽、饑渴、寒暑，是事之變，命之行
也；日夜相代乎前，而知不能規乎其始者也。故不足以滑和，不可入於
靈府。使之和豫通而不失於兌，使日夜無郤而與物為春，是接而生時於
心者也。是之謂才全。」（〈德充符〉）；「德不行」，其內涵是「平者，水
停之盛。其可以為法也，內保之而外不蕩也。德者，成和之修也。德
不形者，物不能離也。」（〈德充符〉）

　　面對子桑戶死這一事件，其「德友」孟子反、子琴張的反應是「臨
屍而歌」。為何此二人能「臨屍而歌」而不是「臨喪而哭」？源於他們
是莊子筆下的「德友」，「德友」的生命特質是，重使其形者，不重其形
者。莊子塑造了自己心目中的孔子形象，並以孔子之口說：「所愛其母
者，非愛其形也，愛使其形者也。」（〈德充符〉）此處所針對的論說對

象，原是孔子的愛親之情。在莊子的理解和反思中，他發現，子女之所以愛父母，不是愛父母之形，即身，而是愛使其形者，即心。正是基於這樣的理解和反思，才有孟子反、子琴張的「臨屍而歌」。因為，喪禮中的父母之身，已變為屍，而非身。使其形者借其形得以顯現其存在的真實，但形並非使其形者。形會變化，使其形者不會變化，形變為屍，使其形者可以借助別形繼續存在。

孟子反、子琴張譏諷子貢「惡知禮意」，此二人所理解的「禮」，與孔子所言的「禮」實有不同：基於「天人相分」的觀念，他們相信子貢所言之「禮」不過是世俗之禮，屬於人的創造，並非源於天。「德友」只重天之所為，不重人之所為。既然「禮」屬於人之所為，喪禮當然是源於人，在只重天之所為的「德友」的觀念中，人之所為並無價值，因此，子貢以不知「禮」對此二人進行的價值判斷，反倒被此二人譏為不知禮意。

在莊子心目中，相信孔子知道「德友」的內心之關注與行為之因由，正是基於此，莊子借助孔子之口向子貢解釋為何孟子反、子琴張二人會有「臨屍而歌」的行為？他說：「彼**遊方之外者**也，而丘游方之內者也。**外內不相及**，而丘使女往弔之，丘則陋矣。彼方且與造物者為人，而遊乎天地之一氣。……夫若然者，又惡知死生先後之所在！」可見，在莊子的理解中，「德友」是遊方之外者，重禮之孔子是游方之內者，外內不相及。「不相及」是不相關、不相干之意，「不相及」的兩人在本質上並非同類人，是兩個世界的人。

莊子重天輕人，孔子卻是重人。莊子藉德友子來的口說：

> 父母於子，東西南北，唯命之從。陰陽於人，不翅於父母，彼近吾死而我不聽，我則悍矣，彼何罪焉！夫大塊載我以形，勞我以生，佚我以老，息我以死。故善吾生者，乃所以善吾死也。今之大冶鑄金，金踴躍曰『我且必為鏌鋣』，大冶必以為不祥之金。今一犯人之形，而曰『人耳人耳』，夫造化者必以

為不祥之人。今一以天地為大鑪，以造化為大冶，惡乎往而不可哉！成然寐，蘧然覺。」（《大宗師》）

「陰陽」就是變化的意思，在莊子看來，「陰陽」與人的關係就像子女與父母的關係。在莊子的理解中，只有變化是絕對的，沒有絕對不變的存在。生死不過是變化中的一環節，正如他藉著子來的口所陳明的自己的生死觀。「大塊」指大化，莊子將人的生命歷程以具有形體、生存、衰老和死亡來展現，將死亡視為人的安息，這說明莊子具有自然的生死觀，因為莊子不但是以「變化觀」為基礎，而且是以「夢與醒」為隱喻來理解生死。可是，這樣的理解是正確的嗎？它符合事實嗎？死亡真的是如莊子所說是一種安息嗎？或者只是莊子推測的一種可能？若只是一種可能，則無法成為我們必然要接受的信念，我們仍必須追問符合事實的對生死的理解應該是怎樣的。事實上，根據文本分析所得的結論，將死亡理解為一種安息只是推測的可能，並非必然的確據。

通過分析莊子對人、人的情感和生命的理解我們不難發現，莊子在這三方面的理解與孔子不同。更進一步說，莊子對天的理解與孔子有相當差異。孔子雖重人卻不輕天，他對天的理解實與莊子不同，具體表現為：第一，「吾誰欺？欺天乎？」的內心告白，孔子此一內心告白的對象是天，可以看作是「我與天」之間關係的單向度對話。事實上，孔子確有祈禱的經驗；「丘之禱久矣。（7.35）」；第二，孔子對天命，實有內在的「敬畏」之情。事實上，在筆者看來，孔子和莊子的天人觀的爭執關鍵在於：其各自所理解的天是什麼樣的天？喪禮是否源於天？莊子所理解的天重「德」，「德」源於心，而非形，重形難免會輕「德」。

孔門後學對此的回答是，情源於天，喪禮的本質在於哀情，喜怒哀悲的真情屬於人之性，性自命出，命自天降。[20] 既然情源於天，人若無哀情即無表達哀情的喪禮存在之必要。但是，事實上，就人之為人的普

---

20 李零：《郭店楚簡校讀記》，頁 136。

遍層面而言，人確實有哀情，且來源於天。具體到個體層面，其所表達的哀情可能有真偽，但真偽問題不能成為否認其存在的充足理由，因其存在來源於天，正是莊子所重視的天之所為。真正有價值的哀是出自個體內心真情的哀，而非無真情的偽哀。

　　簡單總結：孔子與莊子面對他人之死時，各自有不同的情感表達。孔子表達自己內心感受到的悲哀之情的方式實有別於莊子，其與莊子的分別在於「哭其慟」和「鼓盆而歌」。「哭之慟」背後的價值判斷和信念是「生是好物，死是惡物，他人之死是對其美與善之生的消解和終結」，「鼓盆而歌」背後的價值判斷和信念是「死與生本為一體，並無價值高低之別」。正是於此，我們發現「哀──樂」（情感）、價值與中國哲學傳統中兩種生死觀的表現形態之間的內在關聯。

第七節　荀子論生死

　　荀子是在深入思想生死問題發現情感與生死的內在關聯後，以其發現來詮釋其倫理思想的哲學家，這就是他為什麼能提出以「人的思考能力」和「對死亡的恐懼」作為節制人欲望的方式：

> 人之情，食欲有芻豢，衣欲有文繡，行欲有輿馬，又欲夫餘財蓄積之富也；然而窮年累世不知不足，是人之情也。今人之生也，方知畜雞狗豬彘，又蓄牛羊，然而食不敢有酒肉；餘刀布，有囷窌，然而衣不敢有絲帛；約者有筐篋之藏，然而行不敢有輿馬。是何也？非不欲也，幾不長慮顧後，而恐無以繼之故也？於是又節用御欲，收斂蓄藏以繼之也。是於己長慮顧後，幾不甚善矣哉！今夫偷生淺知之屬，曾此而不知也，糧食大侈，不顧其後，俄則屈安窮矣。是其所以不免於凍餓，操瓢囊為溝壑中瘠者也。況夫先王之道，仁義之統，詩書禮樂之分乎！彼固為天下之大慮也，將為天下生民之屬，長慮顧後而保

萬世也。(《榮辱》)

對情感與生死問題，荀子有明確的觀念和思想，盡見於《禮論》中的相關內容：

> 禮者，謹於治生死者也。生、人之始也，死、人之終也，終始俱善，人道畢矣。故君子敬始而慎終，終始如一，是君子之道，禮義之文也。**夫厚其生而薄其死，是敬其有知，而慢其無知也**，是奸人之道而倍叛之心也。君子以倍叛之心接臧穀，猶且羞之，而況以事其所隆親乎！**故死之為道也，一而不可得再複也**，臣之所以致重其君，子之所以致重其親，於是盡矣。(《禮論》)

細讀這段荀子論「禮與生死」的內容，不難發現：首先，荀子提出，應當以「始」與「終」，即開始與結束來理解人的生與死；其次，應當以「禮」來規範生與死，因為荀子認為以禮規範生死是人道的完滿表達。然而，就人道與生死的重要性而言，不難發現，對荀子來說，人道比個體的生死更重要；第三，與孔子和孟子不同，就生死問題本身而言，荀子在論及「死者有知無知」的問題時，明確提出：「死者無知」；最後，荀子明確提出死是生命的結束：「故死之為道也，一而不可得再複也。」但是，這是一個十分大膽且未經證實的判定，且此論斷並未經證實，我們無法知道其是否符合事實。若不符合事實，則我們有權利拒絕接受。可以說，在先秦思想家中，荀子明確提出：不可能有復活，即所謂的「人死不能複生」。

問題是，荀子如何知道「人死無知」？荀子仍生存於世時，他無法知道人死後有知無知。當他死後，他也無法將自己所知道的事實告訴仍活在世上的人。若事實是「人死有知」，接受並相信荀子的死亡觀就是誤將非事實當作事實和信念來接受。這是走偏了道路，而且是在至關重要的生死問題上誤入歧途。荀子的「人死不能復生」是建立在自己的所

知和所見基礎上給出的論述，然而，正如同今天的我們一樣，荀子的所知所限受到他生活於其中的社會、文化傳統和歷史時空的限制。若從跨文化傳統的視角來看，在希伯來傳統中，明確記載有「人死後復生」的事實。據《聖經》記載，先知以利亞、以利沙都曾通過向上帝祈禱，上帝應允他們的祈禱使人死而復生。其中，以利亞使死人復活的事記載在列王記：

> 這事以後，作那家主母的婦人，她兒子病了；病得甚重，以致身無氣息。婦人對以利亞說：「神人哪，我與你何干？你竟到我這裡來，使神想念我的罪，以致我的兒子死呢？」以利亞對她說：「把你兒子交給我。」以利亞就從婦人懷中將孩子接過來，抱在他所住的樓中，放在自己的床上，就求告耶和華說：「耶和華我的神啊，我寄居在這寡婦的家裡，你就降禍與她，使她的兒子死了嗎？」以利亞三次伏在孩子的身上求告耶和華說：「耶和華我的神啊，求你使這孩子的靈魂仍入他的身體。」耶和華應允以利亞的話，孩子的靈魂仍入他的身體，他就活了。以利亞將孩子從樓上抱下來，進屋子交給他母親說：「看哪，你的兒子活了！」婦人對以利亞說：「現在我知道你是神人，耶和華藉你口所說的話是真的。」（列王記上 17:17-24）

在這段文字中，撒勒法的寡婦知道以利亞是神人，但她不知道自己的兒子能從死裡復活。以利亞通過祈禱耶和華使寡婦的兒子從死裡復活的事實告訴我們，以利亞所信的神是掌管生死的神，他能使已經死去的人活過來。撒勒法的寡婦就是見證人，她親眼見到了自己的兒子死了，又活過來了，這是她的親身經歷。這樣的親身經歷是對自然界的生與死的定律的突破，這樣的突破是非同尋常的事，它顯明了神的作為。當這個寡婦有了這樣的親身經歷後，她的生命從此相信「死而復活」，相信神是能使人死而復活的神，而不是「人死不能復生」，就像荀子一樣。

此外，先知以利沙也像以利亞一樣，藉著禱告神使人從死裡復活，

來看《列王記下》的記載：

一日，以利沙來到那裡，就進了那樓躺臥。以利沙吩咐僕人基哈西說：「你叫這書念婦人來。」他就把婦人叫了來。婦人站在以利沙面前。以利沙吩咐僕人說：「你對她說：你既為我們費了許多心思，可以為你做什麼呢？你向王或元帥有所求的沒有？」她回答說：「我在我本鄉安居無事。」以利沙對僕人說：「究竟當為她做什麼呢？」基哈西說：「她沒有兒子，她丈夫也老了。」以利沙說：「再叫她來。」於是叫了她來，她就站在門口。以利沙說：「明年到這時候，你必抱一個兒子。」她說：「神人，我主啊，不要那樣欺哄婢女。」婦人果然懷孕，到了那時候，生了一個兒子，正如以利沙所說的。

孩子漸漸長大，一日到他父親和收割的人那裡。他對父親說：「我的頭啊，我的頭啊！」他父親對僕人說：「把他抱到他母親那裡。」僕人抱去，交給他母親，孩子坐在母親的膝上，到晌午就死了。他母親抱他上了樓，將他放在神人的床上，關上門出來，呼叫她丈夫說：「你叫一個僕人給我牽一匹驢來，我要快快地去見神人，就回來。」丈夫說：「今天不是月朔，也不是安息日，你為何要去見他呢？」婦人說：「平安無事。」於是備上驢，對僕人說：「你快快趕著走，我若不吩咐你，就不要遲慢。」

婦人就往迦密山去見神人。神人遠遠地看見她，對僕人基哈西說：「看哪，書念的婦人來了。你跑去迎接她，問她說：你平安嗎？你丈夫平安嗎？孩子平安嗎？」她說：「平安。」婦人上了山，到神人那裡，就抱住神人的腳。基哈西前來要推開她，神人說：「由她吧！因為她心裡愁苦，耶和華向我隱瞞，沒有指示我。」婦人說：「我何嘗向我主求過兒子呢？我豈沒有說過，不要欺哄我嗎？」以利沙吩咐基哈西說：「你束上

腰，手拿我的杖前去。若遇見人，不要向他問安；人若向你
問安，也不要回答。要把我的杖放在孩子臉上。」孩子的母親
說：「我指著永生的耶和華，又敢在你面前起誓，我必不離開
你。」於是以利沙起身，隨著她去了。基哈西先去，把杖放在
孩子臉上，卻沒有聲音，也沒有動靜。基哈西就迎著以利沙回
來，告訴他說：「孩子還沒有醒過來。」

以利沙來到，進了屋子，看見孩子死了，放在自己的床上。他
就關上門，只有自己和孩子在裡面，他便祈禱耶和華，上床伏
在孩子身上，口對口、眼對眼、手對手，既伏在孩子身上，孩
子的身體就漸漸溫和了。然後他下來，在屋裡來往走了一趟，
又上去伏在孩子身上，孩子打了七個噴嚏，就睜開眼睛了。以
利沙叫基哈西說：「你叫這書念婦人來。」於是叫了她來。以
利沙說：「將你兒子抱起來。」婦人就進來，在以利沙腳前俯
伏於地，抱起她兒子出去了。（列王記下 4:11-37）

　　在這裡，和先知以利亞一樣，先知以利沙使書念婦人的兒子死而復
活，這件事是如何發生的呢？正如文本所說：「他便祈禱耶和華。」先
知是神的代言人，先知以利沙祈禱耶和華，結果書念婦人的兒子死後活
過來。我們從這樣的事實知道：首先，是神的大能使人從死而復活，不
是以利沙能做什麼；其次，神是掌管生死的神，他突破了死亡的限制，
使人「死而復生」，這非任何人的能力能夠做到；第三，在希伯來的傳
統中，死而復活是他們見證的歷史事實，透過見證「死而復活」的事
實，他們認識道神是能使人死而復活的神。這樣的認識在先秦思想家是
沒有的，因為他們未曾親見這樣的事實發生，荀子亦是如此。荀子因為
未曾親見，就以理性判斷這樣的事實不存在，或者進一步說，不可能存
在。

第八節　小結

孔子以「聞道」來回應「一己之死」的問題，他不討論自我如何認知和經驗一己之死的問題的原因在於，對他來說面對「一己之死」更重要的是個體是否「聞道」，而不是自我的認知和經驗。與此同時，孔子以在面對父母之生和必然發生於將來某個時刻的、隨時可能臨到父母生命中的死亡這一事實時，子女心靈中產生的喜悅與懼怕共存的真實情感來言說「他人之死」，表明他肯認情感與價值、情感與事實之間具有無法分離的真實關聯。

莊子和荀子卻並非如此，就莊子而言，他對「人」與「情」的定義與內涵與孔子不同，故此，他以氣的變化和夢喻言說人的生死。以氣的變化言說人的生死實是終止了個體對「人終有一死」這個終極問題進行追問和質疑的可能，而以夢喻言說人的生死其目的是要取消事實與夢境的分別，並以疑問的方式勸說他人去質疑分別二者是否必要，從而以此質疑的立場來動搖其信念進而勸服其接受自己的生死觀。換句話說，莊子的生死觀是要通過切斷情感與價值、情感與事實之間的關聯來實現以知識的思辨轉化情感的目的，他所走的道路與孔子肯認並堅持情感與價值、情感與事實之間的關聯之道路截然相反。

就荀子而言，他顛覆了孔子和孟子對天的理解。孔子和孟子認為生命的來源是有意志的天，荀子認為生命的來源是天地，並非有意志的天。與此同時，荀子以變化來理解父母的生死亦是與孔子與孟子截然不同。我們知道，對孔子來說，父母的生死絕不能以變化來理解，而是令子女心靈懼怕、無法接受和不願面對的事實。

值得注意的是，若就生死觀的思想關聯而言，雖然荀子批評莊子「蔽於天而不知人」、「孔子仁知且不蔽」（《解蔽》），但他的生死觀卻實受莊子而非孔子的影響，因他以氣的變化而非以「聞道」和縱向維度的「人與道」和「人與天」之間的關係來言說人的生死。問題是，以氣的變化為根基言說人的生死，實是基於與莊子相同的信念：人的生命與動

物的生命為一體，都是變化中所生成的生命，並非實基於人的生命所具
有的獨特價值。

面對父母的死亡，荀子由子女真實的情感回應「至痛極」發現子女
對父母的深愛。然而，因荀子具有「死者不可復生」這樣的信念，他的
關注點是仍存活於世的子女，即生者。故此，他要子女「節哀」。事實
上，若真是「至痛極」，又如何能真做到節哀？所謂的「節哀」不過是
節制內心真實的悲傷情感的外在表達，即哭泣。然而，即使情感的外在
表達能受到節制，個體對情感的真實經歷卻不會改變，因其發生奠基於
「父母之死」的事實。這樣的節制情感是通過對其賦予社會性的道德評
價的方式將其個體化，其最終的結果是個體必然經歷孤單地面對並壓抑
自己生命中真實發生的內在情感。

事實上，荀子提出「死者無知」和「人死不能復生」是基於他對其
所見、所知進行思想後作出的判斷，他以自己作出的判斷為信念來回答
「人死後是否能復生」這個問題。但是，這樣的信念是否符合事實是我
們需要追問的問題。若從希伯來文化傳統的記載來看，「人死能復生」，
死而復活是事實，因確有人曾親身經歷。因著這樣的親身經歷，死而復
活便成為後來的希伯來人所堅信的事實，此事實的存在否證了荀子的信
念。

簡單總結：我們能說的是，無論是對孔子，還是對希伯來人來說，
「人死後是否能復生」都是超越人的理性判斷的問題，人不能超越理性
的限制去對其進行言說，因其屬於縱向維度的「人與天」、「人與道」的
關係中天、道向人的啟示，這樣的啟示是孔子生命中自始至終的真實期
待：「聞道」。

第六章
情感與道

　　在先秦儒家哲學傳統中，「道」、「德」和「道德」三詞具有不同意涵。筆者將在本章考察先秦儒家如何理解情感與「道」，在第七章和第八章分別考察先秦儒家對情感與「德」，以及情感與「道德」的理解。考察《詩經》為代表的文學傳統，「道」主要有「政治處境」、「路」和「言、說」三種意涵。至孔子始論及不同層面的「道」，在孔子看來，存在縱向維度的「未聞之道」，其特性是自身能發出言說，作為傾聽者的孔子期待能與此「未聞之道」發生生命關聯，以滿足他對自我生命的意義與價值的終極追求。孔子對不同層面的「道」之關注影響孟子，孟子亦論及諸多層面的「道」。

第一節　仁與道

一、《詩經》中的仁與道

　　在《詩經》中，「道」的意涵有多層次。其一，「道」可以指「周道」，即是周朝當時的政治處境。考察《詩經・國風・匪風》可以看出，面對周朝當時的政治處境，詩人心中的感情是「悲哀」和「傷悲」，因為當時現實的政治處境並非理想的、當有的政治處境。在這首詩中，「怛」、「弔」兩詞即是表達「悲哀」意涵的情感語詞。此外，「傷悲」一詞還出現在《詩經・小雅・四牡》中，用以表達詩人心中思念家人，內心想要回家卻因自己擔負的政治職責不能歸家的悲傷之情。不

能歸家是因詩人承擔政治上的職責，故此兼具政治關係的從政者和家庭
關係中的父親或兒子這樣的雙重身分，而從政者的身分限制了他為人父
或為人子的感情之實現，此處涉及個體的責任與情感之間的張力，可以
表現為兩種情感之間的張力：對執政者的忠誠和對親人的愛。在詩人看
來，「周道」是君子當行之道，面對「周道」的衰微，詩人忍不住口中
發出歎息，心中感到憂傷。在這裡，我們看到人的感情與言語之間的關
聯在於，「憂——歎」一體呈現，直接表達人的心與人的言之間的內在
關聯。就詩人自身而言，他親身體驗到的事實是，自己心中的憂傷以口
中的歎息的形式透漏其當下的真實存在：「假寐永歎，惟憂用老」。非但
如此，在這樣的親身體驗中，詩人知道，自己無法主動改變和消除自己
的「心之憂」。所以，詩人說：「維憂用老」。此四字道盡詩人心中感知
到的悲傷之情是何等之深！在筆者看來，這是詩人的歎世之憂，詩人內
心的這種感情在《詩經・小雅・小弁》中有相關記載。此外，面對周
道的衰微、政治的動盪，詩人忍不住要向人傾訴自己內心的感受，言詞
之中，詩人禁不住悲傷至落淚，在《詩經・小雅・大東》中記載了詩
人的眼淚。我們來看四則資料：

（1）匪風發兮，匪車偈兮。顧瞻周道，中心怛兮。匪風飄
兮，匪車嘌兮。顧瞻周道，中心弔兮。（《詩經・國風・
匪風》）

（2）四牡騑騑，周道倭遲。豈不懷歸？王事靡盬，我心傷
悲。（《詩經・小雅・四牡》）

（3）踧踧周道，鞠為茂草。我心憂傷，惄焉如搗。假寐永
嘆，維憂用老。心之憂矣，疢如疾首。（《詩經・小雅・
小弁》）

（4）有饛簋飧，有捄棘匕。周道如砥，其直如矢。君子所
履，小人所視。睠言顧之，潸焉出涕。（《詩經・小雅・
大東》）

其二,「道」可以指「路」,「行道」即是「行路」之意。在「行道」的過程中,詩人內心的感受是「傷悲」,他人並不知詩人內心為何「哀」,在《詩經·小雅·采薇》中記載了詩人在「行道」的過程中內心產生的感情。以「路」詮釋「道」的意涵與自我品格的修養有關,表現於詩人內心喜好君子,盼望君子能與自己為友的思想,此意可見《詩經·唐風·有杕之杜》的記載。當「道」作「路」解時,亦有所行之路並非己心所願的意涵,詩人對自己內心情感的言說以這樣一個事實為基礎:人是有意願的個體。詩人以「行道遲遲」來表達「行道」的事實違背自己的心之「所願」,《詩經·國風·穀風》中的詩句表達了此意。我們來看相關的三則資料:

(1)昔我往矣,楊柳依依。今我來思,雨雪霏霏。**行道遲遲,載渴載飢。我心傷悲,莫知我哀!**(《詩經·小雅·采薇》)

(2)有杕之杜,生於<u>道左</u>。彼君子兮,噬肯適我?中心好之、曷飲食之。
有杕之杜,生於道周。彼君子兮,噬肯來遊?中心好之,曷飲食之。(《詩經·唐風·有杕之杜》)

(3)**行道遲遲,中心有違。**不遠伊邇,薄送我畿。誰謂荼苦,其甘如薺。宴爾新昏,如兄如弟。(《詩經·國風·穀風》)

其三,「道」可以指「言、說」之意,「不可道」即是「不可言」、「不可說」。在《詩經·國風·墻有茨》中,出現「牆有茨、不可埽也。中冓之言、不可道也。所可道也、言之醜也。」之說,其中,「不可道」的「中冓之言」即是「不可說」之言。

在《詩經》中,「仁」與「美」兩語詞同時出現,用以言說個體內在人格的光輝和美好。在詩人的言說中,叔於田和盧令令是「美且仁」的人格榜樣。可以說,在《詩經》作者看來,理想的人格當是美與仁於

個人生命中的具體化。我們來看《詩經》中僅有的論及「仁」的兩首詩，便不難確證筆者所言：

（1）叔於田，巷無居人。豈無居人？不如叔也，洵美且仁。
（《詩經・國風・叔於田》）
（2）盧令令，其人美且仁。（《詩經・國風・盧令》）

以《詩經》的記載來看，「仁」與「道」的關聯表現於詩人筆下的「在水一方」的「伊人」形象。先來看《詩經・秦風・蒹葭》中的言說：

蒹葭蒼蒼，白露為霜。所謂伊人，在水一方。
遡洄從之，道阻且長。遡遊從之，宛在水中央。
蒹葭萋萋，白露未晞。所謂伊人，在水之湄。
遡洄從之，道阻且躋。遡遊從之，宛在水中坻。
蒹葭采采，白露未已。所謂伊人，在水之涘。
遡洄從之，道阻且右。遡遊從之，宛在水中沚。

根據詩人的描述，使其心嚮往的伊人並不在身邊，而是在遙遠的地方：「在水一方」。「在水一方」既可以指距離的遙遠，也可以指個體心靈對美好人格形象的期盼和渴慕。就詩的言說方式看，「在水一方」當是以象徵的手法言說詩人內心對「伊人」這樣的理想人格的嚮往。就「在水一方」的言說所蘊含的距離的遙遠和個體心靈對美好人格的期盼和渴慕這兩層意思來看，其中的共同特徵應是「距離的遙遠」。詩人用以表達此共同特徵的語詞是「道阻且長」、「道阻且躋」和「道阻且右」。其實，距離的遙遠亦含有時間、空間的阻隔之意，正是於此，詩人的感情所思念的伊人似乎總是在遠方，遠方可以是過去歷史中生活過的人，也可以是自己無法親見之人。伊人的形象特徵可以是「美」，亦可以是「美且仁」。若可以將伊人的形象特徵解釋為「美且仁」，則我內心嚮往伊人的感情，即是追慕、思慕「美且仁」之人的感情。

二、《論語》中的仁與道

在《論語》中，孔子論及不同層面的「道」，關涉「我與道」關係
的不同面向。在縱向維度上的「我與道」的關係，似乎在孔子是未知
的，所以，他說「朝聞道，夕死可矣」。可見，孔子所欲聞之道，即可
能是他未知之道。孔子想要通過「聽」這種方式與他尚未知之道之間
建立關係。[1] 既然孔子想要聽道，則他相信，道可以被他聽到，如此看
來，「道」本身具有能言的特性。孔子想要「聞道」，這句話的意思就
是，道作為言說者存在，人作為傾聽者聽道言說的內容。孔子的弟子子
貢曾說：「夫子之文章，可得而聞也；夫子之言性與天道，不可得而聞
也。」（5.13）為何子貢未曾聽到孔子言說「天道」呢？是孔子故意隱瞞
嗎？還是因他未曾聞道，所以無法言說天道？孔子曾向弟子兩次表白自
己的心志：

> 7.24　子曰：「二三子以我為隱乎？吾無隱乎爾。吾無行而不
> 　　　與二三子者，是丘也。」
>
> 9.12　子疾病，子路使門人為臣。病間，曰：「久矣哉，由之
> 　　　行詐也！無臣而為有臣。吾誰欺？欺天乎！且予與其死
> 　　　於臣之手也，無寧死於二三子之手乎！且予縱不得大
> 　　　葬，予死於道路乎？」

從這兩次表白來看，若孔子已聞道，他當不會故意隱瞞。孔子不肯
「欺天」的行為表明，首先，孔子有「天不可欺」的信念；其次，孔子
是絕對真誠，一個絕對真誠的人若說「朝聞道，夕死可矣」，根據他的
言語，大致可以推測，在當時他可能確實未曾聞道，所以他承認自己無
法言說「天道」。筆者認為，孔子相信，他期待聞卻未聞的「道」能滿
足他對生命意義和價值的終極追求，賦予自己的生命以完滿的意義。

1　見本書第二章第二節「仁與道」部分。

　　孔子以「愛人」來打通「仁」與「道」之間的界限，在他看來，君子學道的直接目的就是「愛人」。如果離開「愛」，則無法理解孔子的「仁」與「道」。[2] 此處的「道」，當不是縱向維度的天道，而是橫向維度的人倫之道。

　　考察《論語》中孔子論及「罪」的文本，筆者推測，孔子不能聞道的原因很可能在於「獲罪於天」。即，因為「罪」，人無法向天祈禱，祈禱的本質是雙方能對話，有溝通。「獲罪於天，無所禱也」的意思即是說，因為人的「罪」觸犯天，人雖可向天祈禱，天卻不聽人的祈禱。在此種處境中，祈禱之人與聽祈禱之天的關係斷絕，人與天無法溝通。為何天可能不聽人的祈禱？因為人的「罪」。因此，人無法向天祈禱即是說，人無法聽到從天而來的聲音。人雖能向天祈禱，但天不聽。若要使天聽人的祈禱，自然是需要先除去人的「罪」。故此，如何能夠除去使「人與天」的關係斷絕的「罪」便是論及「人與天」的關係時最重要且無法回避的問題。下面將簡單分析孔子如何理解「罪」這一觀念，再來看「罪」與「仁」之間如何關聯。

　　在孔子的生命感受中，有「罪」的觀念。孔子的「罪」的觀念有三義：一是用以言說觸犯國家法律的行為（5.1）；一是用以言說使人無法向天祈禱的行為，即人的罪行（3.13）；一是指在政治關係中，統治者能維持其統治的根源是不敢赦罪，即行公義。因為，在歷史中，統治者能實行良好統治的關鍵在兩方面：不敢赦罪和將善人和仁人的價值置於周親之上（20.1）。在《論語》中有三則資料論及「罪」的這三層意思：

3.13　王孫賈問曰：「與其媚於奧，寧媚於竈，何謂也？」子曰：「不然；獲罪於天，無所禱也。」

5.1　子謂公冶長，「可妻也。雖在縲絏之中，非其罪也。」以其子妻之。

2　見本書第二章第二節「仁與道」部分。

20.1　堯曰：「咨！爾舜！天之曆數在爾躬，允執其中。四海
　　　困窮，天祿永終。」舜亦以命禹。曰：「予小子履敢用
　　　玄牡，敢昭告於皇皇后帝：**有罪不敢赦。帝臣不蔽，**
　　　簡在帝心。朕躬有罪，無以萬方；萬方有罪，罪在朕
　　　躬。」周有大賚，善人是富。「雖有周親，不如仁人。
　　　百姓有過，在予一人。」謹權量，審法度，修廢官，四
　　　方之政行焉。興滅國，繼絕世，舉逸民，天下之民歸心
　　　焉。所重：民、食、喪、祭。寬則得眾，信則民任焉，
　　　敏則有功，公則說。

　　在第一則資料中，孔子明確說：「獲罪於天，無所禱也。」由此可
見，在孔子的思想中，他承認，人確實是有獲罪於天的可能。在第二則
資料中，孔子的意思是，公冶長雖身處牢獄之中，卻不是因為他觸犯國
家律法的行為所產生的結果。這裡，「罪」指行為的過錯，人的行為過
錯程度輕重的分別，不同的觸犯國家律法的行為會帶來輕重不同的懲
罰結果，這是在國家法律意義上言說的「罪與罰」之間的關聯。孔子將
自己的女兒嫁給公冶長，一個正在牢獄中的罪犯！孔子以此行為公開表
達對不公義的法律之譴責，同時表達他心中的正義並非國家法律層面上
的公義。人若因自己的罪而觸犯天，就無法向天祈禱。無法向天祈禱的
意思是說，因自己的罪人與天之間的關係斷絕。即使是國家的統治者，
同樣有可能因自己的罪而觸犯天。由此看來，「無所禱也」的根源在於
天，是天不聽人的祈禱。天為何不聽人的祈禱？是因人的罪：「獲罪於
天」。這是在縱向維度的天人關係上言說的「罪與罰」之間的關聯，此
處的「罰」主要指天人關係的斷絕。統治者不敢赦免他人和自己的罪的
更深層原因在於，他深知，天能知人的罪，能知人罪的天是有心之上
帝。孔子意識到這樣一個事實：上帝之心不受蒙蔽，會鑒察執政者是否
秉行公義。
　　在《尚書》的〈湯誥〉中有這樣一段文字：

> 凡我造邦，無從匪彝，無即慆淫，各守爾典，以承天休。爾有
> 善，朕弗敢蔽；罪當朕躬，弗敢自赦，惟簡在上帝之心。其爾
> 萬方有罪，在予一人；予一人有罪，無以爾萬方。(〈湯誥〉)

若對照《論語》20.1 這則資料和此段引文的內容不難發現，20.1 這則資料中的「簡在帝心」極可能是此處的「簡在上帝之心」。筆者雖然並不能確定《論語》中的這則引文受到《尚書》中的〈湯誥〉的影響，但二者之間無疑存在密切關聯。可見，古代的統治者不敢赦「罪」是出於敬畏「皇皇後帝」。因為，「帝臣不蔽，簡在帝心。」此處的內容讓我們看到，在孔子的理解中，上帝是有心的。

在第三則資料中，三代帝王堯舜禹在傳授國位時，將「善人」、「仁人」的價值置於「周親」之上。為何其時的價值系統的序階會有這樣的安排？考察這則資料，筆者發現，在「周親」與「善人」、「仁人」之間，統治者將「善人」、「仁人」的價值置於「周親」之上，亦表明其心中有上帝無所不知，不敢存私意行事之意，這說明上帝是有知的。而且，三代的統治者當知，上帝喜悅「善人」、「仁人」，這說明上帝是有感情的，正是因「仁人」是上帝喜悅的人，才會有「雖有周親，不如仁人」之說。就上帝喜悅「善人」、「仁人」可推測，上帝的本質當具有「善」與「仁」的道德品格。此外，結合前述內容分析，可以知道，上帝之心能知。如此看來，「善人」、「仁人」的共同處在於，二者都是無罪之人。

三、《孟子》中的仁與道

至孟子，考察《孟子》，他所關注的道其內涵有：王道（1.3）、堯舜之道（4.2）、古之道（4.14；7.25）、人倫之道（5.4）、先王之道（6.9）、君子之道（6.8；10.6）、聖人之道（6.9）、天之道與人之道（7.12）、行事之道（2.10）、學問之道（11.11）、修養之道（3.2）、善道（14.32）、中道（13.41；14.37）和天道（14.24）。在諸多層面的道中，

天道與天之道應當屬於最高層級的道。「堯舜之道」體現道的歷史面向，「堯舜之道」的內涵是「仁」與「義」。孟子直接以「仁」詮釋人的本質，在他看來，能體現「仁」的人就是「道」。他說：

14.16　孟子曰：「仁也者，人也。合而言之，道也。」

孟子甚至更直接將「道」的本質歸結為「仁」與「不仁」：

7.2　孟子曰：「規矩，方員之至也；聖人，人倫之至也。欲為君，盡君道；欲為臣，盡臣道。二者皆法堯舜而已矣。不以舜之所以事堯事君，不敬其君者也；不以堯之所以治民治民，賊其民者也。孔子曰：『**道二：仁與不仁而已矣。**』暴其民甚，則身弒國亡；不甚，則身危國削。名之曰『幽』『厲』，雖孝子慈孫，百世不能改也。《詩》雲：『**殷鑒不遠，在夏後之世。**』此之謂也。」

問題是：孟子所說的「仁」的本質是什麼？考察《孟子》，他以「惻隱之心」來詮釋「仁」的內涵。在孟子看來，生而具有（先天實有）而實存的「惻隱之心」是人可以為善的充分條件。人雖可以為善但並不必然為善，因為，人能為善仍需「好善」作為其行為的內在情感動力。孟子曾明確論及「好善」的難能可貴：

12.13　魯欲使樂正子為政。孟子曰：「吾聞之，喜而不寐。」
　　　　公孫丑曰：「樂正子強手？」曰：「否。」
　　　　「有知慮手？」曰：「否。」
　　　　「多聞識手？」曰：「否。」
　　　　「然則奚為喜而不寐？」曰：「**其為人也好善。**」
　　　　「**好善足手？**」
　　　　曰：「**好善優於天下，而況魯國手？**夫苟**好善**，則四海之內皆將輕千里而來告之以善；夫苟不好善，則人將

曰，『訑訑，予既已知之矣。』訑訑之聲音顏色距人於
千里之外。士止於千里之外，則讒諂面諛之人至矣。
與讒諂面諛之人居，國欲治，可得乎？」

13.8　孟子曰：「古之賢王**好善而忘勢**，古之賢士何獨不然？
樂其道而忘人之勢。故王公不致敬盡禮，則不得亟見
之。見且由不得亟，而況得而臣之乎？」

從這兩則資料可以發現，「好善」是古代理想的執政者的品格，在
「善」與「勢」的取捨之間，理想的執政者因「好善」而不關注自己擁
有的統治權力。在孟子的思想中，「好善」之人雖然能使他高興得睡不
著覺，但他的心目中，最推崇的理想人格是具有「樂善」特質之人。來
看這則資料：

11.16　孟子曰：「有天爵者，有人爵者。**仁義忠信，樂善不**
倦，此天爵也；公卿大夫，此人爵也。**古之人修其天**
爵，而人爵從之。今之人修其天爵，以要人爵；既得
人爵，而棄其天爵，則惑之甚者也，終亦必亡而已
矣。」

事實上，孟子將人之「仁」的本源歸為生而具有（先天實有）的
「不忍人之心」，但他並未論及「不忍人之心」的最終來源。在孟子看
來，「惻隱之心」是「不忍人之心」在具體的倫理處境中的顯現：

3.6　孟子曰：「**人皆有不忍人之心**。先王有不忍人之心，斯
有不忍人之政矣。以不忍人之心，行不忍人之政，治天
下可運之掌上。**所以謂人皆有不忍人之心者，今人乍見**
孺子將入於井，皆有怵惕惻隱之心——非所以內交於孺
子之父母也，非所以要譽於鄉黨朋友也，非惡其聲而然
也。由是觀之，無惻隱之心，非人也；無羞惡之心，非
人也；無辭讓之心，非人也；無是非之心，非人也。**惻**

隱之心,仁之端也;羞惡之心,義之端也;辭讓之心,禮之端也;是非之心,智之端也。人之有是四端也,猶其有四體也。有是四端而自謂不能者,自賊者也;謂其君不能者,賊其君者也。**凡有四端於我者,知皆擴而充之矣,若火之始然,泉之始達。苟能充之,足以保四海;苟不充之,不足以事父母。**」

11.6 公都子曰:「告子曰:『性無善無不善也。』或曰:『性可以為善,可以為不善;是故文武興,則民好善;幽厲興,則民好暴。』或曰:『有性善,有性不善;是故以堯為君而有象;以瞽瞍為父而有舜;以紂為兄之子,且以為君,而有微子啟、王子比干。』今曰『性善』,然則彼皆非與?」

孟子曰:「**乃若其情,則可以為善矣,乃所謂善也。若夫為不善,非才之罪也。惻隱之心,人皆有之;**羞惡之心,人皆有之;恭敬之心,人皆有之;是非之心,人皆有之。**惻隱之心,仁也;**羞惡之心,義也;恭敬之心,禮也;是非之心,智也。**仁義禮智,非由外鑠我也,我固有之也,弗思耳矣。**故曰:『求則得之,舍則失之。』或相倍蓰而無算者,不能盡其才者也。《詩》曰:『天生蒸民,有物有則。民之秉彝,好是懿德。』孔子曰:『為此詩者,其知道乎!故有物必有則;民之秉彝也,故好是懿德。』」

孟子以「孺子將入於井」的倫理敘事言說「不忍人之心」於具體的倫理處境中顯現其存在的特性:

孟子曰:「**人皆有不忍人之心。**先王有**不忍人之心**,斯有不忍人之政矣。**以不忍人之心,行不忍人之政,治天下可運之掌上。**所以謂人皆有不忍人之心者,今人乍見孺子將入於井,皆

有怵惕惻隱之心。非所以內交於孺子之父母也，非所以要譽於鄉黨朋友也，非惡其聲而然也。由是觀之，無惻隱之心，非人也；無羞惡之心，非人也；無辭讓之心，非人也；無是非之心，非人也。惻隱之心，仁之端也；羞惡之心，義之端也；辭讓之心，禮之端也；是非之心，智之端也。人之有是四端也，猶其有四體也。有是四端而自謂不能者，自賊者也；謂其君不能者，賊其君者也。凡有四端於我者，知皆擴而充之矣，若火之始然，泉之始達。苟能充之，足以保四海；苟不充之，不足以事父母。」

在這則資料中，孟子進一步詮釋「不忍人之心」與「不忍人之政」之間的關聯：「不忍人之政」源自先王的「不忍人之心」。面對孺子將入於井這一倫理處境的當時，在場的人同樣親見孺子將赴死，親聞孺子之聲，正是因為這樣的「親見」、「親聞」，人心受到感動，產生「怵惕惻隱之心」，這是「不忍人之心」於具體處境中的顯現，人於「不忍人之心」的顯現中感知其存在的真實。「怵惕惻隱之心」實質上就是心的「怵惕惻隱」之情，即心的情感面向。在整個倫理處境中，能產生「怵惕惻隱之心」的是「不忍人之心」。在孺子將入於井的倫理處境中，「不忍人之心」表現為「怵惕惻隱之心」。在日常的政治處境中，「不忍人之心」表現為行「不忍人之政」。可見，「不忍人之心」於不同的倫理處境中有不同的表現。

再來看《孟子》中兩處論及心之「不忍」的文本：

8.24　逢蒙學射於羿，盡羿之道，思天下惟羿為愈己，於是殺羿。孟子曰：「是亦羿有罪焉。」

公明儀曰：「宜若無罪焉。」

曰：「薄乎雲爾，惡得無罪？鄭人使子濯孺子侵衛，衛使庾公之斯追之。子濯孺子曰：『今日我疾作，不可以執弓，吾死矣夫！』問其僕曰：『追我者誰也？』其僕

曰：『庾公之斯也。』曰：『吾生矣。』其僕曰：『庾公
之斯，衛之善射者也；夫子曰吾生，何謂也？』曰：
『庾公之斯學射於尹公之他，尹公之他學射於我。夫
尹公之他，端人也，其取友必端矣。』庾公之斯至，
曰：『夫子何為不執弓？』曰：『今日我疾作，不可以執
弓。』曰：『**小人學射於尹公之他，尹公之他學射於夫
子。我不忍以夫子之道反害夫子**。雖然，今日之事，君
事也，我不敢廢。』抽矢，扣輪，去其金，發乘矢而後
反。」

14.31　孟子曰：「**人皆有所不忍，達之於其所忍，仁也**；人皆
有所不為，達之於其所為，義也。**人能充無欲害人之
心，而仁不可勝用也**；人能充無穿踰之心，而義不可
勝用也；人能充無受爾汝之實，無所往而不為義也。
士未可以言而言，是以言餂之也；可以言而不言，是
以不言餂之也，是皆穿踰之類也。」

　　簡單總結：「仁」與「道」的關聯在孟子主要表現在，第一，仁政
（王道）以仁心為根基，即「不忍人之政」源於「不忍人之心」；第二，
「不忍之心」是人所具有的普遍共同心，心的「不忍」表現為三方面：
保民（1.7）、保全牛的生命（1.7）、在完成自己的職分和保全於己有恩
情之人的生命無法共存時，選擇不加害於恩人（8.24）；第三，道德行
為合理性的根源在於個體的道德存心，即一個人行為是否合乎道德的關
鍵在其行為的「動機」：非愛其財（1.7）、非所以內交於孺子之父母、
非所以要譽於鄉黨朋友、非惡其聲而然（2.6）。

　　就普遍的人的本質來看，孟子承認所有人都有「不忍人之心」，即
「仁」。就個人的自我修養層面看，孟子提出「思而得仁」（11.6）。就具
體的政治層面看，孟子以統治者能「好仁」作為能產生良好統治的根基
所在：

7.7　今也小國師大國而恥受命焉，是猶弟子而恥受命於先師
　　　也。如恥之，莫若師文王。師文王，大國五年，小國七
　　　年，必為政於天下矣。《詩》雲：『商之孫子，其麗不
　　　億。上帝既命，侯於周服。侯服於周，天命靡常。殷士
　　　膚敏，祼將於京。』孔子曰：『仁不可為眾也。夫國君好
　　　仁，天下無敵。』今也欲無敵於天下而不以仁，是猶執
　　　熱而不以濯也。《詩》雲：『誰能執熱，逝不以濯？』」

7.9　孟子曰：「桀紂之失天下也，失其民也；失其民者，失
　　　其心也。得天下有道：得其民，斯得天下矣；得其民有
　　　道：得其心，斯得民矣；得其心有道：所欲與之聚之，
　　　所惡勿施，爾也。民之歸仁也，猶水之就下、獸之走壙
　　　也。故為淵敺魚者，獺也；為叢敺爵者，鸇也；為湯武
　　　敺民者，桀與紂也。今天下之君有好仁者，則諸侯皆為
　　　之敺矣。雖欲無王，不可得已。今之欲王者，猶七年之
　　　病求三年之艾也。苟為不畜，終身不得。苟不志於仁，
　　　終身憂辱，以陷於死亡。《詩》雲，『其何能淑，載胥及
　　　溺。』此之謂也。」

14.4　孟子曰：「有人曰，『我善為陳，我善為戰。』大罪也。
　　　國君好仁，天下無敵焉。南面而征，北狄怨；東面而
　　　征，西夷怨，曰：『奚為後我？』武王之伐殷也，革車
　　　三百兩，虎賁三千人。王曰：『無畏！寧爾也，非敵百
　　　姓也。』若崩厥角稽首。征之為言正也，各欲正己也，
　　　焉用戰？」

　　「好仁」的重要性根源於，孟子相信，民心對仁有天然的情感傾
向性：「民之歸仁也，猶水之就下、獸之走壙也。」（7.9）。在資料 7.7
中，孟子提出，成就理想政治的關鍵在於效法文王，行仁政。在 7.9 這
則資料中，孟子以水的本性是向低處流來比喻人心的本質，他發現，民

心的內在情感傾向性是「歸仁」。這裡，孟子發現人心具有天生的情感傾向性這一生命的事實。孟子的「仁」觀念的核心是保全生命，反對戰爭對百姓生命的戕害。在孟子的觀念中，善於爭戰是「大罪」（14.4），他明確提出，「善戰者服上刑」（7.14）。他將「征」詮釋為「正」：「征之為言正也，各欲正己也，焉用戰？」（14.4）。

第二節　義與道

一、《詩經》中的義與道

在《詩經》中，論及「義」的文本有兩處，根據這兩處文本不難發現，對作為統治者的個人而言，其是否行「義」的事實影響其與天之間的關係。不難發現，《詩經》的作者認為，個人在有是否行「義」的自由之同時，需要承擔其不行「義」的後果。也就是說，作為統治者的個人不「義」的行為並不為天所接納。由此可見，「義」當是天所認可的價值。

（1）**命之不易，無遏爾躬。宣昭義問，有虞殷自天**。上天之載，無聲無臭。儀刑文王，萬邦作孚。（《詩經·大雅·文王》）

（2）文王曰咨，咨女殷商。**而秉義類，彊御多懟**。流言以對，寇攘式內。侯作侯祝，靡屆靡究。
文王曰咨，咨女殷商。**天不湎爾以酒，不義從式**。既愆而止，靡明靡晦。式號式呼，俾晝作夜。（《詩經·大雅·蕩》）

二、《論語》中的義與道

孔子在思考「執政者應當如何對待人民的問題」時，提出「君子之

道」與「義」之間的關聯。《論語》記載了孔子與當時的執政者子產之間的對話：

> 5.16　子謂子產，「有**君子之道**四焉：其行己也恭，其事上也敬，其養民也惠，**其使民也義**。」

從孔子的言說中可以看出，他認為，作為執政者當遵行的「君子之道」有四方面內涵，分別是「行己」、「事上」、「養民」、「使民」。面對「個體應當如何行君子之道」這個問題，孔子的回答是：「恭」、「敬」、「惠」、「義」。「恭」、「敬」、「惠」、「義」都是表達個體的情感態度的語詞，孔子使用這四個語詞來言說個體應當具有的情感態度。

根據楊伯峻的註釋，子產是春秋時鄭國的賢相，執政二十二年。當時，鄭國周旋於晉國和楚國兩大強國之間，子產卻能不低聲下氣，也不妄自尊大，使國家得到尊敬和安全。[3] 在這則資料中，孔子告訴子產，執政者當行的道是「君子之道」，「君子之道」的內涵有四方面：行己以恭、事上以敬、養民以惠和使民以義。楊伯峻將此處的「義」詮釋為「合於道理」，[4] 他強調的是「義」與「道」相關聯的方面。因為，「道」是個人的具體行為是否正當、合理的權衡標準。在政治層面，孔子以「義」作為執政者行為正當性的權衡標準，可見，「義」是用以言說在政治生活中，執政者對百姓當有公正、公平的情感態度。

事實上，在人倫層面，孔子強調，「義」的價值當是君子最重視的價值，君子一切的行事都當以「義」作為判斷是非、權衡取捨的標準：

> 4.10　子曰：「君子之於天下也，無適也，無莫也，義之與比。」
>
> 4.16　子曰：「君子喻於義，小人喻於利。」

3　楊伯峻：《論語譯註》，頁 48 注釋。
4　楊伯峻：《論語譯註》，頁 48。

在孔子看來，「義」與「利」的分別是君子與小人的差別所在，君子重視「義」的價值，小人追求「利」的獲得。在具體的人生處境中，面對「不義而富貴」與「義而貧」的處境性抉擇，孔子能「貧而樂」的原因就在於，無論處境發生怎樣的改變，他始終持守「義」的價值。只有一個內心認定「義」的價值的人，才會在「義而貧」與「不義而富貴」的兩難處境中，堅持選擇前者。不過，他選擇前者的理由不在於「貧」，而在於「義」。由此看來，孔子內心之「樂」的來源是「義」本身的價值，而保全「義」本身的價值能夠給個人帶來物質無法滿足的內心喜悅。事實上，在孔子看來，當以行「義」的方式來「達其道」。來看下面三則文本：

7.16　子曰：「飯疏食飲水，曲肱而枕之，樂亦在其中矣。**不義而富且貴，於我如浮雲。**」

16.11　孔子曰：「見善如不及，見不善如探湯。吾見其人矣，吾聞其語矣。**隱居以求其志，行義以達其道。**吾聞其語矣，未見其人也。」

可見，在孔子的生命中，他實有親身行「義」之樂。就實踐個人之道而言，孔子重視其行為方式是否符合「義」的要求。

簡單總結：就作為執政者的「君子之道」而言，「義」所關注的是統治方式是否合理的問題。就實踐個人之道而言，「義」所關注的是實現個人理想的方式是否正當的問題。

孔子使用「憂」這個情感語詞表達自己的內心感受，其感受的出現源於他親見他人「聞義不能徙」的現象：

7.3　子曰：「德之不脩，學之不講，**聞義不能徙**，不善不能改，**是吾憂也。**」

問題是：孔子為何會因他人不能「徙義」而感到擔憂呢？筆者以為，孔子深知，「聞義不能徙」的現象根源於個體內心沒有對「義」的

喜好，即不能「好義」。在《論語》中，孔子論及「好義」的資料有：

> 12.20　子張問：「士何如斯可謂之達矣？」子曰：「何哉，爾
> 所謂達者？」子張對曰：「在邦必聞，在家必聞。」子
> 曰：「是聞也，非達也。**夫達也者，質直而好義，察**
> **言而觀色，慮以下人。在邦必達，在家必達。**夫聞也
> 者，色取仁而行違，居之不疑。在邦必聞，在家必
> 聞。」

> 13.4　樊遲請學稼，子曰：「吾不如老農。」請學為圃。曰：
> 「吾不如老圃。」樊遲出。
> 子曰：「小人哉，樊須也！上好禮，則民莫敢不敬；**上**
> **好義，則民莫敢不服**；上好信，則民莫敢不用情。夫如
> 是，則四方之民襁負其子而至矣，焉用稼？」

> 17.23　子路曰：「君子尚勇乎？」子曰：「**君子義以為上。君**
> **子有勇而無義為亂，小人有勇而無義為盜。**」

　　事實上，孔子一方面以「義」制衡「勇」，一方面以「義」制衡
「利」。首先，孔子以重視「義」或是重視「利」作為君子與小人的
分別；其次，孔子看到，即使是君子，僅有勇卻無義會作亂，小人有
勇無義會成為盜賊。所以，無論是君子還是小人，都應當以「義」節
「勇」。而能做到以「義」節「勇」的人，必然是「好義」之人。

第三節　孔子後學論情感與道

　　孔門後學對「義」的理解有兩方面：一方面將「義」關聯於人內
心敬的情感，此種敬的情感是關聯於世界之中實際存在的具體的有形之
物。將「仁」關聯於「性」，提出「仁」可能生於「性」，而「情」是出
於「性」，此處的「性」的內涵是「好惡」和「喜怒哀悲之氣」；另一方
面，〈性自命出〉篇的作者提出，「人情為可悅也」，此處的「人情」其

內涵是體現於個體生命中具體的「好惡」和「喜怒哀悲之氣」，以是否用情來分別「過」與「惡」：倘若一個人的言行出於情，即使有過失也不算為惡，不應受到道德上的譴責。〈性自命出〉篇的作者以「過」、「非」為「義」的內涵，認為人是否用情的重要性甚至在是其否行「義」之上：「苟以其情，雖過不惡。不以其情，雖難不貴。」在這裡，「以其情」的意思是，出自內心真實的好惡和或喜、或怒、或哀、或悲的感情。在〈性自命出〉篇的作者看來，「篤於仁」與「達於義」的分別恰是在好惡與是非的二元張力中呈現。我們來看其中的兩則資料：

（1）義，敬之方也。敬，物之節也。篤，仁之方也。仁，性之方也，性或生之。忠，性之方也。信，情之方也，情出於性。[5]

（2）凡人情為可悅也。苟以其情，雖過不惡。不以其情，雖難不貴。苟有其情，雖未之為，斯人信之矣。未言而信，有美情者也。未教而民恒，性善者也。……惡之而不可非者，達於義者也。非之而不可惡者，篤於仁者也。[6]

第四節　孟子論情感與道

至孟子，孟子發現，人所「欲」、「惡」的內容有位階高低之別。「生」與「義」都是人所「欲」的內容，但人對「義」的欲求強於其對「生」的欲求。「死」與「受到無禮義的對待」都是人所「惡」的內容，但人對「受到無禮義的對待」的「惡」勝於對「死」的「惡」。來看相關文本：

5　李零：《郭店楚簡校讀記》，頁138。
6　李零：《郭店楚簡校讀記》，頁138-139。

11.10　孟子曰：「魚，我所欲也，熊掌亦我所欲也；二者不
可得兼，舍魚而取熊掌者也。**生亦我所欲也，義亦我
所欲也；二者不可得兼，舍生而取義者也。**生亦我所
欲，所欲有甚於生者，故不為苟得也；**死亦我所惡，
所惡有甚於死者，故患有所不辟也。**如使人之所欲莫
甚於生，則凡可以得生者，何不用也？使人之所惡
莫甚於死者，則凡可以辟患者，何不為也？由是則生
而有不用也，由是則可以辟患而有不為也，是故所欲
有甚於生者，所惡有甚於死者。非獨賢者有是心也，
人皆有之，賢者能勿喪耳。**一簞食，一豆羹，得之則
生，弗得則死，嘑爾而與之，行道之人弗受；蹴爾而
與之，乞人不屑也；萬鍾則不辯禮義而受之。萬鍾於
我何加焉？**為宮室之美、妻妾之奉、所識窮乏者得我
與？鄉為身死而不受，今為宮室之美為之；鄉為身死
而不受，今為妻妾之奉為之；鄉為身死而不受，今為
所識窮乏者得我而為之，是亦不可以已乎？此之謂失
其本心。」

　　孟子以「欲」、「惡」的情感語詞來表達人在「生」與「義」之間的
權衡取捨，孟子承認，「生」與「義」都是人情所喜好的對象，然而，
若要在二者之間進行取捨，權衡取捨所在的關鍵是人情所厭惡的對象而
非人情所喜好的對象。在這裡，「欲」、「惡」都是表達人的內在情感傾
向性的語詞。孟子發現，人有厭惡的感情，人情最厭惡的對象並非死，
而是受到不合於「禮義」的對待，即無禮的對待。為何無禮的對待比死
更令人厭惡？根本在於，人有生命的尊嚴，故當生命的尊嚴受到損害或
貶低時，寧可選擇放棄生命以保全自己的尊嚴。在孟子看來，受到無禮
的對待是「不義」，「義」一詞實內涵尊重他人的人格和生命之意。

　　孟子的「義」的觀念受到《尚書》〈泰誓〉篇的影響。在〈泰誓上〉

中，明確出現對人的本質的界定，我們來看《尚書》與《孟子》的相關
記載：

> 惟十有三年春，大會於孟津。王曰：「嗟！我友邦塚君越我御
> 事庶士，明聽誓。
>
> 惟天地萬物父母，惟人萬物之靈。但聰明，作元後，元後作民
> 父母。今商王受，弗敬上天，降災下民。沈湎冒色，敢行暴
> 虐，罪人以族，官人以世，惟宮室、台榭、陂池、侈服，以殘
> 害於爾萬姓。焚炙忠良，刳剔孕婦。皇天震怒，命我文考，肅
> 將天威，大勳未集。
>
> 肆予小子發，以爾友邦塚君，觀政於商。惟受罔有悛心，乃夷
> 居，弗事上帝神祇，遺厥先宗廟弗祀。犧牲粢盛，既於凶盜。
> 乃曰：『吾有民有命！』罔懲其侮。
>
> 天祐下民，作之君，作之師，惟其克相上帝，寵綏四方。有罪
> 無罪，予曷敢有越厥志？
>
> 同力，度德；同德，度義。受有臣億萬，惟億萬心；予有臣
> 三千，惟一心。商罪貫盈，天命誅之。予弗順天，厥罪惟鈞。
> （〈泰誓〉）

《孟子》的相關記載是：

> 2.3 ……
>
> 王曰：「大哉言矣！寡人有疾，寡人好勇。」
>
> 對曰：「王請無好小勇。夫撫劍疾視曰，『彼惡敢當我
> 哉！』此匹夫之勇，敵一人者也。王請大之！《詩》
> 雲：『王赫斯怒，爰整其旅，以遏徂莒，以篤周祜，以
> 對於天下。』此文王之勇也。文王一怒而安天下之民。
> 《書》曰：『天降下民，作之君，作之師。惟曰其助上帝
> 寵之。四方有罪無罪惟我在，天下曷敢有越厥志？』一

> 人衡行於天下，武王恥之。此武王之勇也。而武王亦一
> 怒而安天下之民。今王亦一怒而安天下之民，民惟恐王
> 之不好勇也。」

　　對比上述兩則文本不難發現，當孟子言及「匹夫之勇」和「文王之勇」時，他引用的《尚書》的引文正是〈泰誓〉篇。不同的是，在〈泰誓〉篇中，「予曷敢有越厥志」是說上帝的意志在我的意願之上，我雖有自己的意願，然而不敢違背上帝的意志。而在孟子的引文中，「有罪無罪，惟我在，天下曷敢有越厥志？」說的是百姓不敢違背我（執政者）的意願，我（執政者）的意志就是上帝的意志。不難發現，於此，一方面，我的意願已有取代上帝的意志之傾向；另一方面，孔子所重視的我與上帝之關係中的上帝漸漸隱退，轉變為政治關係中作為上帝代表的我（執政者）與百姓的關係。這是從孔子到孟子思想的一個至關重要的轉變，相當值得關注。孟子應當很熟悉此篇，他所推崇的「勇」直接受到此篇的影響。為何孟子推崇「文王之勇」而非「匹夫之勇」？根本原因很可能是他受到此篇對人的本質之理解的深刻影響。即，「人是萬物之靈」。既然說「人是萬物之靈」，人與萬物之間的根本分別就在於人有靈。因此，人有價值和意義的持續求索，愛與恨的反復糾葛，生與死的不斷追問，篤仁與行義的心靈掙扎，以及對天人關係的終極關注。正是基於受到「人是萬物之靈」這一觀念的影響，孟子提出人的性善以及人應當好善的觀點。

第五節　荀子論情感與道

　　荀子提出：「人不可以不知道」。意思是，人應當知道「道」。這一論斷的前提是：人能夠知道「道」。問題是：人如何能夠知道「道」呢？筆者認為，必須滿足兩個條件人才能知道「道」：一是從「道」自身而言，其必有能為人所知的特性；二是從人而言，必須有知道「道」

的能力。然而，荀子並未論述這兩個人知道「道」的條件。據此，筆者推斷，荀子的人能夠知道「道」的論斷是他的信念。問題是：此一信念從何而來？是否可靠？並非不言自明的事實。孔子論及「朝聞道」之道時，講的是人有「聞道」的可能，而不是確定人有知道「道」的能力。不難發現，荀子與孔子對「道」的理解已有重大分別，不可不辨。

事實上，荀子所說的道並非孔子的終極之道，而是「人道」。在荀子的思想中，人道是以人倫關係與動物關係之間的根本分別為根基而建立。荀子提出，人與動物最根本的分別在於家庭關係中的父子關係之「親愛」和夫婦關係的「分別」。換句話說，人有倫理，動物沒有：

> 人之所以為人者何已也？曰：以其有辨也。……故人之所以為人者，非特以其二足而無毛也，以其有辨也。夫禽獸有父子，而無父子之親，有牝牡而無男女之別。故人道莫不有辨。（《非相》）

可能受孔子後學中的《性自命出》的作者所提出的「情生於性」思想的影響，荀子提出，性與情之間存在直接關聯，不能離情言性。在荀子看來，人的本性、情感與慾望之間的關係是「情是性的本質，慾望是情感對與生俱來的欲求的回應；慾望是人性的載體，不能去除；慾望可以以心來節制」：

> 性者、天之就也；情者、性之質也；欲者、情之應也。以所欲為可得而求之，情之所必不免也。以為可而道之，知所必出也。故雖為守門，欲不可去，性之具也。雖為天子，欲不可盡。欲雖不可盡，可以近盡也。欲雖不可去，求可節也。所欲雖不可盡，求者猶近盡；欲雖不可去，所求不得，慮者欲節求也。道者、進則近盡，退則節求，天下莫之若也。（《正名》）

在此，不難發現，荀子所說的「慮」就是理性的功用。問題是，承載理性功用的主體是什麼呢？荀子這樣回答：

> 生之所以然者謂之性；……性之好、惡、喜、怒、哀、樂謂之情。情然而心為之擇謂之慮。心慮而能為之動謂之偽；慮積焉，能習焉，而後成謂之偽。(《正名》)

不難發現，在荀子的思想中，承載理性功用的主體是「心」。他界定心、性、情之間的關係是：心為發動後的情作選擇，其選擇的標準是考量情發動表現於行為時所帶來的可能後果是否可以被接受。

事實上，除了以好、惡、喜、怒、哀、樂等六種具體的情感來定義性之外，荀子還分別人之情與人情。在他看來，既然性是與生俱來，則作為性的內涵的這六種具體情感自然是與生俱來。

在荀子看來，心具有思想和判斷能力。他主張應當以心的思想和判斷來節制情感，因為若不節制情感，所有人與生俱來都是無止盡地追求自己所喜好的利益之滿足，而不顧及他人的利益甚至生命。因為，荀子認為，所有人生來都是小人，共同的特質是「無止境地追求利益」，因而，「禮義」、「辭讓」和「廉恥」不是人的自然本性：

> 人之生固小人，無師無法則唯利之見耳。人之生固小人，又以遇亂世，得亂俗，是以小重小也，以亂得亂也。君子非得執以臨之，則無由得開內焉。今是人之口腹，安知禮義？安知辭讓？安知廉恥隅積？亦呥呥而噍，鄉鄉而飽已矣。人無師無法，則其心正其口腹也。(《榮辱》)

在荀子的思想中，他一方面論及「天情」，其內涵是「好惡喜怒哀樂」，天情是人生而具有的情感，非由他人和外來因素影響產生。人應當順從其自身的特質和運作方式去養而非去改造天情：

> 天職既立，天功既成，形具而神生，好惡喜怒哀樂臧焉，夫是之謂天情。耳目鼻口形能各有接而不相能也，夫是之謂天官。心居中虛，以治五官，夫是之謂天君。財非其類以養其類，夫是之謂天養。順其類者謂之福，逆其類者謂之禍，夫是之謂天

政。暗其天君，亂其天官，棄其天養，逆其天政，背其天情，
以喪天功，夫是之謂大凶。(《天論》)

另一方面，他在論及「人之情」時，提到大眾的「人之情」如孝、
信和忠皆具有隨著其喜好對象的轉移或是慾望的滿足逐漸衰弱的特質，
並且給予其負面價值判斷：「甚不美」，只有他心目中的理想人格賢者才
是例外：

堯問於舜曰：「人情何如？」舜對曰：「人情甚不美，又何問
焉！妻子具而孝衰於親，嗜欲得而信衰於友，爵祿盈而忠衰於
君。人之情乎！人之情乎！甚不美，又何問焉！唯賢者為不
然。」(《性惡》)

荀子提出人生而具有的情感：好利、嫉妒、恨惡、好聲色，這些與
生俱來的情感不能順其本性去發展，必須以師法來教化，禮義來引導才
會有善的行為：

人之性惡，其善者偽也。——今人之性，生而有好利焉，順
是，故爭奪生而辭讓亡焉；生而有疾惡焉，順是，故殘賊生而
忠信亡焉；生而有耳目之欲，有好聲色焉，順是，故淫亂生而
禮義文理亡焉。然則從人之性，順人之情，必出於爭奪，合於
犯分亂理，而歸於暴。故必將有師法之化，禮義之道，然後出
於辭讓，合於文理，而歸於治。用此觀之，人之性惡明矣，其
善者偽也。(《性惡》)

在荀子看來，君子與小人喜好和厭惡的對象相同：榮、利與辱、
害，他們的分別不在於情感態度，而在於「所以求之之道」，即獲得所
喜好的東西之方式不同：小人只關注結果，不介意獲得結果的任何方
式，包括謊言和欺詐，君子則不是這樣。

才性知能，君子小人一也；好榮惡辱，好利惡害，是君子小人

之所同也；若其所以求之之道則異矣：小人也者，疾為誕而欲
人之信己也，疾為詐而欲人之親己也，禽獸之行而欲人之善己
也；慮之難知也，行之難安也，持之難立也，成則必不得其所
好，必遇其所惡焉。故君子者，信矣，而亦欲人之信己也；忠
矣，而亦欲人之親己也；修正治辨矣，而亦欲人質善己也；慮
知易知也，行之易安也，持之易立也，成則必得其所好，必不
遇其所惡焉。是故窮則不隱，通則大明，身死而名彌白。(《榮
辱》)

荀子以「仁義」來詮釋「先王之道」的內涵 (《榮辱》)，荀子所理
解的人之情的內涵既有人欲求美食、美服、舒適且彰顯身分的出行工具
和錢財的富足，亦有無止儘追求這些所欲求的對象的貪婪之心。荀子所
說的人的欲求，其中內涵喜好之意。可見，在荀子看來，人的自然欲求
有生而具有的喜好的情感作為其內在動力：

人之情，食欲有芻豢，衣欲有文繡，行欲有與馬，又欲夫餘財
蓄積之富也；然而窮年累世不知不足，是人之情也。(《榮辱》)

正因這一事實，荀子提出，應當「節用御欲」，王先謙將「御」解
釋為「制」，[7] 即節制欲望。如何節制欲望呢？荀子在探究人的欲望無法
得到滿足的原因後回答：「非不欲求也，幾不長慮顧後而恐無以繼之故
也。」(《榮辱》) 即：因著「慮」與「恐」，即思慮和害怕而不敢去滿足
自己的欲望。荀子一方面主張以「害怕」的情感來節制以生而具有的喜
好之情作為推動力的無止盡的慾望之滿足，另一方面他主張「以禮治
情」，即用禮來調節情感，此處的情亦是生而具有的情感，其內涵是七
情，即「喜怒哀樂愛惡欲」。

荀子分別了天情和人之情，就人之情而言，他對其的價值判斷是不

7　王先謙：《荀子集解》，頁 68。

好，對天情而言，他肯定其與生俱來的特質，卻要人以心去「節情」，如面對親人之死的悲傷，荀子提出的對治方式是「節哀」，他將道德判斷賦予對情感的節制能力，提出其屬於人道。換句話說，在荀子看來，如果人不去節制自己的情感就是違背道，哪怕這樣的情感屬於天情。

問題是，荀子無法否認心與性情的關聯，既然人之情不美、性惡，心又如何能全善呢？但荀子並未論及心的善惡問題，他關注的是心的主宰能力，或者說，心作出是非判斷的能力。事實上，荀子對心的論述，主要是就通過節制情感來實現對人追求無止盡的慾望滿足的內在約束而言的。

第六節　小結

在孔子的生命中，他極重視公義，故其心目中的理想人格君子是喜好公義的人。對他而言，公義必定是通過行為而彰顯。他盛讚自己與顏回生命中特有的喜樂來自對公義價值的持守，表現在處身能主動選擇是否要受苦的倫理處境中，願意放棄富裕且尊貴的生活，主動選擇為了持守公義而忍受饑餓的痛苦。事實上，孔子願意持守公義的根本原因是，他相信公義是人道在人倫生活中的表現，持守公義就是持守人道的價值，而人道正是終極的「未聞之道」的體現。就此而言，持守公義就是保有自己終生追求道的心志。

孟子提出，因人是有靈的生命存在，人應當好善，但就真實的生活而言，個體卻不必然好善，這對他而言是一個悖論。他發現產生這個悖論的原因是，就個體生命而言，其對善的喜好和對欲望滿足的喜好之間存在內在情感張力，而且二者之間具有此消彼長的關係。此外，他發現，在這個世界上，當人被自己內心對慾望之滿足的喜好所驅使時，能夠始終選擇追求善拒絕順從對慾望的喜好去行動的人是極少的。故此，當孟子發現一個好善的人時才會欣喜不已。

對荀子而言，過多的欲望和情感都是惡，而情是性的內涵，人的性

惡很重要的表現是人對慾望具有與生俱來的喜好，從而產生對慾望的滿足無止境的追求，及在追求無止境地滿足慾望的過程中不顧人與人之間如孝、忠、誠等價值。雖然如此，荀子也發現，人有為善的可能，但要通過理性的思想和判斷去權衡利弊後進行主動的約束才能夠成為現實，這種主動約束的能力荀子歸因於心，故此，荀子賦予心主宰情感的能力。

　　然而，正因為關注心對情感的主宰能力，荀子忽視了孔子所關注的情感與事實之間的真實關聯。例如，孔子發現「懼怕」的情感關聯著「自己所愛的親人在未來會有一死」之事實。可見，自孔子至荀子，情感關聯於事實所呈現的心靈現象被忽視了，與此同時，通過情感所關聯的事實產生的心靈回應和發問的那條道路也被阻斷了。筆者以為，這樣的心靈回應和發問對人的生命極為重要。比如，想到自己所愛的人將會因死亡與自己分離時，心中當下出現的喜悅與懼怕相伴隨的痛苦實來自於我的心靈，是我的心靈面對事實的情感回應。例如，筆者有位昔日碩士班同窗的五歲女兒在親眼見到爺爺死時一直沉默不語，回到家後，她因為擔心女兒就和她說話，沒想到女兒突然問她：「媽媽，你有一天也會死嗎？」她說：「對啊。」她的女兒聽完立刻大哭。這個五歲小孩子的哭泣就是她的心靈回應和發問，在這裡，有人的心靈拒絕接受的東西存在，即「不應該有死」、「死的存在是不正常的」。對這個五歲的小孩子來說，差別只在於她尚不懂得用言語來表達自己所感受到的無法接受的東西。以筆者的經驗而言，在筆者十二歲時，有一日晚在家中突然想到自己的父母有一日會死時，震驚地發現人終有一死這樣的事實，當時直接的情感回應是拒絕接受。從這樣拒絕接受的情感回應中筆者知道，自己的心對這樣的事實的情感回應是不接受。這種不接受表明，死亡這件事確實是不正常的，而這樣的價值判斷對我的心靈是自明的。事實上，順著孔子發現的事實所指引的方向我們可以追問荀子：人為什麼終有一死？如果我的情感不願接受這一的事實，唯一的答案就是以心來主宰我的情感嗎？難道沒有別的答案？

　　荀子不會提出這樣的問題其原因是他關注的是人道，而不是終極之道，即孔子所論及的「未聞之道」。可以說，在荀子以「知道」言說人與道的關係時，他失去了孔子的「未聞之道」揭示的縱向維度的「我與道」關係之向度。

第七章
情感與德

考察以《詩經》為代表的文學傳統，「德」主要有「君子當有的品格」、「父母生養和照顧的恩情」及「個體天生已有的美好品格」三種意涵。至孔子有「至德」和「修德」的觀念，對孔子而言，「德」的意涵主要是「個體謙和的態度和謙讓的行為」，「德」的本質特徵是忍耐和永不停息的生命品格。孟子提出以「修德」為內涵的「成德」之教，並將「德」的內涵直接詮釋為「仁義」。荀子分別了「天德」和「聖人之德」：「天德」的內涵是「誠心守仁」和「誠心行義」，「聖人之德」是以「積善」為前提的「成德」，「成德」的本質是化「善」為「德」。

第一節　仁與德

一、《詩經》中的「仁」與「德」

在《詩經》中，「德」既可以指君子當有的品格（必須有自我修養和教化的過程）；可以指父母生養、教化和看顧的恩情；也可以指個體生而具有的美好品格，如「美」與「仁」。來看《詩經》中論及「德」的兩處資料：

（1）父兮生我，母兮鞠我。拊我畜我，長我育我，顧我復我，出入腹我。**欲報之德，昊天罔極**！（《詩經‧小雅‧蓼莪》）

（2）**無念爾祖，聿脩厥德。永言配命，自求多福**。殷之未喪

師，克配上帝。宜鑒於殷，駿命不易！（《詩經・大雅・
文王》）

在資料（1）中，詩人想要報答父母的德，即是想要回報父母的養
育恩情。面對想要報父母之德而不能的倫理處境，詩人內心的情感是
悲傷和後悔。悲傷和後悔的情感不只是心理情感，而是透過心理層面表
現出來的個體心靈的感情。當「德」用以言說自己天生已有之德時，有
「修德」之說。在詩人的理解中，對於是否修德，個體具有主動性。在
資料（2）中，在詩人看來，只有「修德」才能「配命」、「多福」。由此
可見，個體的「福」與「命」之所以會變化的根源是其是否修「德」。
既然「德」可以通過修養來改變，說明「德」本身是動態的，具有可以
變化的特質。

從資料（2）還可以看出，詩人相信，人之「德」是上帝降福的條
件，此觀念在《詩經》確已出現，來看文本內容：

閟宮有侐，實實枚枚。赫赫姜嫄，其德不回。上帝是依，無災
無害，彌月不遲，是生后稷。降之百福：黍稷重穋，稙稚菽
麥。奄有下國，俾民稼穡。有稷有黍，有稻有秬。奄有下土，
纘禹之緒。（《詩經・周頌・閟宮》）

就上述所引之詩的內容看，姜嫄是后稷的母親，后稷是孟子心目
中的聖王。孔子心目中的聖王譜系是堯舜禹，孟子心目中的聖王譜系
是堯舜禹和后稷。為何孟子會重視后稷？他說：「后稷教民稼穡。樹藝
五穀，五穀熟而民人育。」（5.4）孟子對后稷所行之事的記憶當源自
《詩經・周頌・閟宮》的記載，根據此詩的內容，孟子當知道姜嫄是有
「德」的女子，她的「福」源於對上帝的依靠。可見，百姓生存需要的
食物來源於后稷的教導，后稷的出生來源於其母親對上帝的依靠。而
后稷的母親姜嫄能依靠上帝的關鍵是她的「德」，她的「德」是她能依
靠上帝，上帝願意保護她不受災難侵害的原因。姜嫄是后稷的母親，后

稷教百姓種植莊稼，使百姓有養生的食物，保全百姓的生命。在詩人看來，上帝通過保護姜嫄而使後稷出生，後稷的出生帶來對百姓的祝福，即「百福」。「百福」的內涵是「俾民稼穡，有稷有黍，有稻有秬。」，就是教導百姓種植穀物，養活自己的方法。可見，在《詩經》傳統中，「德」與福和生有關。福是由一個人而來，百姓能夠生存所需要的食物也因一個人而得到滿足。

在《詩經》中，「美且仁」用以形容個體的人格，在詩人的心目中，叔於田和盧令令是「美且仁」的個體。「美」是就個體的內在人格光輝表現於外在容貌而言，「仁」則指個體的內在人格，並不必然表現於外在容貌。孔子亦重視「美」與「仁」的關聯，具體表現在兩方面：第一，孔子以能生活於仁之中的個人作為美的象徵，可見美是個體人格的直接體現。孔子說：「裡仁為美。擇不處仁，焉得智？」（4.1）；第二，他以五美作為執政者的君子當有的五種品格，其內涵是：「惠而不費，勞而不怨，欲而不貪，泰而不驕，威而不猛」（20.2）。至孟子，則在此基礎上發展為關注「美」、「聖」與「神」三者之間的關聯，他說：「可欲之謂善，有諸己之謂信。充實之謂美，充實而有光輝之謂大，大而化之之謂聖，聖而不可知之之謂神」（14.25）。

簡單總結：就《詩經》而言，與「情感與德」這一主題相關涉的「德」指父母之德，即父母的生養、教化和看顧的恩情。子女面對不能回報父母之恩情的倫理處境，內心會產生悲傷和後悔的感情。這種悲傷和後悔的感情具有重複出現的特質，原因在於，子女不能報恩的原因可能是父母的死亡，或是與父母異地而居。子女內心是想要報答父母的恩情卻不能做到，其悲傷和後悔的感情因現實與理想之間的背離而出現，即，現實的限制使得自己內心的意願無法得到實現。

二、《左傳》中的「仁」與「德」

在《左傳》中，開始出現兩種詮釋「仁」與「德」的傾向。第一種

傾向是詮釋「仁」與「德」的內涵，第二種傾向是詮釋「仁」與「德」之間有何關聯。來看相關文本：

（1）宋公疾，大子茲父固請曰，目夷長且仁，君其立之，公命子魚，子魚辭曰，**能以國讓，仁孰大焉，臣不及也**，且又不順，遂走而退。（《左傳・僖公八年》）

（2）冬，秦饑，使乞糴於晉，晉人弗與，慶鄭曰，**背施無親，幸災不仁，貪愛不祥，怒鄰不義，四德皆失，何以守國**，虢射曰，皮之不存，毛將安傅，慶鄭曰，棄信背鄰，患孰恤之，無信患作，失援必斃，是則然矣，虢射曰，無損於怨，而厚於寇，不如勿與，慶鄭曰，背施幸災，民所棄也，近猶讎之，況怨敵乎，弗聽，退曰，君其悔是哉。（《左傳・僖公十四年》）

（3）狄伐晉，及箕，八月，戊子，晉侯敗狄於箕，郤缺獲白狄子，先軫曰，匹夫逞志於君，而無討，敢不自討乎，免胄入狄師，死焉，狄人歸其元，面如生，初，臼季使過冀，見冀缺耨，其妻饁之，敬，相待如賓，與之歸，言諸文公曰，**敬，德之聚也，能敬必有德，德以治民**，君請用之，臣聞之，出門如賓，承事如祭，仁之則也……（《左傳・僖公三十三年》）

（4）冬，十月，晉韓獻子告老，公族穆子有廢疾，將立之，辭曰，詩曰，豈不夙夜，謂行多露，又曰，弗躬弗親，庶民弗信，無忌不才，讓其可乎，請立起也，與田蘇遊，而曰**好仁**，詩曰，靖共爾位，好是正直，神之聽之，介爾景福，**恤民為德**，正直為正，正曲為直，**參和為仁**，如是則神聽之，介福降之，立之，不亦可乎，庚戌，使宣子朝，遂老，晉侯謂韓無忌仁，使掌公族大夫。（《左傳・襄公七年》）

（5）鄭人賂晉侯以師悝，師觸，師蠲，廣車，軘車，淳十五
乘，甲兵備，凡兵車百乘，歌鐘二肆，及其鎛磬，女樂
二八，晉侯以樂之半賜魏絳，曰，子教寡人，和諸戎
狄，以正諸華，八年之中，九合諸侯，如樂之和，無所
不諧，請與子樂之，辭曰，夫和戎狄，國之福也，八年
之中，九合諸侯，諸侯無慝，君之靈也，二三子之勞
也，臣何力之有焉，抑臣願君安其樂而思其終也，詩
曰，樂只君子，殿天子之邦，樂只君子，福祿攸同，便
蕃左右，亦是帥從，**夫樂以安德，義以處之，禮以行
之，信以守之，仁以厲之，而後可以殿邦國，同福祿，
來遠人，所謂樂也**，書曰，居安思危，思則有備，有備
無患，敢以此規，公曰，子之教，敢不承命，抑微子，
寡人無以待戎，不能濟河，夫賞，國之典也，藏在盟
府，不可廢也，子其受之，魏絳於是乎始有金石之樂，
禮也。（《左傳‧襄公十一年》）

（6）鄭人遊於鄉校，以**論執政**，然明謂子產曰，毀鄉校何
如，**子產曰，何為，夫人朝夕退而遊焉，以議執政之善
否，其所善者，吾則行之，其所惡者，吾則改之，是吾
師也，若之何毀之，我聞忠善以損怨，不聞作威以防
怨**，豈不遽止，然猶防川，大決所犯，傷人必多，吾不
克救也，不如小決，使道不如，吾聞而藥之也，然明
曰，蔑也今而後知吾子之信可事也，小人實不才，若果
行此，其鄭國實賴之，豈唯二三臣，**仲尼聞是語也，
曰，以是觀之，人謂子產不仁，吾不信也**。（《左傳‧襄
公三十一年》）

（7）王曰，子能乎，對曰，能，其詩曰，祈招之愔愔，式昭
德音，思我王度，式如玉，式如金，形民之力，而無醉
飽之心，王揖而入，饋不食，寢不寐，**數日不能自克，**

> 以及於難，仲尼曰，古也有志，克己復禮，仁也，信善
> 哉，楚靈王若能如是，豈其辱於乾谿。(《左傳‧昭公
> 十二年》)

(8) 季康子欲伐邾，乃饗大夫以謀之，**子服景伯曰，小所以
事大，信也，大所以保小，仁也，背大國不信，伐小國
不仁，民保於城，城保於德，失二德者，危將焉保**，孟
孫曰，二三子以為何如，惡賢而逆之。(《左傳‧哀公七
年》)

　　先來看資料（1），在這則資料中，出現詮釋「仁」之內涵的傾向，以「讓國」為最大的「仁」，即至仁。再來看資料（2），出現詮釋「德」之內涵的傾向，以「親、仁、祥、義」為維持國家安定所需要的四德。在資料（3）中，提出如何能有「德」的問題，以「敬」的情感態度為能有「德」的根本，而能治理好國家的關鍵在於統治者的「德」。考察資料（4）不難發現，其以《詩經》的內容來詮釋「好仁」的內涵，即「靖共爾位，好是正直，神之聽之，介爾景福」，「好仁」的表現是「恤民」，即對百姓疾苦的憐憫。同時，以「恤民」詮釋「德」的內涵，以「參和」詮釋「仁」的內涵。在資料（5）中，詮釋樂（yue）、義、禮、信、仁與德之間的關係，即以樂安德、以義處德、以禮行德、以信守德、以仁厲德。其中，論及仁與德之間的關聯方式的內容是：以仁厲德。「樂（yue）」對人的情感的影響是：透過作用於人的情感而影響人已有之「德」。從資料（6）可以發現，子產作為執政者，當百姓有怨言時，他的回應是「忠善以損怨」，而不是「作威以防怨」，在孔子看來，這就是子產的仁。在資料（7）中，以「克己復禮」詮釋「仁」的內涵，而「克己復禮」在本質上是自克，即自我約束。若能自克，則可保守自己免於災難禍患的危害。從資料（8）可以看出，其在以「信」與「仁」詮釋「德」之內涵的同時，以「小事大」詮釋「信」的內涵，以「大保小」詮釋「仁」的內涵。在時人看來，失「仁」、失「信」即失

「德」。

　　簡單總結：就《左傳》來看，第一，「德」的內涵具有多層次的特質：有「親、仁、祥、義」四德、有「恤民」之德、有「信」、「仁」二德。「仁」的內涵有「讓國」、「參和」、「忠善以損怨」、「克己復禮」和「大保小」；第二，「仁」與「德」的關聯在於，仁能屬德及仁本身即為「德」的內涵之一；第三，能否有「德」的關鍵在於，是否有「敬」的情感態度，而「敬」的情感態度恰是禮的精神所在，由此看來，「敬」的情感態度即是連結「德」與「禮」的仲介。

三、《論語》中的「仁」與「德」

　　孔子生活於《詩經》所建構的大傳統中，他必然熟悉《詩經》中的所有詩，因此，他自然熟悉《詩經·周頌·閟宮》的內容。他當知道，「德」是上帝保護姜嫄免於災難的原因，既然上帝保護有「德」的姜嫄，必定會保護所有有「德」之人。雖然，孔子並未直接提及上帝，但他有「天」的觀念。筆者以為，天在孔子思想中的地位與上帝在詩人心目中的地位類似。筆者作出此判斷的原因在於，在孔子看來，天與人之間的關聯在於人之「德」，在孔子的生命中，他確信己之「德」來源於天。正是因此，他說：

　　7.23　子曰：「天生德於予，桓魋其如予何？」

　　從孔子的言語我們發現，在因桓魋的威脅而身處生死之間的倫理處境時，他的回應是不懼怕人而將自己的生死交託於天，這樣的回應顯露出常人少有的勇敢，於此我們看到他對天決定自己的生死且天會因自己之「德」而保護自己具有極強的信念。

　　在《詩經》中，有「申伯之德」和「文王之德」的言說：

（1）**申伯之德**，柔惠且直。揉此萬邦，聞於四國。吉甫作
　　　誦，其詩孔碩，其風肆好，以贈申伯。（《詩經·大雅·

嵩高》)

（2）維天之命，於穆不已。於乎不顯，文王之德之純！假以
　　溢我，我其收之。駿惠我文王，曾孫篤之。（《詩經・周
　　頌・維天之命》）

　　從這兩則資料可看出，其中的「德」皆用以言說個人的品格，品格
有高低之別，因此有「德聞於四國」和「德之純」的言說。可見，「德」
有層次分別，至高的「德」是「德之純」。在《詩經》和《左傳》中，
尚無「至德」的觀念，至孔子時方初次出現。筆者認為，孔子的「至
德」觀念很可能源自對《詩經》的「申伯之德」和「文王之德」的記
憶。對人而言，文化、歷史通過記憶傳承至後世。因為，文化和歷史的
傳承通過記憶來實現，故而記憶在文化和歷史傳承中的作用相當重要，
孔子當深知記憶與文化、歷史之間的內在關聯。故此，他非但記得文
王，他心目中最理想的統治者就是文王。在匡地被困時，他不擔憂自己
的安危，原因在於，他相信在文王死後，只有自己能擔負使文化傳統延
續不絕的責任。可以發現，孔子是一個具有極強文化自信的人，具體表
現在，他相信文化能夠成為個體生命的庇護。正因此，他說：

9.5　子畏於匡，曰：「文王既沒，文不在茲乎？天之將喪斯文
　　也，後死者不得與予斯文也；天之未喪斯文也，匡人其
　　如予何？」

　　在《詩經・周頌・維天之命》中，文王是天所賦予權柄的執政
者，他有純粹的「德」。筆者認為，孔子的「至德」觀念或源自《詩經》
中的「德之純」的思想。誰是孔子心目中的「至德」之人？來看孔子自
己怎麼說：

8.1　子曰：「泰伯，其可謂至德也已矣！三以天下讓，民無得
　　而稱焉。」

在孔子看來，泰伯的「德」是「至德」。他做了什麼事，以至孔子這樣稱讚他？孔子自己的解釋是：「三以天下讓，民無得而稱焉。」由此看來，泰伯的人品最突出的特質當是「讓」。

在《論語》中，「讓」一詞有禮讓、謙讓的意涵。涉及「讓」一詞的資料除 8.1 外，還有五處，分別是：

1.10　子禽問於子貢曰：「夫子至於是邦也，必聞其政，求之與？抑與之與？」子貢曰：「**夫子溫、良、恭、儉、讓以得之**。夫子之求之也，其諸異乎人之求之與？」

3.7　子曰：「君子無所爭。必也射乎！**揖讓**而升，下而飲。其爭也君子。」

4.13　子曰：「能**以禮讓為國**乎？何有？不能以禮讓為國，如禮何？」

11.26　子路、曾皙、冉有、公西華侍坐。

子曰：「以吾一日長乎爾，毋吾以也。居則曰：『不吾知也！』如或知爾，則何以哉？」

子路率爾而對曰：「千乘之國，攝乎大國之間，加之以師旅，因之以饑饉；由也為之，比及三年，可使有勇，且知方也。」夫子哂之。

「求！爾何如？」對曰：「方六七十，如五六十，求也為之，比及三年，可使足民。如其禮樂，以俟君子。」

「赤！爾何如？」對曰：「非曰能之，願學焉。宗廟之事，如會同，端章甫，願為小相焉。」

「點！爾何如？」鼓瑟希，鏗爾，舍瑟而作。對曰：「異乎三子者之撰。」子曰：「何傷乎？亦各言其志也。」曰：「莫春者，春服既成。冠者五六人，童子六七人，浴乎沂，風乎舞雩，詠而歸。」夫子喟然歎曰：「吾與點也！」

　　　　三子者出，曾皙後。曾皙曰：「夫三子者之言何如？」
　　　　子曰：「亦各言其志也已矣。」曰：「夫子何哂由也？」
　　　　曰：「為國以禮，其言不讓，是故哂之。」「唯求則非
　　　　邦也與？」「安見方六七十如五六十而非邦也者？」「唯
　　　　赤則非邦也與？」「宗廟會同，非諸侯而何？赤也為之
　　　　小，孰能為之大？」

15.36　子曰：「當仁，不讓於師。」

　　在資料 4.13 和 11.26 中，孔子明確提出，治理國家的根本是
「禮」，而「禮」的精神本質是「謙讓」。孔子笑子路想要治理好國家，
言語之間卻無謙讓之意。可見，在孔子看來，謙讓不僅體現於治國的行
為中，亦體現於個體日常的言語中。根據資料 1.10 和 3.7，「讓」一詞
的基本意涵當是「卑己尊人」的情感態度和「先人後己」的具體行為。
就資料 1.10 來看，「讓」的意涵是「謙和」的態度，在子貢看來，孔子
是以「謙和」的態度去瞭解國家的政治情況。

　　無論是「謙讓」，還是「禮讓」，都屬於自我的情感態度，與個人
的品格相關。但是，能讓國這個行為本身，已超越情感態度的界限，是
個人的品格的外在表達。因為，有「德」才能有卑己尊人的情感態度。
個人的品格與其心靈的存在狀態相關，心靈的存在不同於情感狀態的
出現，前者基於人格的連續性而言，後者則就具體的事件而言。因此，
資料 8.1 所表達的是個體的品格與其行為之間的內在關聯，亦即，泰伯
「三以天下讓」的行為顯現出其有「至德」。

　　在資料 15.36 中，孔子提出，在追求仁和實踐仁時，即使是自己的
老師，也不要同他「謙讓」。

　　分析至此，讀者難免心生疑問，究竟「仁」與「德」之間有何關
聯？在《論語》中，有一則資料直接論及「仁」與「德」：

7.6　子曰：「志於道，據於德，依於仁，遊於藝。」

根據楊伯峻的解釋,「據」的意涵是根據,「依」的意涵是依靠。[1]「依靠」和「根據」兩詞說明,孔子相信,「仁」與「德」皆已內化於君子的生命之中,是君子已有的,與其本性相關。在孔子看來,君子的「德」來源於天,「仁」的獲得直接由我的意願決定:

7.30　子曰:「仁遠乎哉?我欲仁,斯仁至矣。」

自我的修養包括思想、意願、心志、喜好和行為等層面。思想層面涉及自我的價值觀,如何選擇取決於如何思想,「知」一詞所表達的就是正確思想之所以可能的根據。孔子認為,在擇業時,如果不以「仁」的內在要求來擇業,就是沒有智慧。他說:

4.1　子曰:「里仁為美。擇不處仁,焉得知?」

在孔子的思想觀念中,他強調「仁」對君子非常重要,君子片刻都無法離開「仁」:

4.5　子曰:「富與貴,是人之所欲也;不以其道得之,不處也。貧與賤,是人之所惡也;不以其道得之,不去也。君子去仁,惡乎成名?**君子無終食之間違仁**,造次必於是,顛沛必於是。」

孔子所說的「無終食之間違仁」是說君子的心不違仁,孔子稱讚顏回的重要原因就是他的心「三月不違仁」:

6.7　子曰:「**回也,其心三月不違仁**,其餘則日月至焉而已矣。」

孔子知道,「心不違仁」並不保證能踐行仁,能否踐行仁的關鍵在

1　楊伯峻:《論語譯註》,頁 67。

於，能否「志於仁」：

　　4.4　子曰：「苟**志於仁矣**，無惡也。」

　　「志」的意思是「立定志向」，[2] 志向總是指向某一目標，當一個人立定自己志向的同時，他就已經確定無論處境如何改變、遭遇什麼樣的困難，實現自己志向的心志不會改變。在孔子看來，君子的心志不同於小人和常人的具體表現就是：君子不但意願仁，而且立定心志追求仁。

　　此外，君子內心的感情所繫亦有別於常人，君子因感情繫於「我與天」的關係而內心懷念「德」，小人因感情繫於「我與人」的關係而懷念鄉土：

　　4.11　子曰：「君子懷德，小人懷土；君子懷刑，小人懷惠。」

　　在孔子的諸弟子中，顏回是極特別的弟子。他的特別之處在於：首先，他聽孔子的教導不會覺得疲憊，表明他始終願意聽孔子所說的話；其次，他聽孔子的教導，不是只停留在聽見的層面，而是進深到聽從的層面。孔子深知，顏回只要聽了自己的教導，就會去行，而且持續地行，顏回的力行和持續地行就是他喜悅孔子的教導的體現。來看三則資料：

　　9.20　子曰：「**語之而不惰者，其回也與！**」

　　9.21　子謂顏淵：「惜乎！吾見其進也，未見其止也。」

　　12.1　顏淵問仁。子曰：「**克己復禮為仁**。一日克己復禮，天
　　　　　下歸仁焉。**為仁由己**，而由人乎哉？」
　　　　　顏淵曰：「請問其目。」子曰：「非禮勿視，非禮勿聽，
　　　　　非禮勿言，非禮勿動。」
　　　　　顏淵曰：「回雖不敏，請**事斯語**矣。」

2　楊伯峻：《論語譯註》，頁 36。

在上述三則資料中，從資料 9.20 可以看出，孔子發現，他所說的話，顏回會一直專心聽，不會懈怠。在資料 9.21 中，我們看到，孔子通過日復一日的觀察發現，顏回的行是持續的、不斷精進的。資料 12.1 記載了顏回問孔子為仁的內涵是什麼，孔子告訴他兩點：一是「克己復禮為仁」，一是「為仁由己」。顏回聽完孔子的話後，繼續問自己在日常生活中當如何行才是為仁，最後，他表明自己願意聽而遵行的心志。可見，顏回聽孔子的話，目的是為了落實到自己的行為中，通過踐行來修養自己的「德」。

孔子繼承《詩經》的傳統，有「修德」的觀念。在「修德」的觀念之外，孔子亦有「至德」的觀念。孔子既有「至德」的觀念，什麼樣的人是他心目中的「至德」之人？或者說，孔子所贊許的「至德」之人有何特質？在回答這個問題之前，先來看三則資料：

11.3　德行：顏淵，閔子騫，冉伯牛，仲弓。言語：宰我，子貢。政事：冉有，季路。文學：子游，子夏。

14.5　南宮適問於孔子曰：「羿善射，奡盪舟，俱不得其死然；禹稷躬稼而有天下。」夫子不答。南宮適出。子曰：「君子哉若人！尚德哉若人！」

14.33　子曰：「驥不稱其力，稱其德也。」

在上述四則資料中，從 11.3 這則資料可以看出，在孔子的心目中，顏淵、閔子騫、冉伯牛和仲弓這四個弟子是有德行的人。在資料 14.33 中，孔子以千里馬作為比喻，用以言說「德」的本質特徵是忍耐和永不停息地努力向前的生命品格。回到資料 14.5，事實上，在這則資料中，隱含著「德」與「仁」之間的關聯。我們知道，孔子曾說：「擇不處仁，焉得智？」（4.1）由此可見，在孔子看來，一個人擇業若能以仁的要求來權衡，這就是他的智慧。資料 14.5 的主題是個體的選擇，在羿、奡和禹三者中，只有禹的選擇得到孔子的肯認。為何孔子只認可禹的擇業選擇呢？簡單分析南宮適的發問可知，羿、奡的擇業選擇的後

果是傷人甚至是殺人，禹的擇業選擇的後果是活人。可見，一個人的擇
業選擇如何影響他人是孔子的關注。在孔子看來，君子的擇業選擇應當
以「仁」為根本，而「仁」的本質就是「愛人」。因為「愛人」，則自然
不願、不會去傷人。若結合「君子學道則愛人」之說，則不難發現，是
否「尚德」的關鍵在於內心是否有「愛人」之「仁」。

四、《孟子》中的「仁」與「德」

先秦儒家有「成德」之教，其本在孟子（13.40），孟子所言的「成
德」的本質是成就天生已有之德。這說明，對孟子而言，首先，他相信
所有人生而有德；其次，成就每個人生而已有之德是儒家人倫教化的主
要目標。孟子留給我們的問題是：所有人生而具有的「德」是否就是其
本有之「仁」？

面對這個問題，孟子的回答是，就政治關係而言，齊宣王的「不
忍之心」就是他的「德」（1.7）。孟子認為，能行仁政就是執政者的德
（7.14），從第三者的視角看，這是「以行見德」。與孔子相比，孟子更
是直接以「仁義」來詮釋德的內涵（11.17），他還以仁義作為「尚志」
的內涵：「殺一無罪，非仁也。非其有而取之，非義也。」（13.33）。由
此可見，人生而具有的「德」顯現為「不忍之心」，「不忍之心」是仁的
本質，「不忍之心」通過不忍的內心感情和幫助困苦之人擺脫苦難的行
為表現出來。不難發現，在孟子的思想中，「仁」源於所有人生而具有
的「德」。

事實上，以「修德」為內涵的「成德」之教承認所有人都有生而具
有的「德」，「人如何回應自己已有之德」是孟子關注的問題。

五、《荀子》中的「仁」與「德」

先秦儒家有「積善成德」之說，其本在荀子，荀子所言的「積善
成德」的關鍵在於為學過程中的不斷「積」善。因此，「成德」來源於

「積善」（〈勸學〉）。荀子所言的「成德」其本質是化「善」為「德」。既然人需要通過自己的努力在為學過程中化「善」為「德」，則「德」並非人生而具有，這可能是荀子與孟子對「德」的來源理解的根本分歧所在。事實上，荀子的「積善」是用以回應「人如何為學以成為聖人」的問題。與此相關的資料除〈勸學〉外，有〈儒效〉和〈性惡〉中的兩則資料：

（1）故積土而為山，積水而為海，旦暮積謂之歲，至高謂之天，至下謂之地，宇中六指謂之極，塗之人——百姓，積善而全盡，謂之聖人。彼求之而後得，為之而後成，積之而後高，盡之而後聖，故聖人也者，人之所積也。（〈儒效〉）

（2）今使塗之人伏術為學，專心一志，思索孰察，加日縣久，積善而不息，則通於神明，參於天地矣。故聖人者，人之所積而致矣。（〈性惡〉）

比照孟子的「成德」之教，荀子以「積善」為前提的「成德」其內涵是聖人之德，並非「天德」。荀子的「天德」以「誠心守仁」和「誠心行義」為內涵，其關鍵在於「誠」（〈不苟〉）。可見，荀子將人與天的關聯建基於誠心去守護「仁」與踐行「義」，而不是累積「善」。故此，就天人關係而言，人是否誠心是至關重要的。荀子說：

君子養心莫善於誠，致誠則無它事矣。唯仁之為守，唯義之為行。誠心守仁則形，形則神，神則能化矣。誠心行義則理，理則明，明則能變矣。變化代興，謂之天德。（《不苟》）

此處的「誠」，其意涵是真實、無偽，主要指在我與己的關係中，我對自己是否真實，不自欺。事實上，這裡指的不只是一種情感狀態，更是一種人當有的心靈狀態。這是怎樣的心靈狀態呢？來看荀子的解讀：

士君子之所能不能為：君子能為可貴，而不能使人必貴己；能
為可信，而不能使人必信己；能為可用，而不能使人必用己。
故君子恥不修，不恥見汙；恥不信，不恥不見信；恥不能，不
恥不見用。**是以不誘於譽，不恐於誹，率道而行，端然正己，
不為物傾側：夫是之謂誠君子。**《詩》雲：「溫溫恭人，維德之
基。」此之謂也。(《非十二子》)

荀子將君子分為士君子和誠君子，二者的根本分別在於其透過各自
的情感態度而顯示出的價值高低不同的心靈狀態。在他的心目中，誠君
子的心靈狀態具有更高的價值。士君子的內心關注的是人與人的關係中
的與己相關的「可貴」、「可信」和「可用」，不以別人給自己汙名、不
信任自己和不用自己而感到羞恥。換句話說，士君子沒有因他人如何待
自己而產生的羞恥的情感態度。誠君子關注的是己與道的關係，其內心
並不在意在具體的事情上人如何對待自己，甚至其內心勝過了常人和士
君子因名譽而有的誘惑和因誹謗而有的恐懼。因為，其具有高於名譽和
自己的關注和持守。

簡單地說，在荀子看來，「誠」的心靈狀態其特質是內心「溫柔而
恭敬」，其具體表現是內心不會受到外在的名譽和誇讚所誘惑，不會因
他人的誹謗而產生恐懼的情感態度，只是一心堅定地遵行道，且以端莊
的情感態度來面對道，以道的要求為標準來導正自己，其內心、情感態
度和行為不會因外物的影響而有任何的改變。

第二節　義與德

一、《詩經》中的「義」與「德」

在《詩經》中，並未出現言說「義」與「德」之間關係的詩句。據
筆者考察，在《左傳》和《尚書》中，出現詮釋「義」與「德」之間關

係的文本。

二、《左傳》中的「義」與「德」

（1）臣聞之，大上以德撫民，其次親親，以相及也……近尊
賢，德之大者也，即聾，從昧，與頑，用嚚，姦之大者
也，棄德崇姦，禍之大者也，鄭有平惠之勳，又有厲宣
之親，棄嬖寵而用三良，於諸姬為近，四德具矣，耳不
聽五聲之和為聾，目不別五色之章為昧，**心不則德義之
經為頑**，口不道忠信之言為嚚，狄皆則之，四姦具矣，
周之有懿德也，猶曰莫如兄弟，故封建之，其懷柔天下
也，猶懼有外侮，扞禦侮者，莫如親親……（《左傳·僖
公二十四年》）

（2）冬，楚子及諸侯圍宋，宋公孫固如晉告急，先軫曰，報
施救患，取威定霸，於是乎在矣，狐偃曰，楚始得曹，
而新昏於衛，若伐曹衛，楚必救之，則齊宋免矣，於是
乎蒐於被廬，作三軍，謀元帥，趙衰曰，郤縠可，臣亟
聞其言矣，說禮樂而敦詩書，**詩書，義之府也，禮樂，
德之則也，德義，利之本也。**（《左傳·僖公二十七年》）

（3）夫**樂以安德，義以處之，禮以行之，信以守之，仁以厲
之**，而後可以殿邦國，同福祿，來遠人，所謂樂也，書
曰，居安思危，思則有備，有備無患，敢以此規，公
曰，子之教，敢不承命，抑微子，寡人無以待戎，不能
濟河，夫賞，國之典也，藏在盟府，不可廢也，子其受
之，魏絳於是乎始有金石之樂，禮也。（《左傳·襄公
十一年》）

（4）晏子謂桓子，必致諸公，**讓德之主也，謂懿德，凡有血
氣，皆有爭心，故利不可強，思義為愈，義，利之本**

也，**蘊利生孽**，姑使無蘊乎，可以滋長，桓子盡致諸公，而請老於莒，桓子召子山，私具幄幕器用，從者之衣屨，而反棘焉，子商亦如之，而反其邑，子周亦如之，而與之夫於，反子城，子公，公孫捷，而皆益其祿，凡公子公孫之無祿者，私分之邑，國之貧約孤寡者，私與之粟，曰，詩雲，陳錫載周，能施也，桓公是以霸，公與桓子莒之旁邑，辭，穆孟姬為之請高唐，陳氏始大。(《左傳·昭公十年》)

（5）魏子謂成鱄，吾與戊也縣，人其以我為黨乎，對曰，何也，戊之為人也，遠不忘君，近不偪同，**居利思義**，在約思純，有守心而無淫行，雖與之縣不亦可乎，昔武王克商，光有天下，其兄弟之國者，十有五人，姬姓之國者，四十人，皆舉親也，**夫舉無他，唯善所在，親疏一也**，詩曰，唯此文王，帝度其心，莫其德音，其德克明，克明克類，克長克君，王此大國，克順克比，比於文王，其德靡悔，既受帝祉，施於孫子，**心能制義曰度**，德正應和曰莫，照臨四方曰明，勤施無私曰類，教誨不倦曰長，賞慶刑威曰君，慈和遍服曰順，擇善而從之曰比，經緯天地曰文，九德不愆，作事無悔，故襲天祿，子孫賴之，主之舉也，近文德矣，所及其遠哉。
(《左傳·昭公二十八年》)

在資料（1）中，可以看出，「德」的內涵是「撫民」和「親親」。「德義」要求人心的遵從，若人心不遵從「德義」的要求就是頑。從資料（2）可以看出，「德義」是「利」的根本。在資料（3）中，作者告訴我們，「樂」、「義」、「禮」、「信」、「仁」都是用以成就執政者德性的方式。「義」與「德」之間的關聯是：以義處德。資料（4）提出了對人性的理解：「凡有血氣，皆有爭心。」既然人都有爭心，第一，最大的

德性就是「讓」，即，放棄自己的益處，顧及他人的利益；第二，在利與義之間，自然會傾向於選擇利。但是，人應當選擇的卻是「義」。在面對利時，人應當「思義」。因為，「義是利之本。」只關注利忽視義，其行為的結果必然產生危害。資料（5）亦提及義與利之間的關係，能否居利思義的關鍵在於心，心的選擇能合乎義的表現是選舉善人參與國家的政治。

三、《論語》中的「義」與「德」

在《論語》中，孔子亦言說「義」與「德」之間的關係。不過，孔子對二者之間關係內容的理解與《左傳》和《尚書》的言說有同有異，筆者將結合具體的文本內容對其中的同異所在展開考察。

我們來看孔子如何言說「義」與「德」之間的關係：

7.3　子曰：「德之不脩，學之不講，**聞義不能徙**，不善不能改，**是吾憂也**。」

在這則資料中，孔子明確說出了自己內心有擔憂的情感。那麼，他擔憂的內容是什麼呢？他自己解釋說：「不修德、不講學、聞義不徙、不善不改」。我們看到，孔子所擔憂的內容有四方面，其中，有一方面是個人雖「聞義」卻不能「徙義」的現象。在當時的現實生活中，孔子可能看到，即使一個人聽到「義」，也不去按照他所聽到的去行義。孔子發現，如何從「不義」轉變為「義」的關鍵在於，個人在「聞義」後能主動「徙義」，即改變自己不義的行為，行出自己所聽到的合於義的行為。

在孔子看來，就人倫向度來看，「徙義」與「修德」都是自我修養的實質內涵。面對不修德和不徙義的人，孔子的情感是擔憂。筆者的問題是，在孔子看來，「修德」與「徙義」之間是否有內在關聯？若有，是什麼樣的關聯？我們先來看兩則資料，筆者將在分析這兩則資料後，

回到這個問題。

7.33　子曰:「文,莫吾猶人也。躬行君子,則吾未之有得。」

12.10　子張問崇德辨惑。子曰:「**主忠信,徙義,崇德也**。愛
　　　　之欲其生,惡之欲其死。既欲其生,又欲其死,是惑
　　　　也。『誠不以富,亦祇以異。』」

15.18　子曰:「君子義以為質,禮以行之,孫以出之,信以成
　　　　之。君子哉!」

在資料 12.10 中,孔子的弟子子張曾就「崇德」的問題請教孔子,
「崇」的意涵是「喜好」。在孔子看來,情感上喜好「德」的表現是「主
忠信」和「徙義」。孔子本人呢?他是否是一個喜好「德」之人?考察
《論語》中孔子的言和行,可以確定,他確是一個喜好「德」之人。問
題是,孔子如何喜好「德」?他喜好「德」的具體表現是什麼?結合資
料 7.33 和 15.18 中孔子的言說,不難發現,孔子喜好「德」的表現是他
以「躬行」君子為自己人格修養的目標。「躬行」君子的意思是行事為
人以君子為榜樣,而君子人格的本質就是「義」。事實上,孔子認為,
只有以「禮」行義之人才能稱為真正的君子。在具體的處境中,面對
「富貴卻不義」與「貧賤卻義」的道德抉擇,孔子的選擇是「義」。且看
他的自述詞:

7.16　子曰:「飯疏食飲水,曲肱而枕之,樂亦在其中矣。不
　　　　義而富且貴,於我如浮雲。」

在這則資料中,我們看到,即使面對艱苦的生活環境,孔子內心
仍能感受到「樂」。原因在於,第一,孔子內心感受到的「樂」並不來
源於生活環境的富與貴,因此,富與貴的獲得或喪失不能改變他內心的
「樂」;第二,就天人向度來看,孔子內心感受到的「樂」來源於,在
「義」與「不義」之間,他選擇「義」。在選擇「義」的同時,他承擔自
己的選擇帶來的因物質缺乏而貧窮的結果。孔子能選擇「義」是基於他

的信念，即，個人能否「徙義」是其是否喜好「德」的表現，而「德」來源於天。從根本上說，個人的行「義」是去主動回應天與己之間關係的表現。

再來看孔子的學生子路如何論及「義」：

18.7 子路從而後，遇丈人，以杖荷蓧。

子路問曰：「子見夫子乎？」

丈人曰：「四體不勤，五穀不分。孰為夫子？」植其杖而芸。子路拱而立。止子路宿，殺雞為黍而食之，見其二子焉。

明日，子路行以告。子曰：「隱者也。」使子路反見之。至，則行矣。子路曰：「不仕無義。長幼之節，不可廢也；君臣之義，如之何其廢之？欲潔其身，而亂大倫。君子之仕也，行其義也。道之不行，已知之矣。」

在子路看來，「義」是理想的執政者與從政者之間關係當有的內涵，這是就政治關係向度而言。可見，「義」用以言說政治關係中，執政者與從政者之間理想的政治關係。「義」的這種用法為孟子承襲，孟子有「未有義而後其君」的言說（1.1），即使在當有的政治關係的內涵中言說何為「義」。

孔子曾明確論及「義」與「勇」的關係，他說：

2.24 子曰：「非其鬼而祭之，諂也。見義不為，無勇也。」

17.23 子路曰：「君子尚勇乎？」子曰：「君子義以為上，君子有勇無義為亂，小人有勇無義為盜。」

從這則資料可以看出，在孔子的觀念中，一個人有勇的判斷標準是「見義即為」，即，行義。

孔子的「行義」觀念具有連續性和動態性的特質。因此，他因為看到一個人不能「徙義」內心感到擔憂（7.3）。他的憂慮的本質在於，不

能徙義的人就不能崇德。因為，徙義是崇德的內涵之一（12.10），真正內心崇德之人不可能沒有徙義的行為，內心是否崇德的外在表現即是是否「主忠信」及是否「崇德」。事實上，徙義的意涵是在義與利二者之間，個人能夠不斷地以義來權衡利是否當得。在資料 17.23 中，孔子明確提出，君子當以義來制衡勇。

四、《孟子》中的「義」與「德」

　　孟子對「義」與「勇」的關係的理解受到孔子的影響，他正是根據孔子理解的義來分別不同層次的勇：「匹夫之勇」和「文王之勇」，來看一則資料：

2.3　齊宣王問曰：「交鄰國有道乎？」

　　孟子對曰：「有。惟仁者為能以大事小，是故湯事葛，文王事昆夷。惟智者為能以小事大，故大王事獯鬻，句踐事吳。以大事小者，樂天者也；以小事大者，畏天者也。樂天者保天下，畏天者保其國。《詩》雲：『畏天之威，於時保之。』」

　　王曰：「大哉言矣！寡人有疾，寡人好勇。」

　　對曰：「王請無好小勇。夫撫劍疾視曰，『彼惡敢當我哉！』此匹夫之勇，敵一人者也。王請大之！

　　《詩》雲：『王赫斯怒，爰整其旅，以遏徂莒，以篤周祜，以對於天下。』此文王之勇也。文王一怒而安天下之民。《書》曰：『天降下民，作之君，作之師。惟曰其助上帝寵之。四方有罪無罪惟我在，天下曷敢有越厥志？』一人衡行於天下，武王恥之。此武王之勇也。而武王亦一怒而安天下之民。今王亦一怒而安天下之民，民惟恐王之不好勇也。」

　　孟子提出，理想的執政者與從政者之間關係的確定源於聖人內心「憂」的情感，聖人因為擔憂人無教，近於禽獸，所以制定人倫規範來約束人。其中，「義」是聖人用以調節執政者與從政者之間關係的標準（5.4）。

　　孟子引用《詩經》來詮釋「德」，在他看來，「德」的內涵是「仁義」：

11.17　詩雲：『既醉以酒，既飽以德。』言飽乎仁義也。

　　孟子以「不忍人之心」為人之為人的本質，「不忍人之心」落實於具體的處境中，可以表現為「惻隱之心」，「惻隱之心」是仁的發端。「惻隱之心」源於人先天具有的「不忍人之心」，其表現於政治處境時是「不忍人之政」，其顯現於生死處境時是「乍見孺子將入於井」。來看下面兩則資料：

3.6　孟子曰：「人皆有不忍人之心。**先王有不忍人之心，斯有不忍人之政矣**。以不忍人之心，行不忍人之政，治天下可運之掌上。所以謂人皆有不忍人之心者，今人乍見孺子將入於井，皆有怵惕惻隱之心——非所以內交於孺子之父母也，非所以要譽於鄉黨朋友也，非惡其聲而然也。由是觀之，無惻隱之心，非人也；無羞惡之心，非人也；無辭讓之心，非人也；無是非之心，非人也。**惻隱之心，仁之端也；羞惡之心，義之端也；辭讓之心，禮之端也；是非之心，智之端也。人之有是四端也，猶其有四體也**。有是四端而自謂不能者，自賊者也；謂其君不能者，賊其君者也。<u>**凡有四端於我者，知皆擴而充之矣，若火之始然，泉之始達。苟能充之，足以保四海；苟不充之，不足以事父母。**</u>」

7.10　孟子曰：「自暴者，不可與有言也；自棄者，不可與有

　　為也。言非禮義，謂之自暴也；吾身不能居仁由義，謂
　　之自棄也。仁，人之安宅也；義，人之正路也。曠安宅
　　而弗居，舍正路而不由，哀哉！」

　　資料 3.6 中的「不忍人之政」即是「仁政」，統治者能行仁政的根源在於其自身之「德」（1.1）。據此，「仁」是用以表「德」的方式。在資料 7.10 中，孟子詮釋了「仁」與「義」之間的關係，他以道路和居住作比喻來解釋二者之間的關聯，即，每個人都應當在自己身上踐行「居仁行義」。為何孟子有這樣的說法？因為，孟子相信，「仁」是人應當選擇的最好的安身之地，「義」是人自安身之地出發所當行的路。如果說「仁之端」與「義之端」都屬於四端之心，這是此兩者的共同點，這是就四端之心作為一整體看方是如此，即人皆有四體之意。若就四端之心的內部結構看，「仁之端」與「義之端」二者之間有何分別？

　　據資料 3.6 的內容來看，此二者之間的區別在於，「仁之端」的內涵是「惻隱之心」，「義之端」的內涵是「羞惡之心」。

　　不過，「仁之端」並非「仁」，「義之端」並非「義」，孟子明確區分了這兩層意思。就家庭關係而言，「仁」的本質是「事親」，「義」的本質是「從兄」。「智」的本質是知道不可離棄這兩方面，「禮」的本質是調節這兩方面。我們看下面這則資料就可以看出上述意涵：

7.27　孟子曰：「仁之實，事親是也；義之實，從兄是也。智
　　　之實，知斯二者弗去是也；禮之實，節文斯二者是也；
　　　樂之實，樂斯二者，樂則生矣；生則惡可已也，惡可
　　　已，則不知足之蹈之手之舞之。」

　　在孟子看來，人內心感受到的樂的極致是以舞蹈的形式表達出來。人內心感受到的樂的實質是「事親」和「從兄」，此處的樂是「以……為樂」，即樂在其中之意，表達整個生命投入其中的喜悅。

　　孟子單獨論及「義」時，是以「義」作為大人最主要的品格特質。

大人有兩種品格特質：「義」和「不失其赤子之心」。大人以人生而已有的「禮」、「義」來權衡現實中的「禮」、「義」，若現實中的「禮」、「義」不合於生而已有的「禮」、「義」，大人不會去遵行。孟子發現人的心有主動選擇的能力，一個人能稱為大人或是小人的關鍵在於其心主動的選擇，是選擇跟從物還是選擇跟從天之所與我的四端，選擇跟從前者的個人就成為小人，選擇跟從後者的個人就成為大人。

8.6　孟子曰：「非禮之禮，非義之義，大人弗為。」

8.11　孟子曰：「大人者，言不必信，行不必果，惟義所在。」

8.12　孟子曰：「大人者，不失其赤子之心者也。」

11.15　公都子問曰：「鈞是人也，或為大人，或為小人，何也？」

孟子曰：「從其大體為大人，從其小體為小人。」

曰：「鈞是人也，或從其大體，或從其小體，何也？」

曰：「耳目之官不思，而蔽於物。物交物，則引之而已矣。心之官則思，思則得之，不思則不得也。此天之所與我者。先立乎其大者，則其小者不能奪也。此為大人而已矣。」

13.19　孟子曰：「有事君人者，事是君則為容悅者也；有安社稷臣者，以安社稷為悅者也；有天民者，達可行於天下而後行之者也；有大人者，正己而物正者也。」

13.33　王子墊問曰：「士何事？」

孟子曰：「尚志。」

曰：「何謂尚志？」

曰：「仁義而已矣。殺一無罪非仁也，非其有而取之非義也。居惡在？仁是也；路惡在？義是也。居仁由義，大人之事備矣。」

從資料 13.19 可以看出，大人的行為以「正己」為目標。在資料

13.33 中，孟子提出，「尚志」的內涵是「仁義」，大人能「居仁由義」的表現是，不行非仁和非義之事。在孟子看來，殺死一個無罪的人就是非仁，不是自己所有的東西卻以其歸為己有，這就是非義。

第三節　孟子論情感與德

就情感與「德」的關係而言，孟子以人倫關係中有「德」之人與他人的情感連結：所有人都從內心喜歡且真誠地順服他，有「德」之人的價值認知是以「德」為可寶貴，有德之人的內心情感態度是喜好「德」三方面來詮釋二者之間的關係。來看相關文本：

3.3　孟子曰：「以力假仁者霸，霸必有大國，以德行仁者王，王不待大——湯以七十里，文王以百里。以力服人者，非心服也，力不贍也，**以德服人者，中心悅而誠服也，如七十子之服孔子也**。《詩》雲：『自西自東，自南自北，無思不服。』此之謂也。」

3.4　孟子曰：「仁則榮，不仁則辱。今惡辱而居不仁，是猶惡濕而居下也。**如惡之，莫如貴德而尊士，賢者在位，能者在職**；國家閒暇，及是時，明其政刑。雖大國，必畏之矣。《詩》雲：『迨天之未陰雨，徹彼桑土，綢繆牖戶。今此下民，或敢侮予？』孔子曰：『為此詩者，其知道乎！能治其國家，誰敢侮之？』今國家閒暇，及是時，般樂怠敖，是自求禍也。禍福無不自己求之者。《詩》雲：『永言配命，自求多福。』《太甲》曰：『天作孽，猶可違；自作孽，不可活。』此之謂也。」

11.6　孟子曰：「乃若其情，則可以為善矣，乃所謂善也。若夫為不善，非才之罪也。惻隱之心，人皆有之；羞惡之心，人皆有之；恭敬之心，人皆有之；是非之心，人皆

> 有之。惻隱之心，仁也；羞惡之心，義也；恭敬之心，
> 禮也；是非之心，智也。仁義禮智，非由外鑠我也，我
> 固有之也，弗思耳矣。故曰：『求則得之，舍則失之。』
> 或相倍蓰而無算者，不能盡其才者也。《詩》曰：『天
> 生蒸民，有物有則。民之秉彝，好是懿德。』孔子曰：
> 『為此詩者，其知道乎！故有物必有則；民之秉彝也，
> 故好是懿德。』」

在資料 3.3 中，孟子提出，在政治關係中，存在兩種類型的執政者：以權力來壓服百姓的執政者和自己的德性來使百姓因內心喜悅而甘心樂意去順服的執政者。其中，只有後者才是孟子心目中理想的執政者。事實上，好的政治離不開好的執政者。這裡，孟子以百姓內心有喜悅的情感而願意在行為上順從執政者作為好的執政者的標準。可以說，在孟子看來，分別執政者是否是一個好的執政者其關鍵是百姓是否內心喜悅他，而百姓只會喜悅以德待他們的執政者。

在資料 3.4 中，孟子分別了虛假的厭惡之情和真正的厭惡之情：虛假的厭惡之情只有言語的表現，而真正的厭惡之情會帶來行為的改變。具體來說，一個人若內心真正厭惡不義，他便會改正自己從前不義的行為，去行義。而一個執政者若真的在內心將德看為寶貴，他在行為上的表現就會是尊重有知識的人和任用有德行、有能力的人，而不會只是在言語上說德對自己很寶貴，卻沒有任何行為的表現。

在資料 11.6 中，孟子告訴我們，他所理解的百姓知道道的表現就是喜好德，而具體到個人來說，其喜好德的表現是在自己的內心經過思想後選擇去尋求在己與人的關係中，去擴充而不是捨棄自己本有的惻隱、羞惡、是非、辭讓之心。

不難發現，在孟子看來，有「德」之人內心的情感態度是必然是喜好「德」，然而，一個人對「德」是否真正有發自內心的喜歡和看為寶貴有真假的分別，其判斷的標準不是在於這個人如何說，而是在於其在

說之後是否有與其言語相符合的行為。

　　在孟子看來，執政者的德表現是保民，可以保民的「德」其本質是以個體心中的不忍之情，而一個執政者是否使自己國家的百平靜安穩地生活其判斷標準是其是否有「不忍」。什麼是孟子所說的「不忍」？我們先來看文本，再根據文本分析「不忍」的意涵：

1.7　齊宣王問曰：「齊桓、晉文之事可得聞乎？」

　　　孟子對曰：「仲尼之徒無道桓文之事者，是以後世無傳焉，臣未之聞也。無以，則王乎？」

　　　曰：「**德何如則可以王矣？**」

　　　曰：「保民而王，莫之能禦也。」

　　　曰：「若寡人者，可以保民乎哉？」

　　　曰：「可。」

　　　曰：「何由知吾可也」

　　　曰：「臣聞之胡齕曰，王坐於堂上，有牽牛而過堂下者，王見之，曰：『牛何之？』對曰：『將以釁鐘。』王曰：『舍之！吾<u>不忍</u>其觳觫，若無罪而就死地。』對曰：『然則廢釁鐘與？』曰：『何可廢也？以羊易之！』──不識有諸？」

　　　曰：「有之。」

　　　曰：「是心足以王矣。百姓皆以王為愛也，臣固知王之不忍也。」

　　　王曰：「然；誠有百姓者。**齊國雖褊小，吾何愛一牛？即不忍其觳觫，若無罪而就死地，故以羊易之也。**」

　　　曰：「王無異於百姓之以王為愛也。以小易大，彼惡知之？王若隱其無罪而就死地，則牛羊何擇焉？」

　　　王笑曰：「是誠何心哉？我非愛其財而易之以羊也，宜乎百姓之謂我愛也。」

曰:「無傷也,是乃仁術也,見牛未見羊也。君子之於禽
獸也,見其生,不忍見其死;聞其聲,不忍食其肉。是
以君子遠庖廚也。」
王說曰:「《詩》雲:『他人有心,予忖度之。』夫子之謂
也。夫我乃行之,反而求之,不得吾心。夫子言之,於
我心有戚戚焉。此心之所以合於王者,何也?」

從孟子與齊宣王的對話中,我們可以發現,首先,「仁術」的意思
是「仁愛」,在孟子看來,齊宣王拯救即將被殺之牛的行為是其「仁愛」
的表現。不難發現,孟子所說的「仁愛」內在表現於個體心中的「不
忍」,故此,這樣的是「不忍」必然是因愛而生的指向受苦之牛的內在
情感。其次,這樣的情感是在具體的倫理情境中,一個人在親眼看見動
物在將被殺時因恐懼即將臨到的死亡而身體瑟縮後退、親耳聽到動物因
恐懼死亡而發出的哀鳴聲時,內心產生的憐憫的情感,這樣的情感是當
下出現的。第三,孟子發現一個執政者內心有此種情感我們可以看到,
齊宣王雖因心生憐憫而救下即將被殺的牛,但他不知自己為什麼會這樣
去做。孟子告訴他是因為心中的不忍之情,他很認同孟子對自己行為的
解釋。孟子進一步對他說,他心中真實出現的此種不忍之情是他成為一
個好執政者的可能。最後,個體對自己最大慾望的追求構成其對他人的
內心憐憫之情不能落實於其行為的內在限制。孟子知道,可能不等於現
實,原因在於執政者內心具有與生俱來的對慾望的喜好,對執政者來說
就是對無限之權力的貪求之喜好。孟子非常敏銳地從齊宣王的言語中看
出他的「不能」不是能力的限制,而是自己的「不為」,即不去做,不
去做的根本理由是要滿足自己心中最大的慾望。在梁惠王而言,他心中
的最大慾望是擴充自己的權力:

1.7 「今恩足以及禽獸,而功不至於百姓者,獨何與?然則一
羽之不舉,為不用力焉;輿薪之不見,為不用明焉;百
姓之不見保,為不用恩焉。故王之不王,不為也,非不

能也。」

曰：「不為者與不能者之形何以異？」

曰：「挾太山以超北海，語人曰，『我不能。』是誠不能也。為長者折枝，語人曰，『我不能。』是不為也，非不能也。故王之不王，非挾太山以超北海之類也；王之不王，是折枝之類也。**老吾老，以及人之老；幼吾幼，以及人之幼。天下可運於掌。**《詩》雲：『刑於寡妻，至於兄弟，以御於家邦。』言舉斯心加諸彼而已。故推恩足以保四海，不推恩無以保妻子。<u>古之人所以大過人者，無他焉，善推其所為而已矣。今恩足以及禽獸，而功不至於百姓者，獨何與？權，然後知輕重；度，然後知長短。物皆然，心為甚。王請度之！</u>抑王興甲兵，危士臣，構怨於諸侯，然後快於心與？」

王曰：「否；吾何快於是？**將以求吾所大欲也。**」

曰：「王之所大欲可得聞與？」王笑而不言。

曰：「為肥甘不足於口與？輕暖不足於體與？抑為采色不足視於目與？聲音不足聽於耳與？便嬖不足使令於前與？王之諸臣皆足以供之，而王豈為是哉？」

曰：「否；吾不為是也。」

曰：「**然則王之所大欲可知已，欲辟土地，朝秦楚，莅中國而撫四夷也。**以若所為求若所欲，猶緣木而求魚也。」

王曰：「若是其甚與？」

曰：「殆有甚焉。緣木求魚，雖不得魚，無後災。以若所為求若所欲，盡心力而為之，後必有災。」……

　　在孟子與梁惠王的後半段對話中，「恩」、「功」、「推恩」三個觀念極重要。「恩」是強者給予弱者、有權力者給予無權力者的恩惠，「功」是強者是否實際給予弱者、無權力者的行為，「推恩」是個體主動做出

的給予他人恩惠的行為。不難發現，孟子的「老吾老，以及人之老。幼吾幼，以及人之幼」說就是以他的「推恩」觀念為根基。孟子相信，所有人都有「推恩」的可能，分別只在於其是否願意去做，即「推恩」與「不推恩」的分別在於個體的「為」與「不為」。在孟子看來，個體的心具有權衡和判斷的能力，孟子似乎相信，個體的心只要能權衡利弊、判斷是非，就能夠做出正確的行為。然而，孟子也知道，個體有追求滿足自己慾望的內在傾向，他經過兩次追問，正確道出梁惠王心中的最大慾望是擴張國土、掌握更大的權力。正因為梁惠王想要獲得自己最大慾望的滿足，不會將恩惠推及百姓。事實上，這種擴張國土、掌握更大權力的慾望是貪婪，表現為人對權力的貪戀。問題是，這種貪婪從哪裡來？孟子並未探討慾望的源頭問題，但他注意到人的慾望與其內在的喜好密切關聯。

第四節　荀子論情感與德

荀子認為，每個知識人都應當持續地學習至死為止，學習的最終目標是禮。據王天海的解釋，禮是法的界限，不得逾越。[3] 而對荀子而言，禮是道德終極的表現。不難發現，在荀子的思想中，禮相當於縱向維度的「未聞之道」在孔子生命中的地位。來看荀子論及情感與德之間關係的言說：

（1）學惡乎始？惡乎終？曰：其數則始乎誦經，終乎讀禮；其義則始乎為士，終乎為聖人。真積力久則入，學至乎沒而後止也。……禮者，法之大分，類之綱紀也。故學至乎禮而止矣。夫是之謂道德之極。……君子知夫不全不粹之不足以為美也・……生乎由是，死乎由是，夫是

3　王天海：《荀子校釋》（上海：上海古籍出版社，2009 年），頁 28。

之謂**德操**。**德操**然後能定，能定然後能應。能定能應，夫是之謂成人。天見其明，地見其光，君子貴其全也。（《勸學》）

（2）**君子崇人之德**，揚人之美，非諂諛也；正義直指，舉人之過，非毀疵也；言己之光美，擬於舜禹，參於天地，非夸誕也；與時屈伸，柔從若蒲葦，非懾怯也；剛強猛毅，靡所不信，非驕暴也；以義變應，知當曲直故也。（《不苟》）

（3）君子養心莫善於誠，致誠則無它事矣。唯仁之為守，唯義之為行。誠心守仁則形，形則神，神則能化矣。誠心行義則理，理則明，明則能變矣。變化代興，謂之**天德**。天不言而人推高焉，地不言而人推厚焉，四時不言而百姓期焉。夫此有常，以至其誠者也。**君子至德**，嘿然而喻，未施而親，不怒而威：夫此順命，以慎其獨者也。（《不苟》）

（4）夫天生蒸民，有所以取之：志意致修，**德行**致厚，智慮致明，是天子之所以取天下也。（《榮辱》）

（5）兼服天下之心：**高上尊貴，不以驕人；聰明聖知，不以窮人；齊給速通，不爭先人；剛毅勇敢，不以傷人；不知則問，不能則學，雖能必讓，然後為德**。（《非十二子》）

（6）士君子之所能不能為：君子能為可貴，而不能使人必貴己；能為可信，而不能使人必信己；能為可用，而不能使人必用己。故**君子恥不修，不恥見汙；恥不信，不恥不見信；恥不能，不恥不見用**。是以不誘於譽，不恐於誹，率道而行，端然正己，不為物傾側：夫是之謂**誠君子**。《詩》雲：「溫溫恭人，維德之基。」此之謂也。（《非十二子》）

（7）故曰：貴名不可以比周爭也，不可以夸誕有也，不可以
　　　埶重脅也，必將誠此然後就也。爭之則失，讓之則至；
　　　遵道則積，夸誕則虛。**故君子務脩其內，而讓之於外；
　　　務積德於身，而處之以遵道。**（《儒效》）

（8）王者之論：**無德不貴**，無能不官，無功不賞，無罪不
　　　罰。朝無幸位，民無幸生。尚賢使能，而等位不遺；析
　　　願禁悍，而刑罰不過。百姓曉然皆知夫為善於家，而取
　　　賞於朝也；為不善於幽，而蒙刑於顯也。夫是之謂定
　　　論。是王者之論也。（《王制》）

（9）**夫君子奚患乎無餘？故知節用裕民，則必有仁聖賢良之
　　　名，而且有富厚丘山之積矣。**此無他故焉，生於節用裕
　　　民也。不知節用裕民則民貧，民貧則田瘠以穢，田瘠以
　　　穢則出實不半；上雖好取侵奪，猶將寡獲也。而或以無
　　　禮節用之，則必有貪利糾譑之名，而且有空虛窮乏之實
　　　矣。此無他故焉，不知節用裕民也。《康誥》曰：「**弘覆
　　　乎天，若德裕乃身。**」此之謂也。（《富國》）

　　首先，從資料（1）可以看出，荀子認為，人堅守禮生死不渝，這
是「德操」的內涵。亦即，對荀子而言，人應當一生持守禮，因禮是
道德的完成，君子應當一生不斷地學習，其學習的最終目標和最高的道
德是在自己的行為中踐行禮；在資料（2）中，荀子提出，君子應當崇
敬他人的德；在資料（3）中我們看到，荀子提出「天德」的觀念，以
「誠心守仁」和「誠心行義」作為達至「天德」的路徑，提出「誠」是
君子自我修養的最好方式，以「至誠」作為「君子至德」的內涵；在資
料（4）中，在荀子看來，個體的德行有厚薄的分別，他提出「德行至
厚」的觀念；從資料（5）可以發現，荀子提出一個人成為有德之人的
前提條件：居高位不以傲慢待身處低位的人、不炫耀自己的聰明智慧、
不與人爭先、雖勇敢卻不用來傷害人、謙卑求問和學習、即使自己有

能力也會謙讓他人；在資料（6）中，有德的人應當以不修養自己、不信任他人和沒有能力為恥；資料（7）告訴我們，在荀子看來，君子應當「積德於身」；在資料（8）中可以發現，荀子提出，德是執政者是否給與從政者尊貴身分的標準所在；在資料（9）中，荀子引《尚書》的「若德裕乃身」言說執政者生命中的德表現為以禮節制自身的財貨用度，而使百姓富裕。

荀子提出「養德」、「養其德」和「以德音化百姓」的觀念（《富國》），提出君子與小人的分別在於「以德」和「以力」，並提出「德役力」的觀念（《富國》），同時，荀子引《詩經》言說「報德」的觀念（《富國》）。提出「佟離之德」必導致滅亡的結果（《王霸》），提出執政者應當遵行的道是「論德而定次」（《君道》）。以「德厚者」與「佞說者」對舉（《君道》），以「德音」言說執政者應當有的德（《君道》）。提出「無德者」的結局是「傷疾、墮功、滅苦」，因此，君子不應當使自己成為一個無德者（《君道》）。荀子還分別不同等級的忠誠，將「以德覆君而化之」界定為「大忠」，將「以德調君而輔之」界定為「次忠」，將「以是諫君而怒之」界定為「下忠」（《君道》）。

第五節　小結

在孔子，情感與德的關係是因確信天與人之間的關聯在於人之「德」而在自己的生命中產生對天的親近感。在孔子的觀念中，若一個人見到不義立刻去行義，則他是真正勇敢的人。事實上，孔子的「行義」觀念是動態且連續的，他會因人不能改正不義的行為去行義且不能持續地去行義而產生擔憂的情感。因為，他認為，一個人是否對德有尊崇的情感態度其重要表現就是「徙義」。「徙義」的意涵是在義與利二者之間，個人能夠不斷地以義來權衡利是否當得。在他看來，真正內心崇德之人不可能沒有徙義的行為，內心是否崇德的外在表現是是否忠誠於人，是否值得別人信任，及是否在內心對「德」有崇敬的情感。

　　孟子一方面以「不忍人之心」為人之為人的本質，「不忍人之心」落實於具體的處境中，可以表現為「惻隱之心」，仁從「惻隱之心」發端。另一方面，他重視人的意願、情感與行為之間的關聯，他的「不忍人之心」表現為不忍之情，實為人面對他人甚至動物的苦難時當下真實出現的憐憫之情，而一個人具有憐憫之情的表現就是其內心的不忍，這種不忍對個體而言是自明的內在情感，這種憐憫之情是否最終能表現於實際拯救他人苦難的行為其關鍵在於，個體是否願意去「推恩」，即是否願意給予有需要的人予恩惠。在孟子看來，不願意去「推恩」最大的攔阻是個體對滿足其無限慾望的追求，如執政者對權力的追求。就孟子與梁惠王的對話而言，個體的這種追求通過進行道德判斷並權衡利弊後就有可能被主動放棄。因為，孟子相信不忍之心與生俱來，人的慾望則不是，故此，人的不忍之心會推動其去做出自發的道德行為，只是其實現會遇到對慾望滿足之追求的攔阻。

　　荀子提出，人應當修養自己成為君子，君子應當修養自己成為一個有德的人，而君子最重要的特質是一生不終止地學習，其學習的最終目標是禮，因為禮是道德的最終完成，君子人格美的表現就是於其行為中踐行禮。可見，在孔子，德是天與人的關聯，荀子則提出「養德」，在他看來，德是君子修養自己後具有的道德品質，沒有通過學習而進行的自我修養就不會有德。不難發現，荀子的性惡觀是他的「養德論」的人性論基礎。他與孔子不同，對他來說，天與人的聯結在於「禮」，因為荀子將禮詮釋為道德的終極體現。在道德修養問題上，這與孔子極不同，孔子重視人本有的與生俱來的真情實感，荀子卻極重視人應當有的情感，具體表現在：首先，他提出君子對他人的德應當有的情感是崇敬；其次，一個有德的人應當有的羞恥的情感所指向的對象是「不修養自己、不信任他人和沒有能力」；第三，荀子以至誠作為君子至德的內涵，他提出天德觀、誠心守仁和誠心行義是人通達天德的路徑及誠與個體的內心情感態度相關。可見，荀子將天與人的關係之品質化歸為人內心的情感狀態是否真誠。

Chapter 8

第八章
情感與道德

　　「道德」一詞與「道」、「德」兩詞的意涵不同。「道德」一詞較「道」與「德」兩詞晚出，其主要出現於《荀子》和《禮記》中。在《荀子》中，「道德」一詞的基本意涵是「個人自我品格修養的終極理想」（君子好以道德，則民歸其道）。在《禮記》中，「道德」一詞主要指「禮所塑成的特定的倫理規範」（道德仁義，非禮不成，教訓正俗，非禮不備）。

　　「道」與「德」的關聯通過人的情感面向得以體現（如孔子之「憂德之不脩，學之不講，聞義不能徙，不善不能改」；孟子之「貴德而尊士」、「樂堯舜之道」和「樂其道而忘人之勢」；荀子之「尊道德」和「君子好以道德」；《禮記》之「上賢以崇德」）。不過，需要說明的是，這裡提及的「人的情感面向」指心的情感面向，而「心的情感面向」主要是在心靈層面講，而非在心理層面講。早在《詩經》中，已出現「怛」、「弔」、「傷悲」、「憂傷」、「憂」等表達詩人內心感情的語詞。這些語詞所表達的都是「心」的情感，與詩人的親身體驗相關。當詩人使用「中心怛」、「中心弔」、「心傷悲」、「心憂傷」、「心之憂」等語詞時，其所表達的是「心的情感面向」。西方的思想家舍勒亦關注心與情感的關聯，他在《倫理學中的形式主義和非形式的價值倫理學》一書中提出：「我們全部的精神生活都具有『純粹的』（在其本質與內涵方面均無

待於人類組織之事實）行動與法則。甚至精神之情感面（覺知、[1] 偏好、愛、恨、意欲）也具有一種根源性的先天內涵，這種內涵並非這個精神面從『思考』借來的，而且倫理學得完全無待於邏輯而揭示這種內涵。巴斯卡（Blaise Pascal）說得好：有一個先天的『心底秩序』（ordre du coeur）或『心底邏輯』（logique du coeur）存在。」[2] 舍勒所謂的「精神之情感面」，實際上是心所感知的情感，他的精神之情感面涉及的「覺知、偏好、愛、恨、意欲」其實就是「心之覺知」、「心之偏好」、「心之愛」、「心之恨」和「心之意欲」。在舍勒看來，「自我（以任何意義來說）也僅是價值之載體，而非價值之一項預設，或是一個『評價的』主體——借由它，價值才產生，或是可以把握。」[3] 自我對「獲罪於天，無所禱也。」價值的感知表現為心的感知，孟子所說的「四端」當屬於舍勒所謂的「感知」。[4] 筆者將以「惻隱之心」和「羞惡之心」為重點關注，來探討「感知」與情感的關係，亦即，「四端」與「七情」的關係。

　　孟子未曾使用「道德」一詞，「道德」一詞的運用出現在《荀子》、《禮記》中。 在《荀子》中，關涉「情感與道德」這個主題有兩則資料：

　　（1）政令以定，風俗以一，有離俗不順其上，則百姓莫不敦
　　　　　惡，莫不毒孽，若祓不祥；然後刑於是起矣。是大刑之
　　　　　所加也，辱孰大焉！將以為利邪？則大刑加焉，身苟不

1　「覺知」主要指關聯著具體情感的「心之覺知」，其內涵是「個體的心靈」，而非「普遍的心靈」或「普遍的心理」。

2　Max Scheler: *Der Formalismus in der Ethik und die materiale Wertethik*, S.82, Bern: Francke, 1966. 譯文出自李明輝：《四端與七情：關於道德情感的比較哲學探討》，頁 62。

3　Max Scheler: *Der Formalismus in der Ethik und die materiale Wertethik*, S.95, 譯文出自李明輝：《四端與七情：關於道德情感的比較哲學探討》，頁 72-73。

4　李明輝：《四端與七情：關於道德情感的比較哲學探討》，頁 70。

狂惑戇陋，誰睹是而不改也哉！然後百姓曉然皆知循上
之法，像上之志，而安樂之。於是有能化善、脩身、正
行、積禮義、**尊道德**，百姓莫不貴敬，莫不親譽；然後
賞於是起矣。（〈議兵〉）

（2）伯禽將歸於魯，周公謂伯禽之傅曰：「汝將行，盍志而子
美德乎？」對曰：「其為人寬，好自用以慎。此三者，其
美德也。」周公曰：「嗚呼！以人惡為美德乎？**君子好以
道德，故其民歸道**。……（〈堯問〉）

在第一則資料中，「尊道德」是「以道德為尊」之意。這則資料涉
及「如何實現自我價值的轉化」這個問題，「以……為尊」是指以價值
肯認為內涵的情感接納，君子是因為肯認「道德」對自身所具有的價
值，才會將道德視為可尊貴的存在物。在第二則資料中，荀子直接以
「好」這一情感語詞來表達君子對道德當有的情感態度。

在《禮記》中，「仁義」、「道德」多與「禮」相關，來看三則資
料：

（1）喪有四制，變而從宜，取之四時也。有恩有理，有節有
權，取之人情也。恩者仁也，理者義也，節者禮也，權
者知也。**仁義禮智，人道具矣**。（〈喪服四制〉）

（2）**道德仁義，非禮不成，教訓正俗，非禮不備**。分爭辨
訟，非禮不決。君臣上下父子兄弟，非禮不定。宦學事
師，非禮不親。班朝治軍，蒞官行法，非禮威嚴不行。
禱祠祭祀，供給鬼神，非禮不誠不莊。是以君子恭敬撙
節退讓以明禮。（〈曲禮上〉）

（3）**司徒修六禮以節民性**，明七教以興民德，齊八政以防
淫，**一道德以同俗**，養耆老以致孝，恤孤獨以逮不足，
上賢以崇德，簡不肖以絀惡。（〈王制〉）

上述第一則資料論及「喪禮中的人情」，孟子提出，喪禮源於「人情」。從上述第二則資料可以發現，在孟子看來，「禮」存在於生活的各方面，應當以「恭敬」的情感態度來成就「道德」，而「仁義」、「道德」需要通過「禮」來成就。在第三則資料中，論及的主題是「道德」與人倫關係、「禮制」與「政制」。其中，「禮」的作用是「節民性」。什麼是「節民性」？結合第一則資料不難發現，「節民性」即是以禮來調節喪禮中體現的「人情」。可以說，「人情」通過禮的調節得以能夠合宜的表達。由此看來，情感與「道德」的關係表現為藉助禮來調節情感，通過自我修養的方式來成就自身的「德」。

目前，學界在探討「情感與道德」這一主題時，討論的重點主要是「四端與七情」問題。所謂「四端」，其內涵是「惻隱之心，仁之端也；羞惡之心，義之端也；辭讓之心，禮之端也；是非之心，智之端也。」（3.6）所謂「七情」，其內涵是「喜、怒、哀、懼、愛、惡、欲」（《禮記・禮運篇》）。「四端與七情」的問題涉及兩方面內容：一是如何理解「四端」與「七情」的來源、本質和內涵的問題，二是「四端」與「七情」之間的關係問題。事實上，這兩方面內容彼此關聯，當我們探討「四端」與「七情」之間關係的時候，實有必要澄清是就哪一層面而言，亦即，「四端」與「七情」之間是在來源上相關、本質上相關還是在內涵上相關以及如何相關，在此基礎上，才能澄清在對「情感與道德」這一問題的考察中，其中的「情感」與「道德」所指涉的內涵究竟是什麼。

第一節　「道德情感」與「自然情感」的詮釋進路

此種詮釋進路關注的是在「情感與道德」這一主題中，如何理解「四端」與「七情」的本質問題。在這種詮釋進路中，「四端與七情」的問題等同於「道德情感」與「自然情感」的問題，牟宗三、李明輝教授即是在這一詮釋進路下理解「四端」的本質。在這一詮釋進路之下，

「四端」與「七情」之間的關係轉化為通過「四端」與「七情」的內涵來探討其本質的問題。事實上，如何理解「四端」的本質涉及「道德情感」的內涵和來源問題，如何理解「七情」的本質涉及「自然情感」的內涵和來源問題。先來看主張這種詮釋進路的學者對「道德情感」與「自然情感」內涵的理解是否能夠獲得文本的支持，及其立論的理據何在。

李明輝教授提出，孟子所說的「四端」當屬於舍勒所謂的「感知」。論及「感知」，自然涉及「感知」的主體（誰在「感知」？），「感知」的內容（「感知」到什麼？）和「感知」內容的來源（「感知」到的內容從何而來？）這三方面，與「感知」問題相關的這三方面是彼此關聯、一體呈現的。既然在李明輝教授看來，孟子的四端類似於舍勒的「感知」，讀者自然會心生疑問：究竟該如何理解舍勒所謂的「感知」？在筆者看來，理解舍勒所謂的「感知」的關鍵在於，能夠領會「感知」與情感二者之間的本質區分。在舍勒看來：

> 可以根源性地稱為「善」與「惡」的唯一事物——亦即，先於且無待於一切個別行動而承載「善」與「惡」的實質價值者——其實是人格，人格本身之存有。因此，我們可以從載體地觀點直截了當地界定說：「善」與「惡」是人格價值。（Personwerte）[5]

根據舍勒之說，「情感狀態」與「感知」根本不同：前者「屬於內容與現象」，後者屬於「接納它們〔這些內容與現象〕的功能」。[6] 這樣看來，「情感狀態」即是「感知」的內容，「人格」即是「感知」的主體。筆者的問題是：舍勒所謂的「人格」是單數還是複數？因為，單數

---

5 Max Scheler: *Der Formalismus in der Ethik und die materiale Wertethik*, S.49, 譯文出自李明輝：《四端與七情：關於道德情感的比較哲學探討》，頁64。

6 李明輝：《四端與七情：關於道德情感的比較哲學探討》，頁64。

的「人格」表徵具體的活生生的有感知能力，有情感，意願和志向的個人，複數的「人格」表徵存在於家庭，社會，政治甚至宗教之中的眾人。換句話說，「感知」的主體是「我」還是「我們」？舍勒對「情感」的特徵分析如下：

> 首先，它呈現為一種狀態。質言之，它可能借由感覺、表像或知覺之單純內容而與對象聯結起來；否則它或多或少是無對象的。
>
> 其次，只要這種聯結存在，它必然是間接的。換言之，情感與對象之聯結係藉由情感被給與之後的活動（聯想、知覺、回憶、思考等）；即使某種情感狀態似乎沒有對象，我們必然也能找出使這種情感狀態發生的原因。總而言之，情感並非「自然地」關涉到對象。反之，「感知」是一種意向性的行動，是對於對象之物的「一種根源性的自我關涉、自我指涉」，此對象之物即是「價值」。[7]

從上述所引文字可以看出，在舍勒看來，「感知」的本質是一種意向性的行動，這種行動聯結著「自我」和「價值（對象之物）」兩端。所以，在舍勒看來，一方面，自我具有感知價值的能力；另一方面，自我所感知到的價值內容藉助「情感狀態」得以呈現。結合這兩方面看，舍勒所說的能「感知」的「自我」當是單數的「我」，即個體性的「自我」，並非複數的「我們」。

根據李明輝教授的研究，舍勒將我們對於價值的領會稱為「價值感」。對舍勒而言，「價值感」即屬於「先天而實質」的領域，亦即屬於「精神的情感面」（das Emotionale des Geists）。[8]如何理解舍勒的「精神

7　Max Scheler: *Der Formalismus in der Ethik und die materiale Wertethik*, S.262, S. 262f, 譯文出自李明輝：《四端與七情：關於道德情感的比較哲學探討》，頁 63。
8　李明輝：《四端與七情：關於道德情感的比較哲學探討》，頁 64。

的情感面」？來看舍勒如何詮釋「自我」與「價值」的關聯：

> 甚至對於倫理學的「先天」也極為重要的是：這種「先天」決
> 不是一個「自我」、一個「一般而言的意識」等等之活動方
> 式。甚至在這一點上，自我（以任何意義來說）也僅是價值之
> **載體**，而非價值之一項**預設**，或是一個「評價的」主體——藉
> 由它，價值才產生，或是可以把握。9

不難看出，舍勒明確提出，自我是價值的載體。也就是說，在舍勒
看來，首先，價值的來源並非自我，而是來源於價值所有物；其次，對
價值的「感知」需要通過自我來進行和完成。

在論及「價值的來源」這個問題時，舍勒明確提出，自我是否經驗
到價值，與價值的存有根本無關。且來看他的文字：

> 就「自我」一詞底任何可能的意義而言，它都還是意向性體驗
> 之對象，且因此是一種在首要意義下「關於……的意識」之對
> 象。自我僅在內直觀中被給與，而且就它本身而言，僅是在內
> 在直觀底方向中所顯現的雜多性之某種形式而已。因此，一
> 個自我是否「擁有」或是「經驗到」價值，對於價值之存有
> 而言，根本無關宏旨。這個「自我」——甚至就其形式意義而
> 言，也就是說，自我性（Ichheit）——是價值意識的對象，而
> 非它在本質上必然的出發點。……價值存有並不預設一個自
> 我，正如對象（例如數字）之存在或整個自然不預設一個自
> 我。因此，即使就這個意義而言，我們也應對價值底主體性之
> 學說加以駁斥。10

9　Max Scheler: *Der Formalismus in der Ethik und die materiale Wertethik*, S.95, 譯文出自
　　李明輝：《四端與七情：關於道德情感的比較哲學探討》，頁 72-73。
10　Max Scheler: *Der Formalismus in der Ethik und die materiale Wertethik*, S.271, 譯文出
　　自李明輝：《四端與七情：關於道德情感的比較哲學探討》，頁 73。

從上述引文可以看出，「自我」的存在領域與「價值」的存在領域完全是各自獨立的兩個領域。價值的存在與價值所有物的存在相關，自我的存在與個體的存在和存活相關。在這裡，舍勒明確區分了「價值的存有」和「自我對價值的存有之感知」兩個層面。「價值的存有」關涉價值所有物的真實存在，「自我對價值的存有之感知」則關涉「與自我相關聯的個體的真實存在」、「自我具有感知價值存有的能力」及「價值所有物的真實存在」三方面內涵。

李明輝教授主張，孟子的心性論符合康德意義的「自律」概念，因為孟子顯然有「心之自我立法」之義。此義不僅見於孟子「君子所性，仁義禮智根於心」，「仁義禮智，非由外鑠我也，我固有之也」等說法，亦見於其「仁義內在」說。他提出，牟宗三在《圓善論》中對《孟子·告子上》的相關章節所作的疏解，使孟子「仁義內在」說的義理內涵燦然大明。[11]

筆者認為，考察《孟子》，不難發現，「四端」的文本根據當是《孟子·公孫丑上》的內容：

3.6　孟子曰：「**人皆有不忍人之心**。先王有不忍人之心，斯有不忍人之政矣。以不忍人之心，行不忍人之政，治天下可運之於掌上。**所以謂人皆有不忍人之心者，今人乍見孺子將入於井，皆有怵惕惻隱之心**——非所以內交於孺子之父母也，非所以要譽於鄉黨朋友也，非惡其聲而然也。由是觀之，無惻隱之心，非人也；無羞惡之心，非人也；無辭讓之心，非人也；無是非之心，非人也。惻隱之心，仁之端也；羞惡之心，義之端也；辭讓之心，禮之端也；是非之心，智之端也。**人之有是四端也，猶其有四體也**。有是四端而自謂不能者，自賊者也；謂其

11　李明輝：《四端與七情：關於道德情感的比較哲學探討》，頁75。

君不能者，賊其君者也。**凡有四端於我者，知皆擴而充之矣，若火之始然，泉之始達**。苟能充之，足以保四海；苟不充之，不足以事父母。」

　　回到孟子的「四端」涉及的文本可以看到，首先，《孟子·告子上》的相關章節其實並非「四端」的來源，而是「仁、義、禮、智」的來源。亦即，「四端」當是「仁之端、義之端、禮之端、智之端」，而不是「仁、義、禮、智」；其次，在《孟子·告子上》的相關章節中，出現的是「仁義禮智，非由外鑠我也，我固有之也，弗思耳矣。」，在《孟子·公孫丑上》的相關章節中，出現的是「人之有是四端也，猶其有四體也。」及「凡有四端於我者，知皆擴而充之矣，若火之始燃，泉之始達。苟能充之，足以保四海；苟不充之，不足以事父母。」由此看來，「四端」的來源當類似於四體的來源，四體是生而即有，四端同樣是生而即有，這是回應「四端」的本質及其來源這一層面的問題。就其來源而論，孟子並未明確論及。就其本質而論，孟子承認「四端」是生而即有，非經由後天的教化或學習而有。在孟子看來，自四端發展至「仁、義、禮、智」有一「擴而充之」的過程。因此，孟子既講「四端」，亦講「凡有四端於我者」。可見，四端之心是否能於個體生命中彰顯出來，最終決定於個體是否能「充」其四端。

　　此處，孟子實提出了個體具有選擇是否回應道德要求的自由，亦即，個體具有是否選擇實踐道德要求的自由。由此可見，孟子的四端之心有未落實於個體層面的「我們」的意涵，亦有落實於個體層面的「我」的意涵。前者與「道德情感」相關，後者與「道德情感」和「自然情感」的關係相關。在孟子看來，一方面，「我」以四端之心為道德根基的來源；另一方面，因受到欲望的牽制甚至主宰，不同的「我」各自不同，有些個體的「我」甚至有喪失生而即有的四端之心的可能。來看《孟子》中的兩段文字：

14.35　孟子曰：「**養心莫善於寡欲**。其為人也寡欲，雖有不存

　　　　焉者，寡矣；其為人也多欲，雖有存焉者，寡矣。」

11.8　孟子曰：「牛山之木嘗美矣，以其郊於大國也，斧斤伐
　　　　之，可以為美乎？是其日夜之所息，雨露之所潤，無非
　　　　萌蘖之生焉，牛羊又從而牧之，是以若彼濯濯也。人見
　　　　其濯濯也，以為未嘗有材焉，此豈山之性也哉？**雖存乎
　　　　人者，豈無仁義之心哉？其所以放其良心者，亦猶斧斤
　　　　之於木也，旦旦而伐之，可以為美乎？其日夜之所息，
　　　　平旦之氣，其好惡與人相近也者幾希，則其旦晝之所
　　　　為，有梏亡之矣。**梏之反覆，則其夜氣不足以存；夜氣
　　　　不足以存，則其違禽獸不遠矣。人見其禽獸也，而以為
　　　　未嘗有才焉者，是豈人之情也哉？故**苟得其養，無物
　　　　不長；苟失其養，無物不消。**孔子曰：『操則存，舍則
　　　　亡；出入無時，莫知其鄉。』**惟心之謂與**？」

　　　結合上述兩段文字可以看出：第一，「良心」（仁義之心）與個人的
欲求是此消彼長的關係。因此，存養「良心」最好的方式是自我主動去
限制自身對物質過多的欲求；第二，伴隨著對物質欲求的不斷增多，人
生而即有的「良心」會逐漸失喪。可見，「良心」的失喪在個體的生命
中是漸進發生的；第三，人所共有的「好惡」之情受到「平旦之氣」的
多寡之影響，能存養而不喪失「平旦之氣」是人不喪失人性而淪為動物
性的根本所在。

　　　在孟子看來，人之為人的本質在於人有「好惡」之情，動物沒有。
人與動物之間最重要的差別就在於人有「好惡」之情。在個體的生命
中，其「好惡」之情的多寡與其是否能存養而不喪失「平旦之氣」有
關。此處所論及受「平旦之氣」影響的「好惡」之情即是孟子心目中的
「道德情感」，「好惡」之情與「良心」直接相關，「良心」即是「仁義之
心」。

　　　讀者或者會心生疑問：為何如此說？文本的理由何在？

　　下面來看文本的理由。文本理由之一是，根據筆者在第五章對文本內容的詳細梳理和考察，筆者發現，孟子曾引《尚書·泰誓上》詮釋「文王之勇」，在他看來，「文王之勇」的具體表現是「一怒而安天下之民」。孟子所引《尚書》的內容是：

2.3　天降下民，作之君，作之師。惟曰其助上帝寵之。四方
　　　有罪無罪惟我在，天下何敢有越厥志？

《尚書》與孟子所引內容相對應的文本內容是：

天佑下民，作之君，作之師，惟其克相上帝，寵綏四方。有罪
無罪，予何敢有越厥志？（〈泰誓上〉）[12]

　　事實上，《尚書·泰誓上》與孟子引述內容直接相關的是「惟天地萬物父母，惟人萬物之靈。但聰明，作元后，元后作民父母。今商王受，弗敬上天，降災下民。」此部分文本內容出現於孟子所引《尚書》內容之前，而恰恰是這部分內容，是理解孟子所謂的「夜氣不足以存，則其違禽獸不遠矣」的關鍵。

　　既然《尚書·泰誓上》明確提出「惟人萬物之靈」的觀念，人與萬物最本質的區別就在於「人之靈」。換句話說，靈是人存在的根本。這是《尚書·泰誓上》的作者告訴我們的，然而，他沒有告訴我們的是，人的靈從哪裡來？在此，《聖經》給出了答案。在舊約中，有「塵土仍歸於地，靈仍歸於賜靈的神。」（傳道書 12:7）和「人的靈是耶和華的燈，鑒察人的心腹。」（箴言 20:27）的言說；在新約《約翰福音》中，使徒約翰記載耶穌對撒瑪利亞婦人說：「神是個靈，所以拜他的必須用心靈和誠實拜他。」（約翰福音 4:24）可以說，從《聖經》一貫的立場我們知道，人的靈來源於神。

12　屈萬里：《尚書集釋》，頁 319。

　　既然孟子所說的「好惡」之情與良心直接相關，而良心即「仁義之心」，而人有「義」源於人有靈，則人有「仁」同樣源於人有靈。由此我們知道，正因為人有靈，靈是人生命的根本。據《聖經》所說，因為人的靈是神的燈，鑒察人的心腹，這就是人生而具有的「正義觀」的來源。同樣，因為人有靈，人有生而具有的「仁」，即愛，其來源是神。

　　在孟子看來，人性淪為動物性的可能就在於不能存養「平旦之氣」，即「夜氣」。「惟人萬物之靈」是言說人與萬物的本質差異，這是就人生而即有的存在層面講，相對於人異於萬物的本質而立言；「夜氣不足以存，則其違禽獸不遠矣」，此是於人後天自我修養的經驗層面講，相對於人的欲求多寡而立言。筆者認為，孟子當知道「人之靈」與「夜氣」之間存在一體化關聯：作為萬物之靈的人，若不能存養「夜氣」，則可能會喪失其靈性，淪為純然的禽獸。如何才能存養「夜氣」？孟子的答案是：「養心莫善於寡欲」（14.35）。

　　文本的理由之二是，孟子將人的「養氣」與「義」與「道」相關聯。來看《孟子・公孫丑上》的一則資料：

3.2　……

　　「敢問夫子惡乎長？」

　　曰：「我知言，我善養吾浩然之氣。」

　　「敢問何謂浩然之氣？」

　　曰：「難言也。其為氣也，至大至剛，以直養而無害，則塞於天地之間。其為氣也，配義與道；無是，餒也。是集義所生者，非義襲而取之也。行有不慊於心，則餒矣。我故曰，告子未嘗知義，以其外之也。必有事焉，而勿正，心勿忘，勿助長也。……」

　　簡單總結，孟子所養的「浩然之氣」的內涵是「義、道」。既然「好惡」之情源自「平旦之氣」，「浩然之氣」屬於「平旦之氣」題中應有之義。「好惡」之情必然與「義、道」結合成為「良心」存在的體

現，而與良心相關的「好惡」之情當是「道德情感」而非「自然情感」。

討論至此，應當可以回應李明輝教授主張的以「道德情感」與「自然情感」的關係來詮釋「四端」與「七情」的進路之得失。其得在於充分重視「四端」的本質這一層面，看到了關聯著「四端」的精神之情感面向，即四端之心的情感面向。基於前述文本分析，可以說，關聯著「四端」的精神之情感面向落實於《孟子》中，即是「好惡」之情。其失在於對「七情」的情感面向有所忽視，比如，未著力關注「七情」的來源與本質問題。事實上，就「七情」的內涵「喜、怒、哀、懼、愛、惡、欲」來看，其來源與本質問題並非「自然情感」一詞可以涵括。在〈性自命出〉篇中，有「喜怒哀悲之氣，性也。」和「性自命出，命自天降。道始於情，情生於性。」之說。[13] 若就〈性自命出〉篇作者對性與情之來源與內涵的敘述看，「七情」內涵之三的「喜、怒、哀」其本質是「性」，來源於「天」，則「七情」並非「自然情感」，而是「天情」。

第二節 「四端」作為倫理品質的詮釋進路

此種詮釋進路關注的是在「四端七情」這一主題中，「四端」的來源與內涵問題。與第一種詮釋進路相比，在這種詮釋進路中，學者明確區分了「四端」的來源與「四端」的內涵二者，此區分確實是基於《孟子》：「四端」的來源是「德」，「四端」的內涵是「仁、義、禮、智」，「四端」的來源不同於「四端」的內涵。筆者能夠認同「四端」的來源不同於「四端」的內涵這一結論，但並不能認同「四端」的內涵是「仁、義、禮、智」。持此種進路理解孟子的「四端」的學者認為，孟子明確提出，「四端」的來源是「德」，「四端」的本質是「仁、義、禮、

13　李零：《郭店楚簡校讀記》，頁 136。

智」，在孟子看來，「四端」的本質並非「四端」的來源。在此種詮釋進路下，「道德情感」的內涵當是透過「惻隱、羞惡、辭讓、是非」表現的情感。因為「德」來源於天，來源於天的「德」透過「惻隱、羞惡、辭讓、是非」表現的情感在本質上是天生即有的情感，在具體處境中顯現其真實存在。

信廣來教授基於對《孟子》文本的細緻考察和分析提出，孟子未將「仁、義」視為「德」，儘管他有時會論及「仁、義」與「德」之間的關聯。所以，「仁、義」是倫理品性而非德性。他提出，在文學傳統中，「仁、義、禮、智」是應該作為四種德性來理解。[14] 而在孟子所代表的哲學傳統中，「仁、義、禮、智」應當作為倫理品性來理解。他說：「仁、義、禮、智作為倫理理想的四個面向，與心關聯，心有情感和認知功用。」[15] 信教授以「倫理品性」來詮釋四端之心的本質，主要是為了區分德性與倫理品性的不同層次。倫理品性與道德、倫理生活相關，但是，倫理品性並非德性，只能在倫理品性的層面言說仁、義、禮、智。作為倫理品性的四端之心是倫理理想，基於現實與理想之間的差距，言及四端之心必然涉及自我修養問題，涉及自我修養層面的情感當屬於心理情感。

信教授提出，在基於《詩經》為代表的文學傳統中，四端之心即四種德性。結合筆者在第六章對《詩經》中的「仁與道」、「仁與德」、「義與道」、「義與德」相關內容的考察，我們知道，在《詩經》中，一方面，「德」的內涵可以指君子之德、父母之德和自己天生已有之德。其中，父母之德的內涵是父母的生養、教化和看顧的恩情。[16] 如此，與「德」相關的情感即是父母對子女的恩情，此種恩情表現於時間的長久

---

14 Kwong-loi Shun, *Mencius and Early Chinese Thought*, Stanford, California: Stanford University Press, 1997, p. 48.

15 Kwong-loi Shun, *Mencius and Early Chinese Thought*, p. 48.

16 見論文第六章第二節。

和關係的親近之中；另一方面，在《詩經》所處的時代和歷史、時代環境中，詩人確實相信，人之「德」是上帝降福的條件。因此，修「德」直接與個體的「福」與「命」相關。既然言說修「德」，則個體的「德」必然是具有變動性，而非固定不變的觀念。個體的我在是否修「德」方面具有意願自主性，個體的我是否修「德」直接影響其與上帝的關係和其在現實生活中倫理品性的層級高低，即影響「我與天」的關係和「我與己」的關係這兩個面向。

筆者認為，對先秦儒家的「情感與道德」關係的考察，需要結合文學和哲學兩個傳統同時展開考察。事實上，孟子所理解的「德」與「四端之心」的關係原本就受到《詩經》、《左傳》、《尚書》等文本的極深影響。例如，前已提及，孟子引《尚書‧泰誓上》來詮釋「文王之勇」，其中，孟子分別了個人的「好勇」、「匹夫之勇」與「文王之勇」。「好勇」與「匹夫之勇」、「文王之勇」有明顯分別，其分別之關鍵在於，「好」是言說個體的內在情感傾向性的語詞，與「匹夫之勇」和「文王之勇」相關的情感語詞是「怒」，孟子說：「文王一怒而安天下之民」、「武王亦一怒而安天下之民」（2.3）。不難看出，「匹夫之勇」與「文王之勇」的共同之處在於，二者都基於「怒」的情感態度。「匹夫之勇」與「文王之勇」的不同之處在於，前者的「怒」與後者的「怒」所引發的行為結果有價值序階的高低之別。我們知道，「怒」的情感屬於「七情」的內涵之一，在孟子看來，「怒」的情感態度與倫理品性和倫理後果相關，從倫理品性所呈現的價值階序及倫理後果所關聯的價值來看個人的「怒」的情感是否合乎道德。事實上，在筆者看來，這正是孟子理解「情感與道德」問題的思路。正是基於這樣的理解，孟子區分了「匹夫之勇」和「文王之勇」。在孟子的思路下，「好」的情感傾向性與「怒」的情感態度有明顯分別。後者可以說屬於舍勒所說的「情感狀態」，前者作為內在情感傾向性其來源極可能是生而具有，類似於孔子的「愛之欲其生，惡之欲其死」中的「愛、惡」之情。問題是，為何人會有「好勇」的內在情感傾向性？筆者推測，當與孟子受到《左傳》對人性看法

的影響有關：「凡有血氣，皆有爭心，故利不可強，思義為愈，義，利之本也，蘊利生孽。」（《左傳・召公十年》）

　　在哲學傳統中，就《尚書》與《論語》、《孟子》之間的關聯來看，《尚書》事實上是孔子、孔門後學和孟子詮釋「我與上帝」之關係的文本來源。首先，通過考察《尚書・湯誥》與《論語・堯問》之間的關聯，不難發現，第一，可能受到《尚書・湯誥》中的「惟簡在上帝之心」之觀念的影響，孔子、孔門後學有「簡在帝心」的觀念；第二，在《尚書・湯誥》中，自「罪當朕躬，弗敢自赦」和「予一人有罪，無以萬方」的言說可以判斷，統治者應當自知，自己是有罪之人，他需為自己的罪行承擔責任。而在《論語・堯問》中，缺少了「罪當朕躬，弗敢自赦」的言說，增添了「敢昭告於皇皇後帝」和「有罪不敢赦」的言說。

　　其次，通過考察《尚書・泰誓上》與《孟子・梁惠王下》之間的關聯，我們知道，根據《尚書・泰誓上》的言說，統治者、老師的職責之權威性來自其與上帝的關係，「上帝之志」（即上帝的意願、心志）是要求統治者和老師協助上帝來寵愛百姓和學生。而統治者和老師是否遵行「上帝之志」的表現有內外兩方面：從內在方面看，表現為其內心是否有「敬畏」上帝的感情；從外在方面看，表現為其願意將百姓與學生是否有罪的判斷主權交給上帝。孟子引《尚書・泰誓上》來詮釋文王之勇時，其所引內容有三處有別於《尚書・泰誓上》的言說。具體來看，這三處內容分別是：第一，孟子未曾提及「惟天地萬物父母，惟人萬物之靈」的言說；第二，《尚書・泰誓上》中的「其克相上帝」的觀念至孟子轉變為「其助上帝」的觀念。事實上，「克相」與「助」的差別恰恰突出了作為統治者和老師的個體與上帝關係中「我」的地位；第三，在《尚書・泰誓上》中，統治者和老師的地位是在百姓與學生之間，在現實的政治和倫理生活中，作為個體出現的統治者和老師如何對待百姓和學生之罪的意願、心志未必就是上帝的意願、心志。而在孟子所引《尚書・泰誓上》的內容中，增加了「惟我在」三字，似乎有以統治者

和老師的意願、心志即是上帝的意願、心志之代表的意涵。

在文學傳統中，就《詩經》與《論語》、《孟子》之間的關聯來看：第一，在《詩經》中，出現對「我與道」、「我與德」之間關係的言說。「我與道」、「我與德」的關係面向以作為個體的詩人所作之詩的形式得以呈現；第二，出現於《論語》中的「德」、「孝」、「三年之愛」、孔子內心「憂」與「喜」、「樂」的感情確實是受到《詩經》中記載的「父母之德」、「詩人的歎世之憂」、「詩人在行道過程中內心產生的感情」和「詩人的眼淚」的影響。《孟子》中的「四端之心」、「不忍人之心」、「親親」、「仁義忠信」、「好善」和「樂善不倦」確實是受到《詩經》和《左傳》的影響。因此，筆者認為，如果要恰切地理解孟子言說的「四端之心」的本質，應當結合哲學與文學兩個傳統來考察。

回到《孟子》，「德」的本質是「不忍人之心」，「德」的內涵在不同的倫理處境中可以有不同表現，如可以表現為「仁」（7.14）、「仁、義」（11.17）、「仁、義、禮、智」（11.6）。「不忍人之心」在不同的倫理處境中的表現不同，在「見孺子將入於井」的倫理處境中表現為心的「怵惕惻隱」之情；在日常的政治處境中，表現為執政者能「施仁政」；在關涉他人生死之際的倫理處境中，表現為「不忍傷人之心」和「不殺一無辜而得天下」的內心感受和心理抉擇。筆者以為，孟子的「德」實為一本質性和開放性觀念，其本質性是就「德」與「天」的關聯而言，其開放性是就「德」的內涵而言。所有人生而即有的「德」落實於個體生命中有程度性差別，此差別影響「我與天」的關係。個體實有的「德」在不同倫理處境中的表現各自不同，「德」於「以羊易牛」的倫理處境中直接表現為「不忍之心」，「德」於「孺子將入於井」的倫理處境中表現為「怵惕惻隱之心」。事實上，「怵惕惻隱之心」是生而即有的「不忍人之心」在生死之際的倫理處境中之表現。二者之間的差別在於，自我對「怵惕惻隱之心」的感知是當下直接發生的，屬於未經反思的第一身經驗，與之關連的情感直接關涉個體的「心靈向度」，通過心靈現象和心理現象的方式呈現其自身存在的真實。根據上述分析不難發現，「四端」

是說人生而具有的「德」，「仁、義、禮、智」是說個體能表現其生而具
有之「德」，有「德」與表現其「德」分屬兩個不同層次，不可不加以
簡別。具體來看，可以說「不忍人之心」、「怵惕惻隱之心」與「四端」
是有「德」的表現，關涉人的「心靈向度」，呈現為人所特有的心靈現
象和心理現象。在筆者看來，「四端」與「仁、義、禮、智」的差別正
在於德性和倫理品性的差別。個體對自身具有「四端」的體認即是對其
自身德性的體認，而個體能夠修養其倫理品性的可能性在於：第一，個
體的生存處於動態的時間進程中；第二，個體所遭遇的倫理處境處於變
化中；第三，基於個體對其生存於其中的倫理處境的認知，其在具體的
倫理處境中的情感處於變化中。

　　確實，作為倫理品性的「仁、義、禮、智」所關聯的心具有情感
和認知的功用，此時，所探討的心當是側重心理學意義上的「感受」和
「認知」意涵，並非構成道德判斷根基的「良心」。但是，無可否認，
心的功用並非心的本質，四端之心的內涵並非其本質。孟子的四端之心
的本質只能通過「心理現象」和「心靈現象」來呈現，無法完全還原
為心的認知和功用層面。事實上，與「良心」關聯的情感之內涵並非
心理情感，如孟子的「怵惕惻隱的感受」即並非心理情感，而是關聯
著「良心」的感情，通過「心理現象」和「心靈現象」來呈現其自身存
在的方式。筆者認為，分別「良心」與作為倫理品性的「仁、義、禮、
智」所關聯的心的關鍵在於其來源，「良心」當來源於「天」，與德性相
關，屬於「天情」。事實上，作為德性的「四端之心」與作為倫理品性
的「仁、義、禮、智」實有緊密關聯，二者的差別在於，其言說的側重
點不同。前者的言說側重「人與天」、「我與天」的關係層面，後者的言
說側重「我與人」、「我與萬物」的關係層面。

第三節　「道德情感」與「感性情感」的詮釋進路

　　此種詮釋進路關注的是在「四端七情」這一主題中，以「四端」與

「七情」的內涵為基礎探討「四端」與「七情」在本質方面有何分別的問題。事實上，《孟子》中的相關文本可以為此種詮釋進路提供支持，主要表現在兩方面：第一，孟子明確提出「養心莫善於寡欲」，而「欲」恰是「七情」的內涵之一；第二，孟子是在與他者探討「人性善惡」的主題下言及四端的，在孟子看來，「四端」就是人性已有之善的體現。

　　鄭宗義教授正是以此種詮釋進路來理解「四端」與「七情」在本質方面的分別。他說：「惻隱、羞惡、辭讓、是非有情感的意義乃不容否認者。用現代的話說，這是道德情感（moral feelings），並且因其與道德心性那當然的道德之理為不可分者，故亦是超越的（transcendental）道德情感，與喜、怒、哀、懼、愛、惡、欲的感情情感（emotional feelings）迥然有別。」[17]

　　無可否認，在孟子看來，「四端」確與人的價值判斷和價值感受有關。**事實上，在筆者看來，孟子的「四端」同時與人的心靈感知有關。**此處暫略去不提，後文會對此一判斷給出解釋。僅就「四端」與人的價值判斷和價值感受相關的這一面向來看，可以推測，孟子的基本信念是，「四端」是源於所有人生而已有之性，「四端」善，因而人生而已有之性為善。下面先來考察文本來看孟子相信「四端」為善的可能理由，再此基礎上，筆者將對此一詮釋進路作出回應。

　　若考察「四端七情」這一主題的基本意涵，不難發現，在《詩經》、《左傳》、《尚書》、《論語》、《孟子》中，並未出現「道德」一詞。「情感與道德」的主題事實上可以分解為「情感與道」、「情感與德」這兩方面來展開考察。在《荀子》、《禮記》中，始出現「道德」一詞，其基本意涵類似於現代漢語中的「道德」一詞的基本意涵。這是筆者基於第六章的分析所得出的結論。若直接以現代漢語中「道德」一詞的基本

---

17 鄭宗義：〈心之四端——孟子道德心的結構分析〉，發表於「當代新儒家與西方哲學：第九屆當代新儒學國際學術會議」，香港中文大學、國立中央大學、鵝湖月刊社等合辦，2011 年 12 月 5-7 日。

意涵作為基礎來考察「情感與道德」這個主題，相關的討論便只能限制於《荀子》和《禮記》。因為，孟子本人從未直接言說過「道德」這個語詞，更遑論以其來言說現代人所理解的「道德」一詞之意含，此古今詞語使用上的差別實有必要區分。基於對相關文本的考察和分析，筆者在第六章第三節中提出，就情感與「德」的關係而言，孟子以有「德」之人與他人的情感連結、以「德」為可寶貴、好「德」三方面來詮釋二者之間的關係。就情感與「道」的關係而言，孟子以「樂堯舜之道」和「樂其道」來詮釋此二者之間的關聯。換句話說，孟子非常清楚地區分了關聯著「道」的情感與關聯著「德」的情感。在他看來，關聯著「道」的情感是「樂」，關聯著「德」的情感是「好」、「貴」和在「我與人」的關係中，若我能做到「以德服人」，受到我的行為影響之他人其內心感受就是「心悅誠服」。[18]「樂」的情感超越具體的生存處境之限制，超越他者的權力之限制，屬於個體的內心感情。如何理解個體在特定的倫理處境中所感受到的「樂」的感情呢？其本質是「道德情感」、「感性情感」是「天情」？

　　無論是在《詩經》中，還是在孔子、孟子的言詞中，不難發現，其核心關注是「仁」與「義」如何關聯於「道」與「德」這個問題。而在《荀子》和《禮記》中，其核心關注是「仁義」與「道德」的關係問題。事實上，若仔細思想不難發現，「仁」與「義」關聯於「道」與「仁」與「義」關聯於「德」之間的分別何在是值得認真思考的問題。若考察以《詩經》為代表的文學傳統可以發現，於生活於當時的人而言，「德」與個人的福、生、命有關。例如，在《詩經》中，有「德之純」之說。據此，不難推斷，一個人所領受的「福」之多寡受其自身「德之純」的程度深淺之限制。「道」有三義，分別是：第一，道作為路之義時，指人正行於其中之路和人所當行之路；第二，道作為目標之義

時，指生活於現實中的個人祈盼通達至理想的天梯；第三，道作為言、說之義時，指特定的個人與其內在心靈世界或與外在世界的距離。如：秋水伊人的形象所透露出來的消息。

就孔子始建立的哲學傳統而言，孔子論及「仁」、「義」與道的關聯，此關聯的建立源自《詩經》。於此再次可見，孔子確實受到以《詩經》為代表的文學傳統的影響。此外，孔子亦論及「禮」與「德」之間的關聯，此二者之間的關聯所在是「讓」。孔子認為，禮的精神即是「讓」，而此種精神正是有德之人的主要生命品格。如：至德之人泰伯三讓天下。至孟子有一轉折，將「仁」、「義」關聯於「德」（「德」的內涵是「仁」、「義」），這一轉折落實於「情感與道德」意味著什麼？

考察《論語》可以發現，孔子更多關注「德」的來源問題。具體表現為，他實有「德」源於天、「禮」源於天的觀念。「德」源於天、「禮」源於天的觀念的存在實際上表達的是對縱向維度的「天人關係」之關注，這種關注表現在個體的命中就是其仍存留著對「德」、「禮」來源的神聖性之記憶。正是基於這樣的理由，一方面，孔子以「敬」的感情來詮釋「禮」的精神「讓」；另一方面，孔子自述其在貧窮的生活處境中內心仍能感受到「樂」的感情。**可見，在孔子，個體能夠感受到的「敬」和「樂」的感情恰是反映出「天情」與「道德情感」之間實有內在關聯。**為何個體會關注縱向維度上的「天人關係」？

在筆者看來，這種關注其本質是「心靈關注」，屬於人的「心靈向度」，應當作為人特有的「心靈現象」來考察。

至孟子，更多關注「德」的內在面向，即「德」的本質和內涵問題。具體表現為，孟子進一步提出，「德」內化於人的生命就是「四端」。自此，與「禮」相關聯的「敬」的感情就成為與「四端」相關聯的感情。學者多稱與「四端」相關聯的感情為「道德情感」，主要強調兩方面內容：第一，「四端」如同四體，是人生而即有的，其本質不同於「七情」的本質；第二，「四端」與自我對其自身行為是否應該的道德判斷相關聯。在孟子看來，「四端」的生而即有的本質源於其作為

「德」的內涵存在。

　　至荀子，提出君子應當承認「道德」的價值優先性，君子對「道德」當有的情感態度是「尊」、「好」。「尊」可以即是為看為有價值之意，「好」可以解釋為喜好之意。也就是說，在荀子看來，一方面，在價值認知上，君子應當將道德看為有價值；另一方面，君子應當喜好道德。荀子對「道德」的理解關聯於其對理想的君子人格之期盼，在他的理解中，「情感與道德」的關係涉及的「尊」、「好」是理想的君子當有的情感，未必即是現實生活中的個人在特定倫理處境中當下出現的、實有的情感。

　　在《禮記》中，「道德」需要通過「禮」來成就，特別是在喪禮中，「禮」的作用就是調節親身參與喪禮的個人其內心感知到的悲哀的情感，涉及個人的情感的調節和轉化問題。需要經「禮」調節的情感當是「感性情感」，而非「道德情感」。親身參與喪禮的個人實有的情感是第一身的親身體驗中的情感，此時，其出現和存在並不關涉價值判斷和情感的調節與轉化問題。換句話說，在喪禮的倫理處境中，參與喪禮的個人所實有的情感屬於「感性情感」，經「禮」調節後的情感屬於合乎「道德」的情感。在這裡，「感性情感」的發生在先，合乎「道德」的情感的出現在後。不難發現，此處的「道德」其意涵為體現於「我與人」關係中的人倫道德，而非與「德」相關的四端。

第四節　小結：一種可能的詮釋進路：「心靈現象」的重新發現

　　結合筆者在本章第二節對孟子之前存在的文學和哲學傳統的考察，筆者發現，更適合理解「四端七情」這一主題的詮釋進路當以「個體的心靈向度」為核心關注。這與過去詮釋儒家的面向之差異是「心靈現象」的重新發現圍繞「心的情感面向」展開，屬於帕斯卡所說的「心之知」，而非「理之知」。其特色是從情感入手來回到先秦儒家思想和生命經驗的「實事本身」，而不是以先秦儒家之後的中國思想家所提出的

觀念和詮釋進路或是西方思想家提出的概念或理論對其進行詮釋。在筆者看來,「個體的心靈向度」為核心關注的詮釋進路之所以更合適原因在於,首先,「個體的心靈向度」(主要體現於「我與天」、「我與道」和「我與己」三種關係之中)透過「個體的心理層面」(主要體現於「己與人」和「己與物」兩種關係之中)影響其行為方式和價值判斷,「個體的心理層面」既是「個體的心靈」得以展現的仲介,同時又是個體生活於其中的世界及他者影響和作用於個體自然生命的關結點;其次,「個體的心靈向度」既與「個體的心理層面」相關聯,同時,「個體的心靈向度」又有其獨立的存在方式,與「天」、「道」相關聯,不能化約為「個體的心理層面」來考察。考察的主題可以涉及孔子關注的「愛惡」的情感與「心靈迷失現象」之間的關聯,孟子關注的「好惡」的情感與「心靈現象」和「心理現象」之間的關聯、「樂」與「心靈現象」之間的關聯等。在此種詮釋進路中,以《詩經》為代表的文學傳統及以《論語》、《孟子》、《荀子》和《禮記》為代表的哲學傳統同時成為考察的文本內容。

舍斯托夫看見了帕斯卡爾所見到的真理,他說:「要知道,真理是自明的。」[19]「接受《聖經》的傳說,也就意味著拒絕笛卡爾的明晰清楚的真理,而把帕斯卡爾的缺少光明當作自己的職業!」[20]「帕斯卡爾只想要貶低我們自豪的和過於自信的理性,剝奪理性審判上帝和人們的權利。……帕斯卡爾藐視對理性的讚揚,對譴責理性的行為也漠不關心。『理性在突然呼喊,它不能為事物付出代價。』」[21] 正如舍斯托夫所言,理性不能為事物付出代價。除此之外,理性不能對個體說話,亦無法給個體的心靈所需要的安慰。

---

19 〔俄〕列夫・舍斯托夫著,董友等譯,《在約伯的天平上》(上海:上海人民出版社,2004 年),頁 122。
20 〔俄〕列夫・舍斯托夫著,董友等譯,《在約伯的天平上》,頁 207。
21 〔俄〕列夫・舍斯托夫著,董友等譯,《在約伯的天平上》,頁 230。

　　回到孔子生命中僅有的「慟哭」顏回的情感表現，在筆者看來，這樣的「慟哭」實是孔子的心靈所感知之痛苦的外在表現。簡單地說，在親身經歷顏回之死的當時當下，孔子的心靈感受到了超越理性和道德限制的痛苦，於是他以痛哭和眼淚來呼喊、傾訴和叩問。這裡，「慟哭」及其所關聯的內心真實感知到的無法承受的心靈痛苦對個體而言是自明的，雖然對他人而言未必如此。但是，就回到實事本身而言，這裡的實事本身所指的是個體真實經歷的悲傷及其無法自我約束、不願自我約束或是認為不該自我約束的情不自禁之「慟哭」。於此，無關他人的任何評價。這裡，涉及的是縱向維度之「我與天」的關係。

　　孔子的「愛之欲其生，惡之欲其死」之說中出現的情感語詞其意涵即是我們現在所說的愛與恨的情感，這樣的情感關聯著與個體生命相關的重要心靈現象，即一個人的內心感知到其對另一個人極深的愛與極深的恨，於此我們可以發現個體的心靈有感知自己對他人的愛與恨的能力，而其愛與恨的內在情感指涉同一個對象。孔子稱這種現象為「惑」，即迷惑的意思。在筆者看來，這裡的迷惑說的是感知自己真實經歷著的愛與恨的個體心靈之迷惑。簡單地說，這裡帶給我們一個理性無法回應的問題：一個人怎麼會深恨他曾經深愛的人？或者說，極深的愛與恨為什麼能同時存在於一個人的心中？荀子對此心靈迷惑現象的回應是「解惑」，故此他有〈解惑〉篇。孟子則不同，他的回應是以「舜往於田，號泣於旻天」的心靈現象來讓讀者看見一個真實發生於歷史中的事實：那個被自己所愛的父母深恨的人其內心正在經歷著多麼深重的痛苦！是的，舜身為執政者擁有人所欲求的權力、財富和婚姻，然而，他卻為自己的父母所深恨，因著這樣的深恨父母非但想要殺死他，而且確曾將其想法付諸行動，只是結果未能如願，舜未被殺死而已。問題在於，舜的生命自從親身經歷父母要殺死自己的事件後，其心中當十分清楚父母真的恨他，這樣的恨使他的心靈產生極大的痛苦。對舜來說，這是他親身經歷自己生命中之「我與人」的關係面向。

　　事實上，就「我與人」的關係來說，在《聖經》中，記載了大衛

曾經歷被親生兒子追殺的事實，這樣的經歷帶給他極深的痛苦，雖然他是執政者，但他的心為父子關係的破裂而傷痛，他對跟隨他的那些人說：「我親生的兒子尚且尋索我的性命，何況這便雅憫人呢？由他咒罵吧！因為這是耶和華吩咐他的。」（撒下 16:11）雖然他的兒子押沙龍追殺他，但是他仍愛著押沙龍，故此他吩咐自己的將軍要保存押沙龍的性命，只是他的將軍未聽從他的命令。在他聽到押沙龍的死訊時，他的直接反應是：「王就心裡傷慟，上城門樓去哀哭，一面走一面說：『我兒押沙龍啊！我兒，我兒押沙龍啊！我恨不得替你死！押沙龍啊！我兒，我兒！』」（撒下 18:33）大衛心裡真實感知到的傷痛、他的哀哭及他不斷呼喚自己的兒子押沙龍的情感表現讓我們看見，他所經歷的內在痛苦是心靈現象，對他自己是自明的。在他經歷這樣傷痛的當時，無人能懂得他，因為其他人都希望他的兒子死，在他們眼中押沙龍是叛國者。

就「我與天」的關係面向而言，舜向著天痛哭這一行為本身顯明：他因「我與人」的關係受到重擊，轉而向「我與天」的關係尋求安慰。但在《孟子》中，未發現天對舜的回應之記載，故此，筆者相信，舜在自己生命中所經歷的「我與天」的關係是單向度關係，並非「我與天」之間的互動性關係。

讀者或許會問：什麼是在「我與天」之間的互動性關係？在《聖經》中，大衛真實經歷到「我與天」之間的互動關係，他的言語給了我們回答。他說：「我的父母離棄我，耶和華必收留我。」（詩篇 27:10）從他的言語可以發現，他心裡深知，上帝與他的關係是真實的、活生生的關係，即使他面對「我與人」關係的破裂，他知道上帝會收留他，他的安慰和倚靠是「我與天」、「我與上帝」關係中的上帝。通過分析和對比筆者必須承認，這種心靈深處的知道是孔子、孔子後學、孟子和荀子未曾有的。

回到孔子發現的「愛之欲其生，惡之欲其死」的心靈現象，我們已知道其真實存在的普遍性。若非有這樣的看見，荀子不會寫出〈解蔽〉篇。在〈解蔽〉篇中，荀子說：「妬繆於道，而人誘其所迨也。私其所

積，唯恐聞其惡也。倚其所私，以觀異術，唯恐聞其美也。」在荀子看來，人心普遍有受其所喜好的東西誘惑的內在傾向，因著這樣的情感傾向人會看自己重於他人，不願聽到他人說自己的不好，且會嫉妒他人比自己好的地方。筆者推測，荀子的問題意識來自孔子，他進一步思想個體內心的恨之來源時，發現恨來自嫉妒。故此。筆者將嫉妒歸為與內在情感（恨）相關聯的心靈現象。

事實上，一個人若因嫉妒生恨且付諸行動會帶來災難性的後果。除了孟子所說的舜的例子之外，《聖經》給我們看到了亞伯和該隱的例子，其中涉及「我與人」、「我與上帝」的關係。就「我與人」的關係而言，他們本是兄弟，但該隱因嫉妒他的兄弟亞伯而殺死了他。就「我與上帝」的關係而言，對該隱來說，在上帝問他「你兄弟亞伯在哪裡？」時，他的回答是：「我不知道！我豈是看守我兄弟的嗎？」（創世紀 4:9）聽到他的回答後，上帝對他說：「你作了什麼事呢？你兄弟的血有聲音從地裡向我哀告。地開了口，從你手裡接受你兄弟的血。現在你必從這地受咒詛。你種地，地不再給你效力，你必流離飄蕩在地上。」（創世紀 4:10-12）這裡，我們看到該隱對亞伯沒有展現出兄弟之愛，他在「我與上帝」的關係上先是不被上帝接納，後因犯罪得罪上帝而受到咒詛。

就「我與人」的關係而言，他是因為嫉妒亞伯而對亞伯心生恨的情感後殺了亞伯：「有一日，該隱拿地裡的出產為供物獻給耶和華；亞伯也將他羊群中頭生的和羊的脂油獻上。耶和華看中了亞伯和他的供物，只是看不中該隱和他的供物。該隱就大大地發怒，變了臉色。耶和華對該隱說，『你為什麼發怒呢？你為什麼變了臉色呢？你若行得好，豈不蒙悅納？你若行得不好，罪就伏在門前。它必戀慕你，你卻要制伏它。』」（創世紀 4:3-7）這裡，我們看到，該隱憤怒的情感來自上帝喜悅亞伯和亞伯的供物，不喜悅他和他的供物，並非因亞伯對他做了什麼錯事或者傷害了他。該隱對兄弟亞伯的愛被他的憤怒勝過，而他的憤怒是因他在內心嫉妒上帝喜悅亞伯，而不是他。

　　筆者的問題是，這樣的心靈是否能被改變？若能，如何得到改變？答案是：基於赦免的「饒恕」，其本質是以愛勝過恨，其中的愛指的是被恨之人對恨自己之人始終不改變的愛，這樣的愛是勝過恨的愛，具有無比強大力量的愛，只能存在於內心充滿愛之人的心靈中，而這樣的心靈，只能是「重生」後的心靈，其內心的情感傾向性已被改變，由「愛之欲其生，惡之欲其死」變為「愛自己的仇敵」。這樣的「重生」是完全來自「恩典」，「恩典和真理都是由耶穌基督來的。」（約翰福音1:17），他就是章力生所見證的道，是孔子的心靈所期盼聽見的「朝聞道，夕死可矣」的未聞之道。「恩典」是縱向維度的「我與上帝」關係中上帝主動的作為，於其中，人是全然的領受者。

Chapter 9

第九章
結論

　　作為個體，孔子在他的生命中最關注的是縱向維度的「我與天」、「我與道」之間的關係。孔子對「我與天」之關係的關注體現於他對個體的「德」之「來源」的思想和體驗：在孔子看來，我之「德」來源於天。孔子的「朝聞道，夕死可矣」亦可看作是其關注個體生命之「來源」的言語性表達。筆者的第一個結論是，正是基於對「來源」的關注，孔子後學思想為何孔子獨因「顏回之死」而有「哭之慟」的情感現象時，可能聯繫孔子「喪，與其易也，寧戚」的言說，思想人的「哀」、「戚」之情的來源，最終將其歸源於天，因而有了〈性自命出〉篇的「道始於情，情生於性，性自命出，命自天降」之說，以「好惡」和「喜怒哀悲」或「喜怒哀悲之氣」為內涵的情通過「性」與「命」關聯於天。

　　自此，「情」源於天，正如「德」源於天。「情」源於天與「德」源於天的差別是，前者與天的關聯需透過「性」與「命」二者作為仲介。可以說，「情」之所以源於天，在於「命」源於天，「德」自始直接源於天。至孔子後學，「我與天」的關係發展出兩個方向：一個方向是繼承孔子的「天生德於予」之說，直接以「德」作為「我與天」關係的仲介；另一個方向是以「道──情──性──命」作為「我與天」關係的仲介。這兩個方向分別對後來的孟子、荀子、莊子和《禮記》的作者產生各自不同的影響，惠子與莊的「有情」與「無情」之爭即在這兩個方向構建的語境和理解向度中展開。事實上，惠子與莊子的「有情」與「無情」之爭的關鍵不在「情」之來源，而在「情」之內涵。

　　在《左傳》中，出現對「德」與「仁」之「內涵」及其關聯的言說。根據本書的研究筆者發現，關注語詞之「內涵」的傾向始於《左傳》傳統。惠子與莊子關於「有情」與「無情」之爭其本質是其各自所理解的「情」之「內涵」有別。由此可見，自孔子後學至孟子、荀子、莊子，其關注的問題圍繞語詞之內涵（如「德」之內涵、「情」之內涵等）展開，而非如孔子那樣，所關注和思想的問題基於語詞的來源（如「天生德於予」）展開。

　　本書第五章的基本問題是「情感與生死之間如何關聯？」。這一基本問題落實到《莊子》中，呈現為這樣兩個具體的問題：「為何惠子和莊子會出現『有情』與『無情』之爭？」及「如何理解莊子的『無情』和惠子的『有情』之內涵？」。此兩個互相關聯的具體問題歸根結底可以化約為一個核心問題：「莊子如何理解人？惠子如何理解人？」

　　筆者的第二個結論是：基於對「先秦儒學中的情感」的考察，對「莊子如何理解人？惠子如何理解人？」這個核心問題的回答是：在惠子的理解中，「人是有情的活物。」對惠子而言，「有情」的內涵是「凡是生而為人，必有喜怒哀樂」。對莊子而言，「情」的內涵是「好惡」、「是非」，「無情」即無「好惡」和「是非」。筆者之所以說「人是有情的活物」，根源於「人乃萬物之靈」，「有靈」與「有情」之間的關聯在於「人生而即有的四端之心」（詳見第六章筆者分析「惟人萬物之靈」的觀念如何影響孟子對人的理解之部分）。事實上，即使是莊子，仍會接受這一結論，在〈人間世〉篇中，莊子借孔子之口明確說：「子之愛親，命也，不可解於心。」除了「不可解」之說外，在〈人間世〉篇中，莊子還提到「懸解」：「適來，夫子時也；適去，夫子順也。安時而處順，哀樂不能入也，古者謂是帝之縣解。」

　　莊子所理解的人與惠子實有分別，在莊子的理解中，「人是貌與形的結合」。筆者此說的根據是莊子的言說：「道與之貌，天與之形，惡得不謂之人？」（〈德充符〉），莊子以「使其形者——貌——形」的觀念理解人（〈德充符〉），「子之愛親」與「使其形者」相關，與其形無關，

莊子關注「化」，他認為人之形可化為物之形，因為，人、物之形同屬「造化者」所生。莊子的思想中有「造化者」的觀念，「造化者」在天地之上，以天地為熔爐造萬物，人無非「造化者」所造萬物之一，並無優於萬物之上的本質。莊子所理解的人實基於「人與萬物一體」的觀念而出現，惠子所理解的人基於「人是有情之活物」的信念，可能來源於《尚書・泰誓》中的「惟人萬物之靈」之說及《詩經》中的心之「憂」、心之「傷憂」之說。在《尚書・泰誓》中，出現「惟人萬物之靈」的言說。此說是對「如何理解人」這一問題的回答。在人與萬物的關係中，一方面，人與萬物有關聯；另一方面，人與萬物有分別，其分別的關鍵就在於，「人是萬物之靈」。

在莊子看來，在人倫關係中，師生關係可以「懸解」；君臣關係出於義，亦可「懸解」；至於夫婦關係，在〈至樂〉篇，則有「莊子妻死，惠子弔之，莊子則方箕踞鼓盆而歌」之說，似亦屬於可以「懸解」的內容。無法「懸解」的關係，是根於心的「子之愛親」，莊子將此歸源於命：「子之愛親，不可解於心，命也」（〈人間世〉）。追溯至《莊子》內篇的記載，在「德友」內心所具有的「死生存亡之一體」之信念下，莊子借「德友」子來病至將死時所說的一段話道出自己的生死觀：「父母於子，東西南北，唯命之從。陰陽於人，不翅於父母，彼近吾死而我不聽，我則悍矣，彼何罪焉！夫大塊載我以形，勞我以生，佚我以老，息我以死。故善吾生者，乃所以善吾死也。今之大冶鑄金，金踊躍曰『我且必為鏌鋣』，大冶必以為不祥之金。今一犯人之形，而曰『人耳人耳』，夫造化者必以為不祥之人。今一以天地為大鑪，以造化為大冶，惡乎往而不可哉！成然寐，蘧然覺。」（〈大宗師〉）在莊子的生死觀中，生是夢，死是醒。人無非是造化者所造的諸物之一，此種「生死」觀必基於「無情」觀，或「脫情」觀方有可能成立，[1]能夠為人的理性所

---

[1] 「脫情觀」之說來源於楊儒賓教授於 2011 年在香港中文大學講課期間，在哲學系系內研討會上發表的文章〈屈原為什麼抒情〉一文。

接受。無情如何可能？除非基於「情來源於人，並非來源於天」這樣的信念，而此信念是否符合人之生命的真相則是先秦儒家與莊子的「情」觀與「生死」觀的核心分歧所在（詳見本書第五章）。

　　筆者的第三個結論是：莊子所理解的「德」與「道」與孔子實有分別，具體表現在：對莊子而言，「德」的地位類似於天在孔子心目中的地位，不再只是聯繫「我與天」之關係的仲介。從本書各章的研究結論筆者發現，孔子不會認同庄子的「無情」觀念、「德」的觀念和「生死」的觀念。因為，在孔子的理解和體驗中，更切合人之情的表達方式是歌聲、哭聲和笑聲。孔子這樣的理解影響至其後學，〈性自命出〉篇的作者直接提出：人之情即是人之性，人之性源於所有人生而有之的命（詳見本書第二章）。孔子及其後學對「子之愛親」的理解是從其「來源」觀其存在，子所以能愛親源於人生而有之的仁（詳見本書第二章和第四章）。在孔子的理解和經驗中，個體對道的理解和經驗不能脫離「我與道」的關係而存在，亦無法抽離作為個體的我嚮往「聞道」的情感體驗和心靈感知而獨存（詳見本書第二章、第五章和第六章）。

　　接下來要回答的問題是：自孔子的「朝聞道，夕死可矣」始，對「我與道」關係的追問延續幾千年，至今不絕。為何孔子會有「朝聞道，夕死可矣」之說？孔子究竟是否曾「聞道」？

　　基於本書第二章、第三章、第五章、第六章和第七章的研究，筆者的第四個結論是：孔子期盼能「聞道」，却未能「聞道」。在《論語》中，「聞」的基本意涵是「聽」，「聞道」即為「聽道所言」之意。能「聽道所言」的是能傾聽之人。有能傾聽道所言之人必當有能發出言說之道，只有在道自身能發出言說的條件下，或者說在道具有能言之特性的可能性中，孔子才可能有「聞道」之嚮往。這是筆者基於第二章「仁與道」關係的文本和思想分析所得出的結論。

　　「聲」與「聽」本有一體化關聯，言者、歌者之聲能影響聽者之心，基本的「聽」是哭聲和笑聲（詳見本書第三章）。「五聲之和」對聽者而言，具有「平其心」，繼而「和其德」的效用。「德和」觀念的出

現直接與君子這一理想人格的塑成相關：「五聲之和」具有使君子「德和」的能力，這是先秦儒家基於其對音樂與倫理之間關係的理解和經驗而有的發現，此發現實受《詩經》傳統的影響。基於本書第三章的研究可以知道，「聲」確實具有影響人心的能力，而「聲」與「聽」恰是通過「聞」的方式發生關聯。根據《論語》所記載的孔子的言語和情感經驗可以發現，在他的理解和第一身情感經驗中，「我與己」、「己與人」、「我與道」皆能通過「聞」的方式發生關聯。

孔子內心當深知，其未能「聞道」的原因很可能在於，「獲罪於天，無所禱也。」在筆者看來，對孔子而言，「天」與「道」之間存在某種關聯當是合理的推測，個體對此種可能有之關聯的體知以情感的方式來表達：「畏天命」之敬畏、畏懼與「朝聞道，夕死可矣」之期盼。在孔子的理解中，作為個體的人不能向天祈禱意味著「我與天」關係的斷絕，而能夠使「我與天」的關係斷絕的因素就個體而言是「我之罪」，就群體而言是「人之罪」，即《論語》中的「萬方有罪」。事實上，根據第六章、第七章文本分析和第八章哲學問題分析所得的結論可知：第一，《論語》中所記載的孔子的「天」之觀念及其對「我與天」關係的理解受到《詩經》中詩人對「上帝」和「天」之言說的影響。具體表現在：其一，《詩經》中的上帝有「憎」，即恨的情感，文本依據是：「有皇上帝，伊誰雲憎。」（《小雅・祈父之什・正月》）、「上帝臨汝，勿貳爾心」（《大雅・文王之什・大明》）和「上帝耆之，憎其式廓」（《大雅・文王之什・皇矣》）。此外，《孟子》中所記載的孟子的「四端之心」受到《尚書》中的「惟人萬物之靈」之影響；其二，《詩經》中的詩人相信，就個體而言，「天」會鑒察驕傲的人，憐憫勞苦不得安息之人：「驕人好好，勞人草草。蒼天蒼天，視彼驕人，矜此勞人。」（《小雅・小旻之什・巷伯》）；就整個世界而言，「上帝」會監察世上的萬國：「皇矣上帝，臨下有赫。監觀四方，求民之莫」（《大雅・文王之什・皇矣》）；第三，在《詩經》中，詩人以詩的方式記述「上帝」的作為、情感（「憎」）及其向「天」的祈禱和呼告。

　　筆者的第五個結論是：就「我與天」的關係而言，孔子實有「敬畏」、「畏懼」天的情感，關聯於其個體的心靈，就「我與道」的關係而言，孔子對縱向維度的「未聞之道」卻有「期盼」的情感，並無「敬畏」或是「畏懼」的情感，他心中期盼能「聞道」的情感亦源於其獨特的心靈嚮往。在《論語》中，孔子有「予所否者，天厭之！天厭之！」（6.28）、「吾誰欺？欺天乎？」（9.12）和「畏天命」的情感，這樣的情感及他對「我與天」關係的認知實受到《詩經》中的「上帝」有「憎」之情感、「天」會「視此驕人，矜彼勞人」和「上帝臨汝，勿貳爾心」之言 的影響。可以說，《詩經》中的「天」與「上帝」是孔子的「天」之觀念及「我與天」之關係的文本和思想來源。根據《論語》論及「罪」與「上帝」的資料可知，孔子心目中的上帝的本質當具有「善」與「仁」的品格，而「善人」、「仁人」的共同之處在於，二者都是無罪之人。可見，「善」與「仁」的本質來源於上帝的品格。基於《詩經》傳統，孔子相信，人基於「德」方能與「天」建立關聯。

　　作為個體的人如果因「罪」而損其「德」，使得「我與天」的關係斷絕，「天」是以不能聽此人的祈禱。事實上，《論語》中的「罪」的觀念受到《尚書‧湯誥》的「簡在上帝之心」、「爾有罪，弗敢自赦」及「其爾萬方有罪，在予一人；予一人有罪，無以爾萬方」中的「罪」之觀念的直接影響。同樣，基於《詩經》傳統，孔子相信，人之「罪」會使「我與天」的關係斷絕，其表現是：「獲罪於天，無所禱也」。

　　最後，回到孔子對縱向維度的「我與道」之間關係的理解，究竟基於何種原因孔子會有「朝聞道，夕死可矣」之說？僅就此說自身而言，孔子相信，是否能「聞道」是能否消解「生——死」之間張力的關鍵所在。孔子知道，「自古皆有死」是生而為人無可避免的生存現實。面對無法改變、無可避免的這一實事本身，個體的人需要關注的是「如何化解死亡對個體生命之限制」的問題，這樣的化解之可能性在孔子表現為「朝聞道，夕死可矣」之期盼。即是說，在「我與道」的關係中，「化解死亡對個體生命之限制」的力量和期盼來源於「道」，而非「我」。因此，作為個體的孔子最終的回答和期盼是：「聞道」。

參考及徵引文獻

一、基本文獻（按作者姓氏筆畫排列）

王天海：《荀子校釋》，上海：上海古籍出版社，2009 年。

王先謙編撰，沈嘯寰、王星賢點校：《荀子集解》北京：中華書局，1988年。

王先謙：《詩三家義集疏》，北京：中華書局，2011 年。

〔英〕理雅各譯釋：《尚書》，上海：三聯書店，2014 年。

王叔岷：《莊子校詮》，北京：中華書局，2007 年。

王聘珍：《大戴禮記解詁》，北京：中華書局，1983 年。

朱熹：《四書章句集注》，北京：中華書局，2010 年。

李滌生：《荀子集釋》，臺北：台灣學生書局，2000 年。

李零：《郭店楚簡校讀記》（增訂本），北京：中國人民大學出版社，2007年。

馬瑞辰：《毛詩傳箋通釋》，北京：中華書局，2005 年。

孫希旦：《禮記集解》，北京：中華書局，2010 年。

徐元誥集解，王樹民、沈長雲點校：《國語集解》，北京：中華書局，2019年。

陳榮捷：《王陽明傳習錄詳註集評》，臺北：台灣學生書局，2006 年。

章太炎著，諸祖耿整理：《太炎先生尚書說》，北京：中華書局，2013 年。

程樹德：《論語集釋》，北京：中華書局，1990 年。

焦循撰解：《孟子正義》，北京：中華書局，1987 年。

楊天宇譯注：《禮記譯注》，上海：上海古籍出版社，1997 年。

楊伯峻撰注：《春秋左傳注》，北京：中華書局，1995 年。

楊伯峻譯注：《論語譯注》，香港：中華書局，2010 年。

楊伯峻譯注：《孟子譯注》，北京：中華書局，2010 年。

熊十力：〈韓非子評論〉，選自《熊十力全集（第 5 卷）》，武漢：湖北教育
　　出版社，2001 年。

戴震著，何文光整理：《孟子字義疏證》北京：中華書局，1961 年。

蕭統編，李善注：《昭明文選》，北京：中華書局，1977 年。

夏承燾、張璋編選：《金元明清詞選》，北京：人民文學出版社，1983 年。

二、中文專著和譯作（按作者姓氏筆畫排列）

丁四新：《玄圃畜艾──丁四新學術論文選集》，北京：中華書局，2009
　　年。

李明輝：《四端與七情：關於道德情感的比較哲學探討》，臺北：臺灣大學
　　出版中心，2012 年。

李澤厚：《中國思想史論》，合肥：安徽文藝出版社，1999 年。

李天虹：《郭店竹簡《性自命出》研究》，武漢：湖北教育出版社，2003
　　年。

余英時：《論戴震與章學誠：清代中期學術思想史研究》，臺北：東大圖書
　　公司，1996 年。

余英時：《知識人與中國文化的價值》，臺北：時報文化，2007 年。

帕斯卡爾著，何兆武譯：《帕斯卡爾思想錄》，武漢：湖北人民出版社，
　　2007 年。

伽達默爾著，洪漢鼎譯：《真理與方法──哲學詮釋學的基本特徵》，上
　　海：上海譯文出版社，2005 年。

牟宗三：《中國哲學的特質》，臺北：台灣學生書局，1998 年。

牟宗三：《中國哲學十九講》，臺北：台灣學生書局，2002 年。

牟宗三：《道德的理想主義》，臺北：台灣學生書局，2000 年。

奧古斯丁著，周士良譯：《懺悔錄》，北京：商務印書館，1993 年。

郭靜雲：《親仁與天命──從《緇衣》看先秦儒學轉化成經》，臺北：萬卷
　　樓，2010 年。

唐君毅：《中國哲學原論‧導論篇》，臺北：台灣學生書局，2004 年。

唐君毅：《中國哲學原論‧原道篇》，臺北：台灣學生書局，2004 年。

唐君毅：《中國哲學原論‧原性篇》，臺北：台灣學生書局，2004 年。

唐君毅：《中國人文與當今世界補編》，桂林：廣西師範大學出版社，2005
　　年。

陳大齊：《孟子待解錄》，臺北：臺灣商務印書館，1980年。

陳少明：《〈齊物論〉及其影響》，北京：北京大學出版社，2004年。

陳少明：《經典世界中的人、事、物》，上海：上海三聯出版社，2008年。

馬丁・布伯著，陳維綱譯：《我與你》，北京：三聯書店，1986年。

舍勒著，陳仁華譯：《情感現象學》，臺北：遠流出版事業股份有限公司，1991年。

舍勒著，陳仁華譯：《位格與自我的價值》，臺北：遠流出版事業股份有限公司，1991年。

徐復觀：《中國人性論史》（先秦篇），臺灣：臺灣商務印書館，2007年。

舍勒著，倪梁康譯：《倫理學中的形式主義與質料的價值倫理學：作為一門倫理學人格主義奠基的新嘗試》，北京：三聯書店，2004年。

舍斯托夫著，董友等譯：《在約伯的天平上》，上海：上海人民出版社，2004年。

劉笑敢：《莊子哲學及其演變》，北京：中國人民大學出版社，2010年。

蒙培元：《情感與理性》，北京：中國社會科學出版社，2002年。

楊儒賓：《儒家身體觀》，臺北：中央研究院中國文哲研究所籌備處，1996年。

柏拉圖著，楊絳譯：《斐多》，香港：天地圖書有限公司，2000年。

張岱年：《中國哲學大綱》，江蘇：江蘇教育出版社，2005年。

張祥龍：《先秦儒家哲學九講：從《春秋》到荀子》，桂林：廣西師範大學出版社，2010年。

關子尹：《教我心醉，教我心碎》，臺北：漫遊者文化，2007年。

關子尹：《語默無常：尋找定向中的哲學反思》，香港：牛津大學出版社，2008年。

《聖經（精讀本）》，香港：牧聲出版有限公司，2012年。

章力生：《原道》，美國：國際學生會和中國海外學生世界佈道會聯合出版，1960年。

鄭宗義：《明清儒學轉型探析──從劉蕺山到戴東原》，香港：中文大學出版社，2009年。

《郭店楚簡研究》（《中國哲學》，第20輯），瀋陽：遼寧教育出版社，1999年。

《郭店簡與儒學研究》（《中國哲學》，第21輯），瀋陽：遼寧教育出版社，

2000 年。

三、中文論文（按作者姓氏排列）

鄧小虎：〈人倫和基本益品〉，《哲學與文化》，第 37 卷第 5 期（2010 年 5
　　月），頁 1-17。

李天虹：〈《〈性自命出〉》與傳世先秦文獻「情」字解詁〉，《中國哲學史》，
　　2001 年第 3 期（2001 年 3 月），頁 55-63。

李澤厚：〈初讀郭店竹簡印象紀要〉，《道家文化研究》，第 17 期（1999 年 8
　　月），頁 415-420。

李明輝：〈「情欲解放」乎：論劉蕺山思想中的「情」〉，熊秉真、張壽安
　　編：《情欲明清——達情篇》，臺北：麥田出版社，2004 年，頁 83-
　　125。

李新霖：〈〈「以德配天」思想的演進——以《書》、《詩》、《左傳》、《論語》
　　經典為例〉〉，《哲學與文化》，第 36 卷第 12 期（2009 年 12 月），頁
　　33-62。

林月惠：〈從宋明理學的「性情論」考察劉蕺山對《中庸》「喜怒哀樂」的
　　詮釋〉，《中國文哲研究集刊》，第 25 期（2004 年 12 月），頁 177-218。

林啟屏：〈古代文獻中的「德」及其分化——以先秦儒學為討論中心〉，《清
　　華學報》，第 35 卷第 1 期（2005 年 6 月），頁 103-129。

莊錦章：〈莊子與惠施論「情」〉，《清華學報》，第 40 卷第 1 期（2010 年 3
　　月），頁 21-45。

信廣來：〈《孟子‧告子上》第六章疏解〉，李明輝主編：《孟子思想的哲學
　　探討》，臺北：中央研究院中國文哲研究所籌備處，1995 年，頁 98-
　　104。

郭梨華：〈曾子與郭店儒簡的身體哲學研究〉，《政大中文學報》，第 3 期
　　（2005 年 6 月），頁 3-32。

耿寧（Iso Kern）：〈中國哲學向胡塞爾現象學之三問〉，李崢譯，倪梁康校
　　對，《哲學與文化》，第 36 卷第 4 期（2009 年 4 月），頁 9-29。

陳少明：〈論樂：對儒道兩家幸福觀的反思〉，《哲學研究》（2008 年 9 月），
　　頁 44-51。

陳來：〈孟子的德性論〉，《哲學研究》，2010 年第 5 期，頁 38-48。

陳偉：〈郭店楚簡〈性自命出〉校釋〉，謝維揚、朱淵清主 ：《新出土文獻

與古代文明研究》，上海：上海大學出版社，2004 年，頁 197，201。

陳金樑：〈無情與倡狂：論《莊子》中「無情」的兩種詮釋〉，劉笑敢主
編：《中國哲學與文化》，第 6 輯（2009 年 12 月），頁 243-258。

黃信二：〈〈反思「禮」觀念：論儒家之「禮」從「樂中禮」向「法中禮」
轉變之意義〉〉，《哲學與文化》，第 35 卷第 10 期（2008 年 10 月），頁
65-86。

鄭宗義：〈性情與情性：論明末泰州學派的情欲觀〉，熊秉真、張壽安編：
《情欲明清——達情篇》，臺北：麥田出版社，2004 年，頁 40-76。

劉妮：〈從「顏回之死看孔子的情感經驗〉，《東海哲學研究集刊》，第 18 輯
（2013 年 1 月），頁 71-102。

劉妮：〈從《論語》文本看孔子論「仁」與「愛」——兼論牟宗三對「道德
情感」之詮釋〉，當代新儒家與西方哲學：第九屆當代新儒學國際會
議，香港中文大學、臺灣中央大學、鵝湖月刊社等合辦，2011 年 12
月 5-7 日。

謝君直：〈郭店儒簡〈性自命出〉的人道思想〉，《東吳哲學學報》，第 21 期
（2010 年 2 月），頁 29-47。

四、英文著作和文章（按作者姓氏排列）

Angus C. Graham, *Studies in Chinese Philosophy and Philosophical Literature*,
Albany, N. Y.: State University of New York Press, 1990.

Amy Olberding, "The Consummation of Sorrow: An Analysis of Confucius'
Grief for Yan Hui," *Philosophy East & West*, 54: 3 (Jul., 2004), pp. 279-
301.

Amy Olberding, "The 'Stout Heart': Seneca's Strategy for Dispelling Grief,"
Ancient Philosophy 25 (2005), pp. 1-14.

Amy Olberding, *Sorrow and the Sage: Grief in the Zhuangzi, Dao: A Journal
of Comparative Philosophy* 6: 4, (2007), pp. 339-359.

Benjamin I. Schwartz, *The World of Thought in Ancient China*, Cambridge,
Harvard University Press, 1985.

Bernard Williams, *Moral Luck: Philosophical Papers, 1973-1980*, Cambridge:
Cambridge University Press, 1981.

Bernard Williams, *Ethics and the Limit of Philosophy*, Combridge: Harward

University Press, 1985.

Blaise Pascal, *Pensées; The Provincial Letters*, New York: The Modern Library, 1941.

D. C. Lau trans., *Confucius, The Analects*, The Chinese University Press, 2010.

Gabriel Marcel, "*'My Death' in Tragic Wisdom and Beyond*", trans. Stephen Jolin and Peter McCormick, Evanston: Northwesten University Press, 1973.

Gaulin, Steven J. C. and Donald H. McBurney. *Evolutionary Psychology*. Prentice Hall, 2003.

Harry Frankfurt, *The Reason of Love*, Princeton: Princeton University Press, 2004.

Herbert Fingarette, *Confucius—the Secular as Sacred*, New York : Harper & Row, 1972.

J. David Velleman, *Love as a Moral Emotion*, Ethics, 109 (1999).

Kwong-loi Shun, *Mencius and Early Chinese Thought*, Stanford: Stanford University Press, 1997.

Kwong-loi Shun, "*Concept of the Person in Early Coufucian Thought*," Kwong-loi Shun & David B. Wong, eds., Confucian Ethics: A Comparative Study of Self, Autonomy and Community, Cambridge: Cambridge University Press, 2004.

Kwong-loi Shun, *Purity, Moral Trials, and Equanimity*, Tsing Hua Journal of Chinese Studies, New Series Vol. 40, No.2, 2010.

Martha C. Nussbaum, *Ethics Chapter. Routledge Encyclopedia of Philosophy*, London: Routledge, "*Morality and emotions*", 1998.

Martha C. Nussbaum, *Still Worthy of Praise*, Harvard Law Review, Vol. 111, No.7, 1998.

Martha C. Nussbaum, *The Costs of Tragedy: Some Moral Limits of Costs-Benefit Analysis*, The Journal of Legal Studies, Vol.29, No. 2, Cost-Benefit Analysis: Legal, Economic, and Philosophical Perspectives, 2000.

Martha C. Nussbaum, *Upheavals of Thought: The Intelligence Of Emotions*, Cambridge: Cambridge University Press, 2001.

Martha C. Nussbaum, "*Compassion & Terror*," *Daedalus*, 132: 1 (Winter,

2003), pp. 10-26.

Martha C. Nussbaum, "On Moral Progress: A Response to Richard Rorty," *The University of Chicago Law Review*, 74:3 (Jun., 2007).

Martha C. Nussbaum, "Flawed Crystals: James's The Golden Bawl and Literature as Moral Philosophy," *New Literary History*, 15: 1, Literature and/as Moral Philosophy, (Autumn, 1983), pp. 25-50.

Martha C. Nussbaum, *The Therapy of Desire: Theory and Practice in Hellenistic Ethics*, Princeton: Princeton University Press, 2009.

Martha Stout, PhD, "*The Sociopath next door: The Ruthless Versus the Rest of Us*," New York: Broadway books, 2005.

Myers, David G. "*Theories of Emotion.*" Psychology: Seventh Edition, New York: Worth Publishers, 2004.

Ronald de Sousa, *Emotion*, First Published Mon Feb 3, 2003; substantive revision Mon. Jan. 21, 2013.

Scheler, Max, *Der Formalismus in der Ethik und die materiale Wertethik*, Bern: Francke, 1966.

Scheler, Max, *Formalism in Ethics and Non-Formal Ethics*, Evanston: Northwestern University Press, 1973.

Scheler, Max, *On feeling, knowing, and valuing: selected writings*, Chicago: University of Chicago, 1992.

Scheler, Max, Resentiment, trans. by Lewis B. Coser, William W. Holdheim; introduction, Manfred S. Frings. Milwaukee, Wis. : Marquette University Press, 1994.